GOLKONDA

TED CHIANG

ARRIVAL

DIE HÖLLE IST DIE ABWESENHEIT GOTTES

Deutsch von molosovsky

GOLKONDA

Ted Chiang · *Arrival – Die Hölle ist die Abwesenheit Gottes*

Herausgegeben von Hannes Riffel & Karlheinz Schlögl
[Quellenangaben am Schluss des Bandes]

Verlag und Übersetzer danken Gerd Schubert
und Robert Singer für fachlichen Beistand!

Lektorat: Hannes Riffel
Redaktion: Ilona Pritzens
Korrektorat: Robert Schekulin
Umschlaggestaltung: © Guter Punkt, München,
unter Verwendung eines Motivs von Markus Weber
Satz: Hardy Kettlitz, Berlin
Herstellung: Robert Gigler, München
Druck: Pustet, Regensburg

Golkonda Verlag
Theresienstr. 16 | 80333 München
info@golkonda-verlag.de | www.golkonda-verlag.de

ISBN: 978-3-946503-12-5

INHALT

Der Turmbau zu Babel 7

Geschichte deines Lebens 43

Die Hölle ist die Abwesenheit Gottes 115

Der Kaufmann am Portal des Alchemisten 157

Ausatmung 195

DER TURMBAU ZU BABEL

Läge der Turm der Länge nach auf der Ebene von Shinar, würde man zu Fuß von einem Ende zum anderen zwei Tagesreisen benötigen. Doch da der Turm aufrecht steht, dauert es einen ganzen Monat, um von seinem Sockel bis zur Spitze emporzusteigen – wenn man denn nichts tragen musste. Aber nur wenige Menschen besteigen den Turm mit leeren Händen; das Tempo der meisten wird von Karren mit Steinen bestimmt, die sie hinter sich herziehen. Vier Monate vergehen zwischen dem Tag, an dem die Ziegel auf die Karren verladen werden, und dem Tag, an dem sie abgeladen werden, um ein Teil des Turmes zu werden.

Hillalum hatte sein ganzes Leben in Elam verbracht, und Babylon war ihm lediglich als Abnehmer von elamischem Kupfer bekannt. Die Kupferbarren wurden auf Booten transportiert, den Karun hinab zum Golf des Dscham und dann den Euphrat hinauf. Hillalum und die anderen Bergarbeiter reisten über Land, zusammen mit einer Handelskarawane schwer beladener Onager. Sie folgten einem staubigen Pfad, der von der Hochebene hinabführte und über die Steinwüste zu den grünen Feldern, die von Kanälen und Dämmen unterteilt waren.

Keiner von ihnen hatte den Turm jemals gesehen. Er wurde sichtbar, als sie noch viele Wegstunden von ihm entfernt waren: eine Linie so dünn wie eine Flachsfaser, die in der schimmernden Luft zitterte und sich aus der Lehmkruste Babylons erhob. Während sie sich näherten, wuchs die Kruste zu mächtigen Stadtmauern empor, doch alles, was sie sahen, war der Turm. Als sie den Blick schließlich auf die Flussebene senkten, bemerkten sie die Spuren, die der Turm außerhalb der Stadt hinterlassen hatte: Der Euphrat floss am Grunde eines weiten, tief liegenden Bettes, das zur Gewinnung von Lehm für Ziegel ausgehoben worden war. Südlich der Stadt waren Reihe um Reihe von Brennöfen zu erkennen, die nicht mehr brannten.

Während sie sich den Stadttoren näherten, erschien der Turm gewaltiger als alles, was Hillalum sich je vorgestellt hatte: eine einzelne Säule, deren Umfang so groß sein musste wie ein ganzer Tempel, und die dennoch so hoch aufragte, dass sie sich in der Ferne verlor. Sie alle gingen mit in den Nacken gelegtem Kopf und blinzelten in die Sonne.

Hillalums Freund Nanni stieß ihn, von Ehrfurcht ergriffen, mit den Ellenbogen an. »Da sollen wir hinauf? Bis zur Spitze?«

»Nach *oben* klettern, um zu graben. Das scheint mir … unnatürlich.«

Die Bergarbeiter erreichten das Haupttor in der westlichen Mauer gerade in dem Moment, als eine andere Karawane die Stadt verließ. Während sie sich in den schmalen Schattenstreifen drängten, den die Mauer warf, rief Beli, ihr Vorarbeiter, den auf den Wachtürmen stehenden Bewaffneten zu: »Wir sind die Bergarbeiter, die aus dem Lande Elam gerufen wurden.«

Die Torwächter waren sichtlich erfreut. Einer rief zurück: »Seid ihr diejenigen, die sich durch das Himmelsgewölbe graben sollen?«

»Das sind wir.«

Die ganze Stadt feierte. Begonnen hatte das Fest vor acht Tagen, als die letzten Ziegel auf den Weg geschickt worden waren, und es würde noch zwei Tage währen. Tag und Nacht jubelte die Stadt, tanzte und schmauste.

Die Ziegelbrenner schlossen sich den Karrenziehern an – Männer, die so oft auf den Turm gestiegen waren, dass sie Beinmuskeln so dick wie kleine Baumstämme hatten. Jeden Morgen machte sich ein Trupp auf den Weg nach oben; vier Tage stiegen sie hinauf, übergaben ihre Ladung der nächsten Kolonne und kehrten am fünften Tag mit leeren Karren in die Stadt zurück. Eine Kette solcher Gruppen reichte bis zur Spitze des Turmes, doch nur die unterste Mannschaft feierte zusammen mit der Stadt. Jenen, die auf dem Turm lebten, war zuvor genug Wein und Fleisch gebracht worden, damit das Fest sich die gesamte Säule hinauf erstrecken konnte.

Am Abend saßen Hillalum und die anderen Bergarbeiter aus Elam auf Tonstühlen an einer langen Tafel voller Essen – einer Tafel unter vielen, die über den ganzen Marktplatz verteilt waren. Die Bergarbeiter unterhielten sich mit den Karrenziehern und stellten Fragen über den Turm.

»Jemand hat mit erzählt«, sagte Nanni, »dass die Maurer, die an der Spitze des Turmes arbeiten, jammern und sich die Haare raufen, wenn sie einen Stein fallen lassen, denn es dauert vier Monate, um ihn zu ersetzen. Aber niemanden kümmert es, wenn ein Mensch in den Tod stürzt. Stimmt das?«

Einer der etwas redseligeren Karrenzieher, ein Mann namens Lugatum, schüttelte den Kopf. »O nein, das ist nur eine Geschichte. Eine ununterbrochene Karawane von Ziegeln bewegt sich den Turm hinauf; Tausende von Ziegelsteinen erreichen jeden Tag die Spitze. Im Vergleich zum Verlust eines Menschen ist der Verlust eines Steines nichts.« Er lehnte sich zu ihnen herüber. »Aber es gibt etwas, das sie höher schätzen als das Leben eines Menschen: eine Kelle.«

»Warum eine Kelle?«

»Wenn ein Maurer seine Kelle fallen lässt, kann er nicht mehr arbeiten, bis man ihm eine neue hochgebracht hat. Monatelang kann er das Essen, das er verzehrt, nicht verdienen, sodass er Schulden machen muss. Der Verlust einer Kelle ist ein Grund für lautes Wehklagen. Wenn aber ein Mann stürzt und seine Kelle zurückbleibt, sind die anderen insgeheim erleichtert. Der Nächste, der seine Kelle verliert, kann die überzählige verwenden und weiterarbeiten, ohne dass er Schulden machen muss.«

Hillalum war erschüttert, und einen hektischen Augenblick lang versuchte er zu zählen, wie viele Spitzhacken die Bergarbeiter mitgebracht hatten. Dann ging ihm ein Licht auf. »Das kann nicht stimmen. Warum nimmt man nicht Ersatzkellen mit nach oben? Verglichen mit all den Ziegeln, die hinaufgeschafft werden, ist ihr Gewicht nicht von Bedeutung. Und der Verlust eines Menschen hat bestimmt eine ernsthafte Verzögerung zur Folge, außer dort oben steht jemand bereit, der zu mauern versteht. Ohne einen solchen Ersatzmann müsste man warten, bis ein neuer von ganz unten heraufgeklettert ist.«

Die Karrenzieher lachten schallend. »Den können wir nicht an der Nase herumführen«, sagte Lugatum sichtlich erheitert. Er wandte sich Hillalum zu: »Ihr beginnt euren Aufstieg also, sobald das Fest vorbei ist?«

Hillalum nahm einen Schluck aus einer Bierschale. »Ja. Ich habe gehört, dass sich uns Bergarbeiter aus einem Land im Westen anschließen, aber ich habe sie noch nicht getroffen. Weißt du etwas über sie?«

»Ja, sie kommen aus einem Land, das man Ägypten nennt, aber sie fördern nicht Erz wie ihr. Sie bauen Steine ab.«

»Auch wir in Elam graben nach Steinen«, sagte Nanni, den Mund voller Schweinefleisch.

»Nicht so wie die. Die schneiden Granit.«

»Granit?« In Elam baute man Kalkstein und Alabaster ab, aber nicht Granit. »Bist du sicher?«

»Kaufleute, die nach Ägypten gereist sind, erzählen, dass es dort steinerne Türme und Tempel gibt, aus Kalkstein und Granit errichtet, und zwar aus großen Blöcken. Und sie haben dort riesige Granitstatuen.«

»Aber Granit ist so schwer zu bearbeiten.«

Lugatum zuckte mit den Achseln. »Nicht für die. Die königlichen Architekten glauben, dass solche Steinmetze sich als nützlich erweisen könnten, wenn ihr das Himmelsgewölbe erreicht.«

Hillalum nickte. Das könnte durchaus wahr sein. Wer mochte schon wissen, was sie brauchen würden? »Bist du ihnen schon begegnet?«

»Nein, sie sind noch nicht da, aber sie sollen in ein paar Tagen eintreffen. Vielleicht kommen sie erst an, wenn das Fest vorbei ist; dann werdet ihr Elamiter alleine hinaufsteigen.«

»Du wirst uns begleiten, stimmt's?«

»Ja, aber nur die ersten vier Tage. Dann müssen wir zurückkehren, während ihr das Glück habt, weitergehen zu dürfen.«

»Warum ist das ein Glück?«

»Ich sehne mich danach, bis zur Spitze zu gelangen. Ich habe mal mit Trupps weiter oben Karren gezogen und eine Höhe von zwölf Tagesetappen erreicht, aber weiter bin ich nie gekommen. Ihr werdet viel höher steigen.« Lugatum lächelte wehmütig. »Ich beneide euch darum, dass ihr das Himmelsgewölbe berühren werdet.«

Das Himmelsgewölbe berühren. Es mit Spitzhacken aufbrechen. Bei dieser Vorstellung fühlte sich Hillalum äußerst unwohl. »Es gibt keinen Grund, uns zu beneiden …«, sagte er.

»Aber klar«, fiel ihm Nanni ins Wort. »Wenn wir fertig sind, werden alle Menschen das Himmelsgewölbe berühren.«

Am nächsten Morgen ging Hillalum los, um sich den Turm anzuschauen. Er stand auf dem riesigen Platz, der ihn umgab. Auf einer Seite erhob sich ein Tempel, der für sich genommen schon beeindruckend gewesen wäre, aber jetzt von niemandem mehr beachtet wurde.

Hillalum konnte geradezu spüren, wie massiv der Turm war. Es hieß, dass er so gebaut war, dass er jedem Zikkurat an Festigkeit weit überlegen war; er bestand zur Gänze aus gebrannten Ziegelsteinen, während man gewöhnliche Zikkurats lediglich aus in der Sonne getrockneten Lehmsteinen baute und gebrannte Ziegel nur für die Fassaden verwendete. Als Mörtel wurde Pech benutzt, das in den gebrannten Lehm eindrang und eine Verbindung schuf, die so hart war wie die Ziegel selbst.

Der Sockel des Turms glich den ersten beiden Stufen eines gewöhnlichen Zikkurats. Vor Hillalum ragte eine gewaltige quadratische Plattform von gut zweihundert Ellen Kantenlänge und vierzig Ellen Höhe auf, mit einer dreifachen Treppe an ihrer Südseite. Auf dieser ersten Stufe erhob sich eine weitere Ebene, eine kleinere Plattform, zu der nur die mittlere Treppe hinaufführte. Auf dieser zweiten Plattform ruhte der eigentliche Turm.

Wie eine quadratische Säule von sechzig Ellen Kantenlänge erhob er sich, und er schien das Gewicht des Himmels zu tragen. Eine langsam ansteigende Rampe, die in die Seite des Turms hineingemeißelt war, wand sich um die Säule, so wie der Lederriemen einer Peitsche um den Stiel. Nein; als Hillalum genauer hinsah, erkannte er, dass es zwei ineinander verwobene Rampen gab. Die äußere Seite der Rampen war mit breiten, jedoch nicht besonders dicken Säulen gesäumt, um Schatten zu spenden. Als er seinen Blick den Turm hinaufschweifen ließ, entdeckte er Streifen, die sich miteinander abwechselten – Rampe, Steine, Rampe, Steine –, bis er sie nicht mehr voneinander unterscheiden konnte. Und immer höher und höher erhob sich der Turm, viel weiter, als das Auge reichte; Hillalum blinzelte, kniff die Augen zusammen, und ihm wurde schwindlig. Er stolperte ein paar Schritte zurück und wandte sich mit Schaudern ab.

Hillalum musste an eine Geschichte denken, die ihm in seiner Kindheit erzählt worden war, über die Zeit nach der Sintflut. Sie handelte davon, wie die Menschen aufs Neue die Erde besiedelten und dabei mehr Land bevölkerten als jemals zuvor. Wie die Menschen zu den Rändern der Welt segelten und sahen, wie die Meere hinabstürzten in den Nebel, um sich tief unten mit den schwarzen Wassern des Abgrundes zu vereinen. Wie die Menschen daraufhin die Größe der Welt erkannten, sie für zu klein befanden und zu sehen begehrten, was jenseits der Grenzen lag — Jahwes Schöpfung in ihrer ganzen Weite. Wie sie himmelwärts schauten und sich Gedanken über Jahwes Heimstatt machten, die über den Speichern liegen mochte, in denen sich die Wasser des Himmels befanden. Und wie sie vor vielen Jahrhunderten begannen, den Turm zu errichten, eine Säule, die sich himmelwärts reckte, eine Treppe, die es den Menschen ermöglichen sollte, aufzusteigen und die Werke Jahwes zu betrachten, und auf der Jahwe würde herabsteigen können, um die Werke der Menschen zu sehen.

Diese Geschichte hatte Hillalum stets Ehrfurcht eingeflößt, eine Geschichte über Tausende von Menschen, die sich unablässig und doch mit Freuden abmühten, denn sie arbeiteten, um Jahwe näher zu sein. Als die Babylonier auf der Suche nach Bergarbeitern nach Elam kamen, war er begeistert gewesen. Nun jedoch, da er am Fuße des Turmes stand, begehrten seine Sinne auf und beharrten darauf, dass es nichts geben dürfe, was so hoch aufragte. Wenn er an dem Turm emporblickte, kam es ihm nicht mehr so vor, als stünde er auf der Erde.

Sollte er ein solches Gebilde besteigen?

Am Morgen des Aufstiegs war die zweite Plattform vollständig mit Reihen zweirädriger Karren bedeckt. Viele davon waren mit nichts als Essen beladen: Säcken mit Gerste, Weizen, Linsen, Zwiebeln, Datteln, Gurken, Brotlaibern und getrocknetem Fisch. Es gab unzählige große Tonkrüge mit Wasser, Dattelwein, Bier, Ziegenmilch und Palmöl. Andere Karren waren mit Waren beladen, wie sie in einem Basar gehandelt wurden: Bronzegefäße, Flechtkörbe aus Schilfrohr, Ballen mit Leinen, Stühle und Tische aus Holz. Auch gab es einen gemästeten Ochsen und eine Ziege, denen einige Priester Hauben über den Kopf stülpten, damit die Tiere nicht nach links oder rechts schauen konnten und Angst vor dem Aufstieg bekamen. Sie würden geopfert, sobald der Zug die Spitze erreichte.

Dann waren da Karren, die mit Hämmern, Spitzhacken und allem

Nötigen für eine kleine Schmiede beladen waren. Ihr Vorarbeiter hatte auch für eine Anzahl Karren mit Holz und Schilfrohrbündeln gesorgt.

Lugatum stand neben einem Karren und zurrte die Seile fest, die das Holz hielten. Hillalum ging zu ihm. »Von wo stammt dieses Holz? Ich habe keine Wälder gesehen, seit wir Elam verlassen haben.«

»Nördlich von hier gibt es einen Wald, den man gepflanzt hat, als man mit dem Turmbau begann. Das gefällte Holz wird mit Flößen den Euphrat hinuntergebracht.«

»Ihr habt einen ganzen *Wald* gepflanzt?«

»Als man anfing, den Turm zu errichten, wussten die Architekten, dass man mehr Holz zum Befeuern der Brennöfen brauchen würde, als sich in der Ebene finden ließ, also haben sie einen Wald anlegen lassen. Arbeiter kümmern sich um die Bewässerung, und es ist ihre Pflicht, für jeden gefällten Baum einen neuen zu pflanzen.«

Hillalum war verblüfft. »Und das reicht für all das Holz, das benötigt wird?«

»Für das meiste jedenfalls. Viele weitere Wälder im Norden sind gerodet und ihr Holz den Fluss hinabgebracht worden.« Lugatum besah sich die Räder des Karrens, entkorkte eine kleine Flasche, die er bei sich trug, und träufelte ein wenig Öl zwischen Rad und Achse.

Nanni kam zu ihnen und blickte hinunter auf die Straßen Babylons, die sich vor ihnen ausbreiteten. »So weit oben, um auf eine Stadt herabblicken zu können, war ich noch nie.«

»Ich auch nicht«, sagte Hillalum, doch Lugatum lachte nur.

»Kommt mit mir. Die Wagen sind bereit.«

Bald darauf wurden die Männer in Zweiergruppen jeweils einem Wagen zugeteilt. An jedem Karren gab es zwei Zugstangen mit Seilschlaufen, und die Männer standen zwischen den Stangen. Um ihr Tempo zu gewährleisten, wechselten sich die Karren der Bergarbeiter mit denen der gelernten Karrenzieher ab. Lugatum und ein weiterer Mann zogen den Wagen gleich hinter Hillalum und Nanni.

»Denkt daran«, sagte Lugatum. »Bleibt immer zehn Ellen hinter dem Karren vor euch. Der Mann rechts zieht alleine, wenn ihr um eine Ecke biegt, und ihr wechselt euch jede Stunde ab.«

Ein Karren nach dem anderen rollte die Rampe hinauf. Hillalum und Nanni knieten nieder und legten sich die Schlaufen ihres Wagens über die Schulter, der eine über die rechte, der andere über die linke. Dann richteten sie sich gleichzeitig auf und hoben das Vorderteil ihres Wagens an.

»Und jetzt *zieht*«, rief Lugatum.

Sie stemmten sich in die Seile, und der Wagen setzte sich in Bewegung. Rollte der Karren erst einmal, schien er gar nicht so schwer, und sie machten sich auf den Weg um die Plattform. Sie erreichten die Rampe, und wieder mussten sie sich kräftig ins Zeug legen.

»Das soll ein leichter Wagen sein?«, murmelte Hillalum.

Die Rampe war breit genug, damit ein Mann an einem Wagen vorbeigehen konnte. Der Boden war mit Steinen gepflastert, in die Wagenräder im Laufe der Jahrhunderte zwei tiefe Furchen gegraben hatten. Über ihnen spannte sich die Decke in Form eines Karggewölbes, dessen breite, rechteckige Steine sich überlappten, bis sie sich in der Mitte trafen. Die Säulen zu ihrer Rechten waren breit genug, um die Rampe fast in einen Tunnel zu verwandeln. Schaute man nicht dorthin, hatte man kaum noch den Eindruck, sich auf einem Turm zu befinden.

»Wenn ihr im Berg schuftet, singt ihr dann?«, fragte Lugatum.

»Wenn der Stein weich ist«, sagte Nanni.

»Dann singt eines eurer Bergwerkslieder.«

Die Aufforderung machte die Runde durch die Reihen der anderen Bergarbeiter, und kurz darauf sang der ganze Trupp.

Während sie höher und höher hinaufstiegen, wurden die Schatten immer kürzer. Geschützt vor der Sonne, umgeben nur von klarer Luft, war es hier viel kühler als in den engen Gassen der Stadt, wo die Mittagshitze

Eidechsen umbringen konnte, die über die Straße krochen. Blickten sie zur Seite hinaus, konnten die Bergarbeiter den dunklen Euphrat und die sich weithin ausbreitenden grünen Felder sehen, die von im Sonnenlicht glitzernden Kanälen unterteilt wurden. Die eng beieinanderliegenden Straßen und mit Gips verputzten Gebäude Babylons bildeten ein komplexes Muster, vom dem sich umso weniger erkennen ließ, je näher es sich scheinbar an den Turm schmiegte.

Als Hillalum wieder einmal auf der Randseite an der rechten Schlaufe zog, vernahm er von der aufwärtsführenden Rampe unter ihnen einiges Geschrei. Er dachte schon daran, stehen zu bleiben und über den Rand hinunterzublicken, aber er wollte die Kolonne nicht aus dem Schritt bringen und hätte die untere Rampe sowieso nur undeutlich gesehen. »Was geht dort unten vor sich?«, rief er zu Lugatum.

»Einer von euren Bergarbeitern hat Angst vor der Höhe. Unter denen, die zum ersten Mal den Turm erklimmen, gibt es hin und wieder einen solchen Mann, der sich an den Boden klammert und nicht weiter aufwärts gehen kann. Nur wenige überkommt es allerdings schon so früh.«

Hillalum konnte das nachvollziehen. »Wir kennen eine vergleichbare Angst unter denen, die Bergarbeiter werden möchten. Manche Männer ertragen es nicht, in die Minen hinabzusteigen, aus Furcht, sie könnten verschüttet werden.«

»Wirklich?«, rief Lugatum. »Davon habe ich noch nie gehört. Wie kommst du mit der Höhe zurecht?«

»Ich spüre nichts.« Aber er warf Nanni einen Blick zu, und sie beide wussten es besser.

»Du spürst ein nervöses Kribbeln in den Handflächen, nicht wahr?«, flüsterte Nanni.

Hillalum rieb sich die Hände an den rauen Fasern des Seils und nickte.

»Ich habe es auch gespürt, vorhin, als ich dem Rand näher war.«

»Vielleicht sollten wir auch Scheuklappen tragen, wie der Ochse und die Ziege«, murmelte Hillalum im Spaß.

»Denkst du, uns überkommt die Angst auch, wenn wir noch höher steigen?«

Hillalum überlegte eine Weile. Es gefiel ihm nicht, dass einer ihrer Kameraden schon so früh die Nerven verlor. Er schob den Gedanken beiseite; Tausende stiegen ohne Furcht auf den Turm, und es wäre dumm, wenn sie sich alle von der Angst eines Mannes anstecken lassen würden. »Wir sind es nur nicht gewohnt. Uns bleiben noch Monate, um mit der Höhe vertraut zu werden. Haben wir erst einmal die Spitze des Turmes erreicht, werden wir uns wünschen, er wäre höher.«

»Nein«, sagte Nanni. »Ich glaube nicht, dass ich mir jemals wünschen werde, den Karren noch weiter ziehen zu müssen.« Sie lachten beide.

Abends aßen sie eine Mahlzeit aus Gerste, Zwiebeln und Linsen und schliefen in den engen Korridoren, die ins Innere des Turmes führten. Als sie am nächsten Morgen erwachten, waren die Bergarbeiter kaum in der Lage zu gehen, so sehr taten ihnen die Beine weh. Die Karrenzieher lachten und gaben ihnen eine Salbe, um ihre Muskeln damit einzureiben, und sie schichteten die Fracht auf den Karren so um, dass die Bergarbeiter weniger zu ziehen hatten.

Wenn Hillalum jetzt an der Seite des Turmes hinabschaute, wurden ihm die Knie weich.

In dieser Höhe blies ein stetiger Wind, und er ahnte, dass er stärker werden würde, je höher sie kamen. Er fragte sich, ob jemals einer der Arbeiter in einem unachtsamen Augenblick vom Turm geweht worden war. Und der Sturz – ein Mann hätte genug Zeit, um ein Gebet zu sprechen, bevor er auf dem Boden aufschlug. Hillalum schauderte bei dem Gedanken.

Der zweite Tag war wie der erste, vom Muskelkater in den Beinen der Bergarbeiter einmal abgesehen. Sie konnten nun viel weiter blicken, und die Größe des Landes war überwältigend; jenseits der Felder wurden die Wüsten sichtbar, und Karawanen schienen kaum mehr zu sein als Linien aus Insekten. Kein weiterer Bergarbeiter fürchtete die Höhe so sehr, dass er nicht weitergehen konnte, und ihr Aufstieg setzte sich ohne Zwischenfall fort.

Am dritten Tag hatten die Schmerzen in den Beinen der Bergarbeiter noch nicht nachgelassen, und Hillalum kam sich vor wie ein verkrüppelter alter Mann. Erst am vierten Tag fühlten sich ihre Beine besser an, und so zogen sie wieder ihre ursprüngliche Last. Ihr Aufstieg setzte sich bis zum Abend fort, als sie auf die zweite Zugmannschaft trafen, die ihnen mit leeren Karren auf der abwärts führenden Rampe raschen Schrittes entgegenkam. Die auf- und absteigenden Rampen wanden sich umeinander, ohne sich zu berühren, waren aber durch Korridore, die durch den Turm führten, miteinander verbunden. Nachdem die beiden Kolonnen in etwa auf gleicher Höhe waren, durchquerten sie den Turm, um die Wagen zu wechseln.

Die Bergarbeiter wurden den Karrenziehern der zweiten Etappe vorgestellt, und in dieser Nacht aßen sie zusammen und unterhielten sich miteinander. Am nächsten Morgen machte die erste Mannschaft die Karren für den Rückweg nach Babylon fertig, und Lugatum verabschiedete sich von Hillalum und Nanni.

»Gebt auf euren Wagen acht. Er ist den gesamten Turm öfter hinauf- und hinabgestiegen als irgendein Mensch.«

»Beneidest du auch den Karren?«, fragte Nanni.

»Nein, denn jedes Mal, wenn er die Spitze erreicht, muss er den ganzen Weg nach unten zurückkehren. Ich könnte das nicht aushalten.«

Als die zweite Mannschaft am Ende des Tages anhielt, kam der Karrenzieher hinter Hillalum und Nanni zu ihnen, um ihnen etwas zu zeigen. Sein Name war Kudda.

»Ihr habt noch nie die Sonne aus solcher Höhe gesehen. Kommt und schaut.« Der Karrenzieher ging zum Rand, setzte sich und ließ die Beine über die Kante baumeln. Er bemerkte, dass die beiden zögerten. »Kommt. Ihr könnt euch hinlegen und über den Rand blicken, wenn ihr wollt.« Hillalum wollte nicht wie ein ängstliches Kind wirken, konnte sich aber nicht überwinden, sich an den Rand eines Abgrunds zu setzen, der sich Tausende von Ellen unter seinen Füßen erstreckte. Er legte sich auf den Bauch, nur mit dem Kopf an der Kante. Nanni gesellte sich zu ihm.

»Wenn die Sonne untergeht, dann schaut an der Seite des Turmes hinunter.« Hillalum warf einen Blick nach unten und schaute dann schnell zum Horizont.

»Was ist hier am Sonnenuntergang anders?«

»Ihr müsst bedenken, dass es, wenn die Sonne hinter die Bergspitzen im Westen sinkt, in der Ebene von Shinar dunkel wird. Hier jedoch sind wir höher als die Berggipfel und können also die Sonne immer noch sehen. Die Sonne muss für uns noch weiter untergehen, bis wir Nacht haben.«

Hillalum war fassungslos. »Die Schatten der Berge markieren den Beginn der Nacht. Auf der Erde dort unten wird es früher Nacht als hier oben.«

Kudda nickte. »Ihr könnt zuschauen, wie die Nacht den Turm emporklettert, vom Boden zum Himmel. Sie bewegt sich rasch, aber ihr solltet sie sehen können.«

Er beobachtete den roten Feuerball für eine Weile, schaute dann hinab und streckte den Finger aus. »Jetzt!«

Hillalum und Nanni blickten hinunter. Am Fuße der gewaltigen Säule lag das kleine Babylon im Dunkeln. Dann kletterte die Schwärze den

Turm hinauf, wie ein Vorhang, der zugezogen wurde. Sie bewegte sich so langsam, dass Hillalum glaubte, die Augenblicke zählen zu können, doch dann, als sie näher kam, beschleunigte sich die Finsternis, bis sie schneller, als er blinzeln konnte, an ihnen vorüberraste, und dann befanden sie sich im Zwielicht.

Hillalum drehte sich um und blickte nach oben, gerade noch rechtzeitig, um zu sehen, wie die Dunkelheit den Rest des Turmes verschlang. Allmählich wurde der Himmel dunkler, während die Sonne in weiter Ferne hinter dem Rand der Welt versank.

»Ein beeindruckender Anblick, nicht wahr?«, sagte Kudda.

Hillalum blieb ihm die Antwort schuldig. Zum ersten Mal verstand er, was die Nacht war: der Schatten der Erde selbst, der wider den Himmel geworfen wurde.

Nachdem sie zwei weitere Tage hinaufgestiegen waren, hatte sich Hillalum etwas mehr an die Höhe gewöhnt. Obwohl sie sich fast fünftausend Schritt senkrecht über dem Erdboden befanden, war er in der Lage, am Rand der Rampe zu stehen und hinaufzuschauen. Allerdings hielt er sich an einer der Säulen fest und lehnte sich vorsichtig nach hinten. Da bemerkte er, dass der Turm nicht mehr wie eine glatte Säule aussah.

Er fragte Kudda: »Es hat den Anschein, dass sich der Turm verbreitert. Wie kann das sein?«

»Sieh genauer hin. Dort oben sind hölzerne Balkone an den Seiten befestigt. Sie sind aus Zypressen gemacht und werden von Flachsseilen gehalten.«

Hillalum kniff die Augen zusammen. »Balkone? Wozu?«

»Auf ihnen wird Erde ausgebreitet, sodass man dort Gemüse anbauen kann. Wasser ist knapp in jener Höhe, weshalb Zwiebeln am weitesten verbreitet sind. Weiter oben, wo es öfter regnet, gibt es auch Bohnen.«

»Wie kann es dort oben Regen geben«, fragte Nanni, »der nicht hier unten fällt?«

Kudda sah ihn überrascht an. »Er verdunstet in der Luft, ehe er ankommt, was sonst?«

»Oh, natürlich.« Nanni zuckte mit der Schulter.

Am Ende des darauffolgenden Tages erreichten sie die ersten Balkone. Dabei handelte es sich um flache, dicht mit Zwiebeln bepflanzte Vorbauten, die an Seilen befestigt waren, welche an der Turmmauer knapp unter den nächsthöheren Balkonen festgemacht waren. In jeder Etage barg das Innere des Turmes mehrere enge Räume, in denen die Familien der Zugmannschaften lebten. Frauen saßen in den Türöffnungen und nähten Tunikas oder gruben draußen Knollen aus. Kinder spielten Fangen und jagten einander über die Rampen und zwischen den Wagen der Karrenzieher auf der Rampe hindurch; der Abgrund, der neben ihnen gähnte, schien ihnen nicht die geringste Angst zu machen. Die Turmbewohner erkannten die Bergarbeiter gleich, und alle winkten und lächelten.

Als es Zeit für das Abendessen war, wurden alle Karren abgestellt und Essen und andere Güter für die hier Wohnenden abgeladen. Die Karrenzieher begrüßten ihre Familien und luden die Bergarbeiter zum Essen ein. Hillalum und Nanni aßen bei Kuddas Familie und genossen ein Mahl aus getrocknetem Fisch, Brot, Dattelwein und Früchten.

Hillalum bemerkte, dass dieser Abschnitt des Turmes einer kleinen Stadt glich, die sich zwischen zwei Straßen erstreckte – den auf- und abwärts verlaufenden Rampen. Es gab einen Tempel, in dem die Festtage begangen wurden; es gab Richter, die Streitigkeiten regelten; es gab Geschäfte, die von den Karawanen beliefert wurden. Stadt und Karawane waren aufeinander angewiesen: Keines konnte ohne das andere bestehen. Und doch war jede Karawane im Grunde eine Reise, etwas, das an einem Ort begann und an einem anderen endete. Diese Stadt war niemals als feste Einrichtung gedacht gewesen, sie war lediglich Teil einer Jahrhunderte währenden Reise.

Nach dem Essen fragte Hillalum Kudda und seine Familie: »Hat einer von euch jemals Babylon besucht?«

Kuddas Frau, Alitum, antwortete: »Nein, warum sollten wir? Es ist ein langer Weg, und alles, was wir brauchen, haben wir hier.«

»Wollt ihr nicht einmal euren Fuß auf den Erdboden setzen?«

Kudda zuckte mit den Schultern. »Wir leben an der Straße zum Himmel; unsere ganze Arbeit dient dazu, sie auszubauen. Wenn wir den Turm verlassen, dann über die Rampe nach oben, nicht nach unten.«

Während die Bergarbeiter ihren Aufstieg fortsetzten, kam schließlich der Tag, an dem der Turm denselben Anblick bot, ob man über den Rand der Rampe nun nach oben blickte oder nach unten. Nach unten hin verlor sich der Rumpf des Turmes im Nichts, lange bevor er die Ebene zu erreichen schien. Umgekehrt waren die Bergarbeiter allerdings auch noch weit davon entfernt, die Spitze des Turmes erkennen zu können. Alles, was zu sehen war, war ein Teilstück des Turmes. Hinauf- oder hinabzublicken war furchterregend, denn sie hatten jeglichen Bezug verloren; sie waren nicht länger ein Teil des Erdbodens. Der Turm hätte ein Faden in der Luft sein können, weder mit Erde noch Himmel verbunden.

Während jener Zeit gab es Augenblicke, in denen Hillalum verzagte, sich fehl am Platze und der Welt entfremdet fühlte; es kam ihm vor, als hätte die Erde ihn aufgrund seines Unglaubens zurückgewiesen, während der Himmel sich weigerte, ihn aufzunehmen. Er sehnte sich nach einem Zeichen Jahwes, auf dass er die Menschen wissen lasse, dass er ihr Unternehmen guthieß; wie sonst könnten sie an einem Ort bleiben, der dem Geist so wenig Nahrung gab?

In dieser Höhe waren die Turmbewohner mit ihrem Schicksal völlig im Reinen; stets grüßten sie die Bergarbeiter freundlich und wünschten ihnen Glück bei ihrer Aufgabe am Himmelsgewölbe. Sie lebten inmitten der klammen Wolkennebel, sahen Stürme von oben und unten, ernteten Obst und Gemüse aus der Luft und fürchteten nie, dass dieser Ort für Menschen unangemessen sein könnte. Ihr Leben war bar göttlicher Versprechen und Ermunterungen, und dennoch waren ihnen Zweifel fremd.

Im Laufe der Wochen kamen sie dem höchsten Punkt, den Sonne und Mond erreichten, jeden Tag immer näher und näher. Der Mond tauchte die Südseite des Turmes in seinen Silberschein und leuchtete, als starre das Auge Jahwes sie an. Alsbald befanden sie sich auf einer Ebene mit dem Mond, wenn er seine Bahn zog; sie hatten die Höhe des ersten Himmelskörpers erreicht. Verwundert blinzelten sie ihm in sein narbiges Gesicht, staunten über das würdevolle Fortschreiten dieser Kugel, die jeglichen Halt verschmähte.

Dann näherten sie sich der Sonne. Es war Sommer, und so schien die Sonne fast über Babylon zu stehen, und sie kam dem Turm immer wieder sehr nahe. In diesem Bereich des Turmes lebten keine Familien, und es gab auch keine Balkone, da die Hitze stark genug war, um Gerste zu rösten. Der Mörtel zwischen den Steinen bestand nicht länger aus Pech, das weich und flüssig geworden wäre, sondern aus Tonerde, die von der Hitze buchstäblich gebacken worden war. Zum Schutz vor den Tagestemperaturen waren die Säulen hier breiter, bis sie fast eine durchgehende Mauer bildeten, welche die Rampe in einen Tunnel einschloss, nur mit schmalen Schlitzen versehen, die den pfeifenden Wind und goldene Lichtklingen hindurchließen.

Bisher hatten sich die Karrenzieher ihren Tagesablauf einigermaßen regelmäßig eingeteilt, doch nun war eine Änderung vonnöten. Jeden Morgen machten sie sich ein wenig früher auf den Weg, um ihr anstrengendes Werk möglichst bei Dunkelheit zu verrichten. Als sie sich mit der Sonne auf einer Höhe befanden, gingen sie nur noch nachts weiter. Tagsüber versuchten sie zu schlafen, nackt und in der heißen Brise schwitzend. Die Bergarbeiter machten sich Sorgen, dass sie, wenn sie denn überhaupt Schlaf fanden, vor Hitze gar nicht mehr aufwachen würden. Doch die Karrenzieher hatten diese Wegstrecke viele Male zurückgelegt und nie auch nur einen Mann eingebüßt, und schließlich ließen sie die Sonne unter sich zurück, und alles war wieder wie vorher.

Das Tageslicht schien nun *aufwärts*, was über die Maßen unnatürlich wirkte. Von den Balkonen hatte man einzelne Bretter entfernt, sodass das Sonnenlicht durch die Schlitze auf die Erde scheinen konnte, die man dazwischen aufgehäuft hatte. Die Pflanzen wuchsen seitwärts und nach unten, reckten sich den Sonnenstrahlen entgegen.

Dann näherten sie sich der Höhe der Sterne, kleinen, feurigen Kugeln, die überall am Himmel verstreut waren. Hillalum hätte erwartet, dass sie dichter beieinanderliegen würden, doch obwohl es viele kleinere Sterne gab, die von der Erde aus nicht zu erkennen waren, schienen sie ihm hier dünn gesät. Die Sterne befanden sich nicht alle auf einer Höhe, sondern begleiteten sie lange Zeit auf ihrem Weg nach oben. Es war schwer zu sagen, wie weit weg sie waren, da es keinen Vergleich für ihre Größe gab, doch hin und wieder glitt einer von ihnen dicht an ihnen vorbei und stellte dabei seine erstaunliche Geschwindigkeit unter Beweis. Da wurde Hillalum klar, dass alle Himmelskörper sich so schnell über das Firmament bewegten, denn sonst hätten sie die Strecke von einem Rand der Welt zum anderen nicht an einem Tag zurücklegen können.

Tagsüber war das Blau des Himmels weit blasser, als es von der Erde aus den Anschein hatte, ein Anzeichen dafür, dass sie sich dem Himmelsgewölbe näherten. Wenn Hillalum den Himmel genauer betrachtete, stellte er zu seiner Verblüffung fest, dass die Sterne am Tage zu sehen waren. Von der Erdoberfläche aus konnte man sie gegen den grellen Schein der Sonne nicht erkennen, doch hier oben zeichneten sie sich deutlich ab.

Eines Tages kam Nanni auf ihn zugeeilt und sagte: »Ein Stern ist in den Turm eingeschlagen!«

»Was!« Hillalum sah sich panisch um, als ob ihm jemand einen Schlag versetzt hätte.

»Nein, nicht jetzt. Das ist schon lange her, mehr als ein Jahrhundert. Einer der Turmbewohner erzählt die Geschichte gerade – sein Großvater war dabei.«

Sie begaben sich in die Korridore im Turm und stießen auf einige Bergarbeiter, die sich um einen verhutzelten alten Mann geschart hatten.

»... steckte in der Mauer fest, etwa eine halbe Meile über uns. Ihr könnt immer noch die Scharte sehen, die er hinterlassen hat; wie eine riesige Pockennarbe.«

»Was ist mit dem Stern geschehen?«

»Er brannte und zischte und war so hell, dass niemand ihn ansehen konnte. Es wurde erwogen, ihn herauszubrechen, damit er weiter seine Bahn ziehen konnte, aber er war zu heiß, um sich ihm zu nähern, und man wagte es nicht, ihn zu löschen. Wochen später hatte er sich abgekühlt und war zu einem Klumpen schwarzen Himmelsmetalls geworden, so groß, dass ein Mann kaum die Arme um ihn legen konnte.«

»So groß?«, sagte Nanni, die Stimme voller Ehrfurcht. Wenn Sterne von selbst vom Himmel fielen, fand man manchmal kleine Klumpen des Himmelsmetalls, härter als selbst die beste Bronze. Man konnte dieses Metall nicht einschmelzen, sondern nur mit dem Hammer bearbeiten, wenn es rotglühend erhitzt wurde; Amulette wurden daraus gemacht.

»In der Tat, niemand hat je davon gehört, dass ein so großer Klumpen auf der Erde gefunden worden wäre. Könnt ihr euch die Werkzeuge vorstellen, die man aus ihm hätte machen können!«

»Habt ihr etwa versucht, Werkzeuge aus ihm zu schmieden?«, fragte Hillalum entsetzt.

»O nein. Die Leute hatten Angst, ihn anzufassen. Alle stiegen vom Turm herab und warteten darauf, dass Jahwe Vergeltung üben würde, weil sie den Lauf der Schöpfung gestört hatten. Sie warteten monatelang, aber kein Zeichen wurde gesehen. Schließlich kehrten sie zurück und brachen den Stern heraus. Nun ruht er in einem Tempel, unten in der Stadt.«

Alle waren still. Dann sagte einer der Bergarbeiter: »In den Geschichten über den Turm habe ich nie etwas davon gehört.«

»Es war eine Verfehlung, etwas, worüber man nicht spricht.«

Die Farbe des Himmels wurde immer blasser, je höher sie auf den Turm stiegen, bis Hillalum eines Morgens aufwachte, an den Rand der Rampe trat und bestürzt aufschrie: Was bisher wie ein fahler Himmel ausgesehen hatte, schien nun eine weiße Decke zu sein, die sich weit über ihren Köpfen erstreckte. Jetzt waren sie nahe genug, um das Himmelsgewölbe zu sehen, um es als eine feste Schale zu erkennen, die den Himmel umschloss. Die Bergarbeiter sprachen alle im Flüsterton, starrten nach oben wie Idioten, während die Turmbewohner sie auslachten.

Im weiteren Verlauf des Aufstiegs stellten sie überrascht fest, wie *nahe* sie tatsächlich schon waren. Die weiße Oberfläche des Himmelsgewölbes hatte sie getäuscht – es war fast nicht wahrnehmbar, bis es plötzlich direkt über ihren Köpfen zu sein schien. Nun stiegen sie nicht mehr himmelwärts, sondern hinauf zu einer gleichförmigen Ebene, die sich endlos in alle Richtungen dahinzog.

Alle Sinne Hillalums waren von dem Anblick verwirrt. Wenn er zum Himmelsgewölbe blickte, kam es ihm manchmal so vor, als sei die Welt auf den Kopf gestellt worden, als würde er, wenn er den Halt verlöre, nach oben auf das Gewölbe zustürzen. Seit das Gewölbe über ihm aufgetaucht war, schien es buchstäblich auf ihm zu *lasten* – so schwer wie die ganze Welt und doch ohne jede Stütze. Eine Angst suchte ihn heim, die er in den Minen nie gekannt hatte: dass die Decke über ihm zusammenbrechen könnte.

Es gab auch Momente, in denen ihm das Gewölbe wie eine vertikale Klippe von unvorstellbarer Höhe vorkam, die sich vor ihm erhob, und die blasse Erde hinter ihm schien genauso eine Klippe zu sein, und der Turm ein Seil, das zwischen beiden straff gespannt war. Am Entsetzlichsten aber war, dass es für einen Augenblick kein Oben und Unten mehr gab und sein Körper nicht wusste, wohin es ihn zog. Das war wie Höhenangst, nur viel schlimmer. Oft erwachte er aus unruhigem Schlaf und bemerkte, dass er schwitzte und seine Finger sich in dem Versuch, sich am Steinboden festzuklammern, verkrampft hatten.

Nanni und viele andere Bergarbeiter schliefen ebenfalls schlecht, obwohl keiner von ihnen über das sprach, was ihre Ruhe störte. Sie kamen immer langsamer voran, und nicht etwa schneller, wie es Beli, ihr Vorarbeiter, erwartet hatte; der Anblick des Gewölbes bereitete ihnen Unbehagen, anstatt ihren Eifer zu befeuern.

Die regulären Karrenzieher verloren allmählich die Geduld mit ihnen. Hillalum fragte sich, was für Menschen solche Lebensbedingungen hervorbrachten; wie gelang es ihnen, nicht wahnsinnig zu werden? Hatten sie sich an all das gewöhnt? Würden Kinder, die hier unter dem festen Himmel auf die Welt kamen, vor Angst schreien, wenn sie den Erdboden unter sich sahen?

Vielleicht waren die Menschen nicht dafür geschaffen, an so einem Ort zu leben. Wenn ihre eigene Natur sie davon abhielt, dem Himmel zu nahe zu kommen, sollten sie wohl besser auf der Erde bleiben.

Als sie die Spitze des Turmes erreichten, verflog die Desorientierung, oder vielleicht waren sie nun immun geworden. Hier, auf der quadratischen Plattform ganz oben, starrten die Bergarbeiter auf den ehrfurchtgebietendsten Anblick, den je ein Mensch gesehen: Weit unter ihnen lag ein Flickenteppich aus Erde und Wasser, vom Dunst verschleiert – und breitete sich in alle Richtungen aus, so weit das Auge reichte. Gleich über ihnen befand sich das Dach der Welt, der Scheitelpunkt des Himmels – höher ging es nicht mehr hinauf. Hier konnten sie einen so großen Teil der Schöpfung auf einmal sehen wie nirgendwo sonst.

Die Priester sprachen ein Gebet an Jahwe, in das alle einstimmten; sie dankten ihm dafür, dass ihnen gewährt war, so viel zu sehen, und baten um Vergebung für ihr Verlangen, noch mehr zu sehen.

Auf der Spitze wurden weiter Backsteine gelegt. Aus den erhitzten Kesseln, in denen die Bitumenklumpen geschmolzen wurden, stieg kräftiger Teergeruch auf. Das war der erdigste Duft, den die Bergarbeiter seit vier Monaten gerochen hatten, und sie sogen begierig die Luft ein, bevor der Wind ihn verwehte. Hier auf der Spitze, wo der Schlamm, der einst aus den Rissen der Erde gesickert war, sich verfestigte, um Steine zusammenzuhalten, wuchs der Erde ein Arm in den Himmel.

Hier arbeiteten die Maurer – Männer, die mit Bitumen beschmiert waren, mischten den Mörtel und setzten mit absoluter Präzision die schweren Steine. Noch weniger als sonst irgendjemand konnten sie es sich leisten, angesichts des Himmelsgewölbes Schwindel zu empfinden, denn der Turm durfte nicht einen Fingerbreit von seiner senkrechten Ausrichtung abweichen. Sie näherten sich dem Ende ihrer Aufgabe, und endlich, nach vier Monaten des Aufstiegs, waren die Bergarbeiter so weit, mit der ihren zu beginnen.

Bald darauf trafen die Ägypter ein. Sie waren von schlankem Körperbau, hatten dunkle Haut und nur spärlichen Bartwuchs am Kinn. Die Karren, die sie gezogen hatten, waren mit Dolerithämmern, Bronzewerkzeug und Holzkeilen beladen. Ihr Vorarbeiter hieß Senmut, und er beriet sich mit Beli, dem Vorarbeiter aus Elam, darüber, wie sie das Himmelsgewölbe durchstoßen wollten. Die Ägypter wie auch die Männer aus Elam bauten aus dem, was sie mitgebracht hatten, eine Schmiede, um das Bronzewerkzeug, das durch die Arbeiten stumpf werden würde, neu gießen zu können.

Das Gewölbe selbst blieb weiter knapp über ihren ausgestreckten Fingerspitzen; wenn jemand hochsprang, um es zu berühren, fühlte es sich glatt und kühl an. Es schien aus feingemahlenem weißen Granit zu bestehen, und seine Oberfläche war vollkommen gleichmäßig. Doch das war das Problem.

Vor langer Zeit hatte Jahwe die Sintflut ausgelöst und dabei zugleich die Fluten aus den Höhen und den Tiefen entfesselt; die Wasser des Abgrundes waren aus den Quellen der Erde geströmt, und die Wasser des Himmels regneten aus den Schleusen des Himmelsgewölbes hernieder. Nun jedoch betrachteten die Menschen das Gewölbe genau und konnten keine Schleusentore erkennen. Sie nahmen die Oberfläche in alle Richtungen in Augenschein, aber keine Öffnungen, keine Fenster, keine Fugen unterbrachen die Granitfläche.

Allem Anschein nach traf ihr Turm an einer Stelle zwischen den Speichern auf das Gewölbe, was in der Tat eine glückliche Fügung war. Wäre da ein Schleusentor gewesen, hätten sie riskieren müssen, es aufzubrechen und den Speicher zu leeren. Das hätte für Shinar Niederschlag bedeutet, außerhalb der winterlichen Regenzeit und weit heftiger; entlang des Euphrats würde das für Überschwemmungen sorgen. Wahrscheinlich würde dieser Regen aufhören, wenn der Speicher ausgelaufen wäre, aber es bestand die Möglichkeit, dass Jahwe sie bestrafen und für weiteren Regen sorgen würde, bis der Turm zusammenstürzte und Babylon sich im Schlamm auflöste.

Obschon es keine sichtbaren Schleusentore gab, bestand immer noch ein gewisses Risiko. Vielleicht waren die Fugen der Tore für sterbliche Augen nicht zu sehen, und sie befanden sich doch unmittelbar unter einem Speicher. Oder vielleicht waren die Speicher so riesig, dass sie sich selbst dann, wenn die nächste Schleuse sehr weit von ihnen entfernt war, immer noch unter dem Wasser befanden.

Es wurde viel darüber gesprochen, wie man am besten vorgehen sollte.

»Jahwe wird den Turm sicherlich nicht hinfortschwemmen«, behauptete Qurdusa, einer der Maurer. »Wäre der Turm ein Sakrileg, dann hätte Jahwe ihn schon längst zerstört. Und doch haben wir in all den

Jahrhunderten unserer Arbeit niemals die geringsten Anzeichen für Jahwes Missgunst bemerkt. Wenn wir in einen Speicher eindringen, wird Jahwe zuvor das Wasser ableiten.«

»Wenn Jahwe tatsächlich so wohlwollend auf unser Vorhaben blicken würde, gäbe es bereits eine fertige Treppe, die ins Gewölbe führen würde«, entgegnete Eluti, ein Mann aus Elam. »Jahwe wird uns weder helfen, noch uns aufhalten; falls wir in einen Speicher eindringen, werden wir eine Sturzflut auslösen.«

Da konnte Hillalum seine Zweifel nicht für sich behalten. »Und was, wenn das Wasser kein Ende nimmt?«, fragte er. »Jahwe mag uns nicht bestrafen, doch er mag es zulassen, dass wir uns selbst richten.«

»Mann aus Elam«, sagte Qurdusa, »selbst als Neuankömmling auf dem Turm solltest du es besser wissen. Wir strengen uns an, weil wir Jahwe lieben, wie wir es unser ganzes Leben lang getan haben, so wie unsere Väter seit Generationen. Über Männer, die so rechtschaffen sind wie wir, wird nicht so streng geurteilt.«

»Es ist wahr, dass wir uns mit den lautersten Absichten mühen, aber das heißt nicht, dass wir auch weise wären. Haben die Menschen wirklich den rechten Weg gewählt, als sie beschlossen, ihr Leben fern der Krume, aus der sie geschaffen wurden, zu leben? Jahwe hat nie gesagt, dass unsere Wahl richtig war. Nun sind wir hier, bereit, das Himmelsgewölbe aufzubrechen, obwohl wir wissen, das sich über uns Wasser befindet. Wenn wir irren, wie können wir dann sicher sein, dass Jahwe uns vor unseren eigenen Fehlern beschützt?«

»Hillalum rät zur Vorsicht, und ich stimme ihm zu«, sagte Beli. »Wir müssen dafür sorgen, dass wir keine zweite Sintflut über die Welt bringen und auch keine gefährlichen Regenfälle über Shinar. Ich habe mich mit dem Ägypter Senmut beraten, und er hat mir Entwürfe gezeigt, die sie genutzt haben, um die Gräber ihrer Könige zu versiegeln. Ich glaube, ihre Methoden bieten uns die nötige Sicherheit, wenn wir mit dem Graben beginnen.«

Die Priester opferten den Ochsen und die Ziege in einer Zeremonie, bei der viele heilige Worte gesprochen und viel Weihrauch verbrannt wurden, und die Bergarbeiter begannen ihr Werk.

Lange, bevor die Arbeiter das Gewölbe erreichten, war augenfällig geworden, dass einfaches Graben mit Hämmern und Hacken nicht viel bringen würde: Sie wären kaum mehr als zwei Fingerbreit am Tag vorangekommen, selbst wenn sie waagerecht gegraben hätten, und senkrecht nach oben ging alles noch viel langsamer. Stattdessen entschied man sich dafür, es mit Feuer zu versuchen.

Mit dem Holz, das sie mitgebracht hatten, wurden unter der ausgewählten Stelle des Gewölbes Feuerstellen errichtet und tagelang ununterbrochen unterhalten. Über den heißen Flammen knackte und platzte der Stein. Nachdem sie das Feuer hatten ausgehen lassen, spritzten die Arbeiter Wasser auf den Stein, um ihn weiter bersten zu lassen. Dann konnten sie den Stein in großen Stücken herausbrechen, die schwer auf den Turm fielen. Auf diese Art kamen sie an jedem Tag, an dem das Feuer brannte, fast eine Elle voran.

Der Tunnel führte nicht gerade nach oben, sondern in einem für Treppen üblichen Winkel, sodass sie vom Turm aus eine Stufenrampe bauen konnten. Das Feuer machte die Wände und den Boden glatt; die Männer errichteten also ein Gestell aus hölzernen Stufen, damit sie nicht wieder nach unten zurückrutschten. Außerdem bauten sie ein Podest aus gebrannten Ziegeln, auf dem sie das Feuer am Ende des Tunnels entzündeten.

Als der Tunnel zehn Ellen weit in das Gewölbe reichte, blieben sie auf derselben Höhe und erweiterten ihn zu einem kleinen Raum. Nachdem die Bergarbeiter jeglichen von der Hitze geplatzten Stein entfernt hatten, übernahmen die Ägypter. Sie benutzten kein Feuer für ihren Abbau. Nur mit ihren Dolerithämmern machten sie sich daran, eine Schiebetür aus Granit zu konstruieren.

Zuerst schlugen sie den Stein weg, um einen großen Block aus Granit aus der Wand zu schneiden. Hillalum und die anderen Bergarbeiter versuchten zu helfen, aber das war schwierig für sie: Man konnte den Stein nicht wegschleifen, sondern nur mit einer bestimmten Schlagtechnik absplittern – zu starke oder zu schwache Schläge führten zu nichts.

Nach einigen Wochen war der Block fertig. Er war mehr als mannsgroß und sogar noch breiter. Um den Block aus dem Boden zu befreien, meißelten sie Schlitze in die Basis des Steins und hämmerten trockene Holzkeile hinein. Dann schlugen sie dünnere Keile in die ersten Holzkeile, um diese zu spalten, und gaben Wasser in die Risse, sodass das Holz aufquoll. Nach ein paar Stunden pflanzten sich die Risse in den Stein fort, und der Block löste sich.

Am Ende der Kammer, auf der rechten Seite, brannten die Bergarbeiter einen engen, aufwärts führenden Korridor heraus und einen abwärts verlaufenden direkt in den Boden vor dem Eingang des Raumes. So führte nun eine glatte Rampe durch den Raum, die direkt links vor dem Zugang zur Kammer endete. Auf diese Rampe hievten die Ägypter den Granitblock. Sie zogen und schoben den Block den Korridor an der Seite hinauf, in den er gerade so hineinpasste, und befestigten ihn, indem sie von links nach rechts flache Erdziegel übereinanderstapelten, wie eine Säule, die auf der Rampe lag.

Da nun ein Schiebestein bereitlag, der das Wasser aufhalten würde, war es für die Arbeiter sicher, den Tunnel zu verlängern. Falls sie einen Speicher aufbrechen würden und Himmelswasser hineinströmen würde, könnten sie die Erdziegel einen nach dem anderen zerschlagen, der Block würde abwärtsgleiten und in der kleinen Aussparung zur Ruhe kommen – und damit den Eingang völlig versiegeln. Falls das Wasser mit solcher Wucht herabstürzen würde, dass es die Männer aus den Tunneln hinausspülte, würden sich die Erdziegel langsam auflösen, und der Block ebenfalls wiederum hinabgleiten. Die Flut wäre aufgehalten, und die Bergarbeiter könnten, um den Speicher zu umgehen, in eine andere Richtung einen neuen Tunnel beginnen.

Wieder zündeten die Bergarbeiter ein Feuer an, um den Tunnel fortzusetzen. Um die Luftzirkulation im Gewölbe zu befördern, wurden Rinderhäute beiderseits des Tunneleingangs auf hohen, schrägen Gestellen aufgehängt. So wurde der stete Wind, der unter dem Gewölbe wehte, in den Tunnel umgeleitet; der Wind fachte das Feuer an und lüftete den Tunnel und die Kammer, nachdem das Feuer gelöscht worden war, sodass die Bergarbeiter graben konnten, ohne Rauch einzuatmen.

Die Ägypter hörten nicht mehr zu arbeiten auf, nachdem der Schiebestein fertig war. Während die Bergarbeiter am Tunnelende ihre Hacken schwangen, mühten sich die Ägypter, um eine Treppe aus dem massiven Stein zu schneiden, welche die Holztreppe ersetzen sollte. Das taten sie mit Holzkeilen, und wo sie die Blöcke herausbrachen, blieben Stufen zurück.

So arbeiteten sie fort und verlängerten den Tunnel immer weiter und weiter. Der Tunnel führte stets aufwärts, doch er änderte regelmäßig die Richtung, wie der Faden einer gigantischen Naht, sodass er insgesamt senkrecht nach oben führte. Sie bauten weitere Kammern mit Schiebetüren, sodass immer nur der höchste Abschnitt des Tunnels geflutet werden würde, falls sie zu einem Speicher durchstießen. Sie schnitten Kanäle in die Gewölbeoberfläche, unter denen sie Laufplanken anbrachten; von diesen Planken aus, in einiger Entfernung vom Turm, gruben sie Seitentunnel, die tief im Innern auf den Haupttunnel trafen. Der Wind wurde zur Ventilation durch diese Seitentunnel geleitet und so der Rauch aus dem Inneren des Haupttunnels geweht.

Die Arbeit währte Jahre. Die Karrenzieher brachten keine Steine mehr, sondern Holz und Wasser für die Feuerstellen. Menschen kamen, um in den Tunneln der Gewölbeoberfläche zu leben, und auf hängenden Plattformen bauten sie nach unten wachsendes Gemüse an. Die Bergarbeiter lebten dort an der Grenze des Himmels; einige heirateten und zogen Kinder groß. Nur wenige setzten ihren Fuß je wieder auf die Erde.

Nachdem er gerade mit einigen Scheiten das Feuer am Ende des Tunnels versorgt hatte, stieg Hillalum mit einem nassen Tuch vor dem Gesicht die Holzstufen bis zum Stein hinunter. Das Feuer würde viele Stunden lang brennen, und er würde in den unteren Tunneln warten, wo der Wind nicht so sehr vom Rauch erfüllt war.

Da hörte er ein fernes Bersten, das Geräusch eines Berges, der gespalten wurde, und ein stetig lauter werdendes Tosen. Dann ergoss sich eine Sturzflut den Tunnel hinab.

Für einen Augenblick war Hillalum starr vor Schreck. Das entsetzlich kalte Wasser schlug gegen seine Beine und riss ihn zu Boden. Er richtete sich auf, schnappte nach Luft, stemmte sich gegen die Strömung, klammerte sich an die Stufen.

Sie waren auf einen Speicher gestoßen.

Er musste nach unten zum höchstgelegenen Schiebestein, bevor dieser sich schloss. Seine Beine wären am liebsten die Stufen hinabgesprungen, doch er wusste, dass er sich dann nicht würde aufrecht halten können, und die tosende Strömung hätte ihn mitgerissen und höchstwahrscheinlich zu Tode geschmettert. So schnell er sich traute, ging er die Stufen hinab, eine nach der anderen.

Er rutschte einige Male aus, schlitterte jedes Mal bis zu einem Dutzend Stufen hinunter; sein Rücken schrammte über die Felsstufen, doch er spürte keinen Schmerz.

Die ganze Zeit rechnete er damit, dass der Tunnel über ihm einstürzen oder das gesamte Gewölbe aufbrechen, der Himmel sich unter seinen Füßen auftun und er zusammen mit dem himmlischen Regenguss auf die Erde fallen würde. Jahwes Strafe kam über sie, eine zweite Sintflut.

Wie weit war es noch bis zum Schiebestein? Der Tunnel schien kein Ende zu nehmen, und das Wasser strömte nun sogar noch schneller herab. Hillalum rannte buchstäblich die Treppe hinunter.

Plötzlich stolperte er und klatschte in flaches Wasser. Er war über das

Ende der Treppe hinaus gerannt und in die Kammer mit der Schiebetür gefallen, und hier reichte ihm das Wasser bis über die Knie.

Er richtete sich auf und sah Damqiya und Ahuni, zwei andere Bergarbeiter, die ihn ebenfalls gerade bemerkten. Sie standen vor dem Steinblock, der bereits den Ausgang versperrte.

»Nein!«, schrie er.

»Die haben den Zugang schon verschlossen!«, schrie Damqiya. »Sie haben nicht gewartet!«

»Kommt noch jemand?«, rief Ahuni ohne Hoffnung. »Vielleicht können wir den Stein bewegen.«

»Da kommt niemand mehr«, erwiderte Hillalum. »Können sie den Stein von der anderen Seite bewegen?«

»Sie können uns nicht hören.« Ahuni schlug mit einem Hammer gegen den Granit, doch das Geräusch ging im Getöse des Wassers unter.

Hillalum sah sich in der kleinen Kammer um und bemerkte erst jetzt, dass ein Ägypter mit dem Gesicht nach unten im Wasser trieb.

»Er ist gestorben, als er die Treppe runterstürzte«, schrie Damqiya.

»Gibt es nichts, was wir tun können?«

Ahuni blickte nach oben. »Jahwe, verschone uns.«

Die drei standen im ansteigenden Wasser und beteten verzweifelt, doch Hillalum wusste, dass es vergebens war: Sein Schicksal hatte ihn nun doch eingeholt. Jahwe hatte von den Menschen nicht verlangt, den Turm zu errichten oder das Gewölbe zu durchbohren; die Menschen allein waren für die Entscheidung, den Turm zu bauen, verantwortlich, und sie würden bei diesem Unternehmen ihr Leben lassen, so wie bei jeder anderen Anstrengung, der sie auf Erden nachgingen. Ihre Rechtschaffenheit konnte sie nicht vor den Folgen ihrer Taten schützen.

Das Wasser erreichte ihren Brustkorb. »Lasst uns nach oben gehen«, rief Hillalum.

Sie mühten sich gegen die Strömung den Tunnel hinauf, während das ansteigende Wasser ihnen auf den Fersen blieb. Die wenigen Fackeln, die den Tunnel erhellten, waren ausgegangen, sodass sie die Stufen im Dunkeln hinaufstiegen, Gebete murmelnd, die sie nicht hören konnten. Die Holztreppen am Ende des Tunnels waren fortgerissen worden und hatten sich weiter unten im Tunnel festgeklemmt. Sie kletterten über die Holztrümmer, bis sie die glatte Steinrampe erreichten. Dort warteten sie ab, bis das Wasser sie höher hinauftrug.

Wortlos harrten sie aus, denn ihre Gebete waren erschöpft. Hillalum stellte sich vor, dass er im schwarzen Schlund Jahwes stand, während der Mächtige tief von den Wassern des Himmels trank, bereit, die Sünder hinunterzuspülen.

Das Wasser stieg weiter an und trug sie aufwärts, bis Hillalum mit den Händen die Decke berühren konnte. Der große Riss, durch den das Wasser hereinströmte, befand sich gleich neben ihm. Nur eine kleine Luftblase war noch übrig. Hillalum schrie: »Wenn diese Kammer voll ist, können wir himmelwärts schwimmen.«

Er wusste nicht, ob die anderen ihn gehört hatten. Als das Wasser die Decke erreichte, holte er ein letztes Mal Luft und schwamm durch den Riss. Er würde näher am Himmel sterben als je ein Mensch zuvor.

Der Spalt zog sich viele Ellen lang hin. Sobald Hillalum ihn durchquert hatte, entglitt die Steinschicht seinen Fingern, und seine zappelnden Glieder berührten nichts mehr. Einen Moment lang spürte er, wie eine Strömung ihn erfasste, dann war er sich dessen nicht mehr sicher. Nur von Schwärze umgeben, überkam ihn wieder dieses entsetzliche Schwindelgefühl, das ihn beim ersten Anblick des Himmelsgewölbes ergriffen hatte: Er wusste nicht mehr, wo oben und unten war, rechts oder links.

Er strampelte mit den Beinen, hätte aber nicht sagen können, ob er sich vorwärtsbewegte.

Womöglich trieb er hilflos in ruhigem Wasser, womöglich aber wurde er von einer rasenden Strömung herumgewirbelt; er spürte nichts außer betäubender Kälte. Nirgends sah er irgendein Licht. Hatte das Wasser des Speichers keine Oberfläche, wo er auftauchen könnte?

Dann stieß er wieder gegen Stein. Seine Hände ertasteten einen Riss in der Wand. War er wieder dort, woher er gekommen war? Er wurde gewaltsam hineingezogen und hatte keine Kraft mehr, sich dem zu widersetzen. Er wurde in den Tunnel gespült und gegen die Wände geworfen. Der Tunnel war unglaublich tief, wie ein langer Minenschacht. Seine Lungen fühlten sich an, als wollten sie bersten, doch der Tunnel nahm immer noch kein Ende. Schließlich konnte er nicht länger die Luft anhalten und atmete aus. Die Schwärze, die ihn umgab, drang in seine Lunge ein – er würde ertrinken.

Doch auf einmal wichen die Wände vor ihm zurück. Er wurde von einem tosenden Strom weitergetragen, spürte Luft über dem Wasser! Dann spürte er nichts mehr.

Hillalum erwachte mit dem Gesicht auf kaltem Stein. Er konnte nichts sehen, aber in der Nähe seiner Hände Wasser fühlen. Er drehte sich um und stöhnte; alles tat ihm weh, er war nackt und seine Haut an vielen Stellen aufgeschürft oder von der Nässe runzelig, doch er atmete Luft.

Nach einiger Zeit gelang es ihm schließlich aufzustehen. Wasser umfloss geschwind seine Knöchel. Ein Schritt in eine Richtung, und das Wasser wurde tiefer. In die andere Richtung, und er stand auf trockenem Stein – Schiefer, dem Gefühl nach.

Es war völlig dunkel, wie in einer Mine ohne Fackeln. Mit geschundenen Fingerspitzen tastete er sich den Boden entlang, bis dieser anstieg und eine Wand bildete. Langsam, wie ein blindes Geschöpf, kroch er umher. Er fand den Ursprung des Wassers, eine große Öffnung im Boden. Da fiel ihm alles wieder ein! Durch dieses Loch war er vom Speicher ausgespuckt worden. Er kroch, stundenlang, wie er glaubte, weiter; wenn er in einer Höhle war, dann war sie riesig.

Er gelangte an eine Stelle, wo der Boden schräg anstieg. Gab es da einen Durchgang, der nach oben führte? Vielleicht würde er ihn zum Himmel führen.

Hillalum kroch weiter, ohne zu wissen, wie viel Zeit verstrich, und es war ihm egal, dass er nie zurückfinden würde, denn dort gab es kein Durchkommen. Er folgte, wenn möglich, einem Tunnel nach oben, und wenn er keine andere Wahl hatte, Gängen nach unten. Obwohl er vor Kurzem mehr Wasser geschluckt hatte, als er für möglich gehalten hatte, begann er durstig zu werden und hungrig.

Und schließlich sah er Licht und rannte darauf zu und ins Freie hinaus.

Das Licht ließ ihn die Augen schließen, und er fiel auf die Knie, die Fäuste vor dem Gesicht geballt. War dies Jahwes strahlender Glanz? Würden seine Augen es ertragen, ihn anzuschauen? Minuten später konnte er die Augen öffnen und erblickte eine Wüste. Er war aus einer Höhle am Fuße einiger Berge gekommen, und Steine und Sand erstreckten sich bis zum Horizont.

War es im Himmel genauso wie auf Erden? Wohnte Jahwe an einem Ort wie diesem? Oder war dies lediglich ein weiteres Reich in der Schöpfung Jahwes, eine andere Erde über seiner eigenen, und Jahwes Heimstatt befand sich noch weiter oben?

Eine Sonne stand über den Bergspitzen hinter ihm. Ging sie gerade auf oder unter? Gab es hier Tage und Nächte?

Hillalum spähte in die Sandlandschaft hinaus. Am Horizont bewegte sich eine Linie. War das eine Karawane?

Er rannte darauf zu, schrie aus trockener Kehle, bis das Verlangen nach Luft ihm Einhalt gebot. Eine Gestalt am Ende der Karawane bemerkte ihn und brachte die ganze Kolonne dazu anzuhalten. Hillalum rannte weiter.

Die Gestalt, die ihn gesehen hatte, schien ein Mann zu sein, kein Geist, und dieser Mann war wie ein Wüstenbewohner gekleidet. Er hielt einen Wasserschlauch bereit. Hillalum trank, so gut er es vermochte, während er japsend nach Luft schnappte.

Schließlich gab er dem Mann den Schlauch zurück und keuchte: »Wo bin ich hier?«

»Seid Ihr von Räubern überfallen worden? Wir sind unterwegs nach Erech.«

Hillalum starrte ihn ungläubig an. »Ihr wollt mich zum Narren halten!«, rief er. Der Mann wich zurück und sah ihn an, als hätte die Sonne ihm den Verstand geraubt. Hillalum bemerkte, dass ein weiterer Mann von der Karawane herüberkam, um nachzuschauen, was los war. »Erech liegt in Shinar!«

»Das ist richtig, ja. Wart Ihr nicht nach Shinar unterwegs?« Der Mann hielt einen Stab in der Hand und musterte ihn misstrauisch.

»Ich komme von … ich war in …« Hillalum hielt inne. »Kennt ihr Babylon?«

»Ach, da wollt Ihr hin? Das liegt nördlich von Erech. Von dort kommt Ihr leicht nach Babylon.«

»Der Turm. Habt Ihr von ihm gehört?«

»Natürlich, die Säule des Himmels. Es heißt, die Männer an der Spitze würden einen Tunnel durch das Himmelsgewölbe graben.«

Hillalum sank in den Sand nieder.

»Ist Euch nicht wohl?« Die beiden Karawanenführer unterhielten sich leise und gingen fort, um sich mit den anderen zu beraten. Hillalum achtete nicht auf sie.

Er war in Shinar. Er war zur Erde zurückgekehrt. Er war über die Speicher des Himmels hinausgeklettert und wieder auf der Erde angekommen. Hatte Jahwe ihn an diesen Ort geführt, um zu verhindern, dass er höher hinauf gelangte? Hillalum hatte jedoch immer noch keine Zeichen gesehen, irgendeinen Hinweis, dass Jahwe ihn überhaupt zur Kenntnis genommen hatte. Er hatte kein Wunder Jahwes erfahren, das ihn hierher gebracht hatte. Soweit er es verstand, war er nur durch den Speicher nach oben geschwommen, in die Höhle unter dem Berg.

Irgendwie lag das Himmelsgewölbe unter der Erde. Allem Anschein nach lagen beide nebeneinander, obwohl viele Meilen sie voneinander trennten. Wie war das möglich? Wie konnten sich zwei Orte berühren, die so weit voneinander entfernt waren? Hillalum tat der Kopf weh, als er versuchte, das zu begreifen.

Doch da wurde ihm plötzlich klar: Es war wie ein *Siegelzylinder*. Wenn man ihn über weichen Lehm rollte, hinterließ er einen Abdruck, der ein Bild ergab. Auf dem Bild mochten sich zwei Figuren an gegenüberliegenden Seiten befinden, aber auf der Oberfläche des Zylinders lagen sie gleich nebeneinander. Die ganze Welt war ein solcher Zylinder. Die Menschen glaubten, dass sich Himmel und Erde an den entgegengesetzten Rändern eines Bildes befanden, mit dem Firmament und den Sternen dazwischen. Doch die Welt war auf irgendeine wundersame Weise so gekrümmt, dass Himmel und Erde einander berührten.

Nun wurde ihm klar, warum Jahwe den Turm nicht zerstört und die Menschen nicht bestraft hatte für ihr Bestreben, die ihnen gesetzten Grenzen zu überschreiten: Jede Reise, und mochte sie noch so lang sein, würde sie doch nur wieder zurück an den Ort führen, von dem sie aufgebrochen waren. Jahrhunderte harter Arbeit konnten ihnen nicht mehr enthüllen, als sie bereits wussten. Doch dank ihrer Anstrengungen würden die Menschen einen Blick auf die unvorstellbare Kunstfertigkeit von Jahwes Schöpfung erhaschen können, indem sie sahen, wie sinnreich die Welt geschaffen war. In ihrem Bau spiegelte sich Jahwes Werk, und doch blieb Jahwes Werk verborgen.

Und so würden die Menschen ihren Platz erkennen.

Hillalum erhob sich, die Beine noch ganz unsicher vor Ehrfurcht, und wandte sich den Karawanenreisenden zu. Er würde nach Babylon zurückkehren. Vielleicht würde er Lugatum wiedersehen. Er würde den Männern und Frauen auf dem Turm eine Botschaft zukommen lassen. Er würde ihnen von der Gestalt der Welt berichten.

GESCHICHTE DEINES LEBENS

Gleich wird dein Vater mich fragen. Ich will ihm meine ganze Aufmerksamkeit widmen, auf jede Kleinigkeit achten, denn das ist der wichtigste Augenblick unseres Lebens. Dein Vater und ich haben einen gemeinsamen Abend im Kino und in einem Restaurant verbracht, und es war schon nach Mitternacht, als wir zurückkehrten. Wir sind auf die Terrasse hinausgegangen, um den Vollmond zu bewundern. Daraufhin sagte ich deinem Vater, dass ich tanzen wolle, und er tat mir den Gefallen, also tanzen wir jetzt, ein Paar über dreißig, das sich langsam im Mondschein wiegt wie kleine Kinder. Die nächtliche Kühle spüre ich kaum. Und dann sagt dein Vater: »Willst du ein Kind?«

Dein Vater und ich sind seit etwa zwei Jahren verheiratet und wohnen in der Ellis Avenue. Du warst noch zu klein, um dich daran zu erinnern, wie wir aus dem Haus ausgezogen sind, aber wir werden dir Fotos zeigen und dir Geschichten davon erzählen. Gerne hätte ich dir die Geschichte dieses Abends erzählt, der Nacht, als du gezeugt wurdest, doch der passende Zeitpunkt dafür wäre erst, wenn du selbst alt genug bist, um Kinder zu haben, und diese Gelegenheit werden wir nie haben.

Dir von diesem Abend zu erzählen, würde nichts bringen. Du wirst die meiste Zeit deines Lebens nicht still sitzen, um dir so eine romantische Geschichte anzuhören – rührselig, wie du das nennen wirst. Ich erinnere mich, wie du mir als Zwölfjährige erklären wirst, warum du auf der Welt bist.

»Du wolltest ein Dienstmädchen haben, das du nicht bezahlen musst. Das ist der einzige Grund, warum du mich bekommen hast«, wirst du verbittert sagen, während du den Staubsauger aus der Putzkammer zerrst.

»Genau so ist es«, werde ich sagen. »Vor dreizehn Jahren wusste ich bereits, dass die Teppiche ungefähr jetzt gesaugt werden müssen, und ein

Baby zu bekommen schien mir die billigste und einfachste Art zu sein, das zu erledigen. Also fang jetzt bitte damit an.«

»Das ist nur deshalb legal, weil du meine Mutter bist«, wirst du wütend sagen, während du das Stromkabel abwickelst und in die Steckdose steckst.

Das wird in dem Haus in der Belmont Street sein. Ich werde erleben, wie andere Menschen in beiden Häusern wohnen: in dem Haus, in dem du gezeugt wurdest, und in dem, in dem du aufgewachsen bist. Dein Vater und ich werden das Erste verkaufen, kurz nachdem wir dich bekommen haben. Das Zweite werde ich kurz nach deinem Fortgehen verkaufen. Zu dem Zeitpunkt werden Nelson und ich bereits in unser Bauernhaus umgezogen sein, und dein Vater wird mit dieser Frau zusammenleben, deren Namen ich nicht wissen will.

Ich weiß, wie diese Geschichte enden wird; ich denke viel darüber nach. Ich denke auch oft daran, wie sie vor ein paar Jahren begonnen hat, als Raumschiffe in der Umlaufbahn und Artefakte auf den Wiesen auftauchten. Die Regierung hat so gut wie nichts darüber verlauten lassen, während die Regenbogenpresse alles Mögliche berichtete.

Dann bekam ich einen Anruf, eine Aufforderung zu einem Treffen.

Sie warteten im Flur vor meinem Büro, unübersehbar. Ein seltsames Paar. Der eine trug Militäruniform, hatte einen Bürstenhaarschnitt und einen Aluminiumkoffer in der Hand. Er schien seine Umgebung mit kritischem Blick zu mustern. Der andere war leicht als Akademiker zu erkennen: Vollbart und Schnauzer, Kordanzug. Er blätterte in den zusammengehefteten Notizen, die an einem schwarzen Brett hingen.

»Colonel Weber, nehme ich an?« Der Soldat und ich gaben uns die Hände. »Louise Banks.«

»Dr. Banks. Danke, dass Sie sich die Zeit genommen haben, mit uns zu sprechen«, sagte er.

»Keine Ursache. Ist eine gute Ausrede, nicht zur Fakultätssitzung gehen zu müssen.«

Colonel Weber deutete auf seinen Begleiter. »Das ist Dr. Gary Donelly, der Physiker, den ich am Telefon erwähnt habe.«

»Gary, wenn es Ihnen recht ist«, sagte er, als wir uns die Hände gaben. »Ich bin gespannt auf Ihre Meinung.«

Wir gingen in mein Büro. Ich räumte einen Stapel Bücher vom zweiten Gästestuhl, und wir setzten uns. »Sie sagten, dass ich mir eine Tonaufnahme anhören soll. Ich darf vermuten, dass das etwas mit den Außerirdischen zu tun hat?«

»Hören Sie sich die Aufnahme erst einmal an«, sagte Colonel Weber.

»In Ordnung. Also los.«

Colonel Weber holte einen Rekorder aus seinem Koffer und drückte auf PLAY. Die Aufnahme klang entfernt nach einem nassen Hund, der sich das Wasser aus dem Fell schüttelt.

»Was können Sie uns dazu sagen?«, fragte er.

Den Vergleich mit dem nassen Hund verkniff ich mir. »In welchem Kontext wurde diese Aufnahme gemacht?«

»Ich bin nicht befugt, Ihnen das zu sagen.«

»Es würde mir bei der Interpretation der Geräusche helfen. Konnten Sie den Außerirdischen sehen, während er sprach? Hat er irgendetwas dabei gemacht?«

»Die Aufnahme ist alles, was ich Ihnen bieten kann.«

»Sie würden nichts verraten, wenn Sie mir sagen, dass Sie die Außerirdischen gesehen haben. Davon geht die Öffentlichkeit bereits aus.«

Colonel Weber gab nicht nach. »Können Sie uns eine Einschätzung des Sprachvermögens geben?«, fragte er.

»Nun, es ist offensichtlich, dass sich ihr Stimmbereich grundlegend von dem der Menschen unterscheidet. Darf ich annehmen, dass die Außerirdischen nicht wie Menschen aussehen?«

Der Colonel setzte zu einer unverbindlichen Antwort an, als Gary

Donelly fragte: »Können Sie aufgrund der Aufnahme irgendwelche Vermutungen anstellen?«

»Nur sehr eingeschränkt. Es klingt nicht so, als ob die Außerirdischen einen Kehlkopf gebrauchen, um die Laute hervorzubringen, aber das sagt mir nichts darüber, wie sie aussehen.«

»Sonst noch etwas – können Sie uns noch irgendetwas anderes sagen?«, fragte Colonel Weber.

Offensichtlich war er es nicht gewohnt, sich von Zivilisten beraten zu lassen. »Lediglich, dass durch den anatomischen Unterschied jegliche Verständigung wirklich schwierig wird. Es ist so gut wie sicher, dass sie Laute hervorbringen, die der menschliche Stimmapparat nicht nachahmen und die das menschliche Ohr möglicherweise nicht hören kann.«

»Sie meinen Frequenzen im Infra- und Ultraschallbereich?«, fragte Gary Donelly.

»Nicht unbedingt. Ich will damit nur sagen, dass das menschliche Gehörsystem nicht alles aufnehmen kann, was es hört, sondern darauf spezialisiert ist, Laute zu erkennen, die von einem menschlichen Kehlkopf erzeugt werden. Bei einem fremdartigen, außerirdischen Stimmapparat ist alles möglich.« Ich zuckte mit den Schultern. »*Vielleicht* wird es uns mit einiger Übung möglich sein, Phoneme zu unterscheiden, aber es kann auch sein, dass unsere Ohren schlicht die Unterschiede nicht wahrnehmen können, die für sie von Bedeutung sind. In diesem Fall bräuchten wir einen Schall-Spektrografen, um zu wissen, was ein Außerirdischer sagt.«

Colonel Weber fragte: »Nehmen wir an, ich gebe Ihnen Aufnahmematerial mit einer Laufzeit von einer Stunde. Wie lange bräuchten Sie, um sicher sagen zu können, ob wir diesen Schall-Spektrografen brauchen oder nicht?«

»Das könnte ich so nicht entscheiden, egal, wie viel Material Sie mir zur Verfügung stellen. Ich muss direkt mit den Außerirdischen sprechen.«

Der Colonel schüttelte den Kopf: »Das ist unmöglich.«

Ich versuchte es ihm schonend beizubringen. »Das bestimmen natürlich Sie. Doch der einzige Weg, eine fremde Sprache zu lernen, besteht darin, mit einem Muttersprachler zu interagieren. Damit meine ich, dass man Fragen stellt, sich unterhält, etwas in der Art. Sonst klappt das nicht. Wenn Sie also die Sprache der Außerirdischen lernen wollen, dann müssen Sie einen ausgebildeten Sprachwissenschaftler – mich oder jemand anderen – mit einem Außerirdischen reden lassen. Aufnahmen allein reichen da nicht aus.«

Colonel Weber runzelte die Stirn. »Sie meinen also, dass kein Außerirdischer in der Lage ist, nur durch das Studium unserer Medien die menschliche Sprache zu lernen.«

»Ich bezweifle es zumindest. Sie bräuchten Unterrichtsmaterial, das speziell dafür entwickelt wurde, Nichtmenschen die menschliche Sprache beizubringen. Entweder das, oder sie müssten mit Menschen interagieren. Stünde ihnen eines davon zur Verfügung, könnten sie aus Fernsehsendungen viel lernen, andernfalls nicht. Ihnen würde ein Anknüpfungspunkt fehlen.«

Das fand der Colonel offensichtlich bedeutsam. Seine Philosophie lautete offenbar, dass die Außerirdischen so wenig wie möglich wissen sollten. Gary Donelly deutete die Mimik des Colonels genauso und verdrehte die Augen. Ich unterdrückte ein Grinsen.

Dann fragte Colonel Weber: »Nehmen wir an, Sie lernen eine Sprache, indem Sie mit einem Muttersprachler reden. Könnten Sie das tun, ohne ihnen damit Englisch beizubringen?«

»Das hinge davon ab, wie kooperativ die Muttersprachler wären. Sicherlich würden sie das eine oder andere aufschnappen, während ich ihre Sprache lerne, aber das muss nicht allzu viel sein, wenn sie bereit sind, uns zu unterrichten. Andererseits würde es die Sache erschweren, wenn sie mehr darauf aus sind, Englisch zu lernen, als uns ihre Sprache beizubringen.«

Der Colonel nickte. »Ich komme in dieser Sache auf Sie zurück.«

Die Aufforderung zu diesem Treffen war vielleicht der zweitwichtigste Telefonanruf meines Lebens. Wichtiger noch war natürlich der Anruf von der Bergwacht. Zu der Zeit werden dein Vater und ich höchstens noch einmal im Jahr miteinander reden. Doch nach diesem Anruf werde ich als Erstes mit ihm Verbindung aufnehmen.

Er und ich werden zusammen zur Identifizierung fahren und auf der ganzen langen Strecke kaum ein Wort wechseln. Ich erinnere mich an das Leichenschauhaus, das ganz aus Kacheln und Edelstahl bestand, an das Summen der Kühlfächer und den Geruch von Desinfektionsmitteln. Ein Krankenpfleger wird das Laken zurückschlagen, um dein Gesicht zu entblößen. Dein Gesicht wird irgendwie verkehrt aussehen, doch ich werde wissen, dass du es bist.

»Ja, das ist sie«, werde ich sagen. »Das ist meine Tochter.«

Du wirst fünfundzwanzig sein.

Der Militärpolizist kontrollierte mein Namensschild, notierte sich etwas auf seinem Klemmbrett und machte das Tor auf. Ich fuhr den Geländewagen in das Feldlager, einem kleinen Dorf aus Zelten, das die Armee auf dem sonnenverbrannten Weideland eines Farmers errichtet hatte. In der Mitte des Lagers befand sich eine der Vorrichtungen der Außerirdischen, denen man den Spitznamen »Spiegel« gegeben hatte.

In den Einsatzbesprechungen, bei denen ich anwesend war, hieß es, dass es in den Vereinigten Staaten neun dieser Spiegel gab und einhundertzwölf auf der ganzen Welt. Die Spiegel fungierten als Kommunikationsapparate, wahrscheinlich zu den Raumschiffen in der Umlaufbahn. Niemand wusste, warum die Außerirdischen nicht direkt mit uns sprechen wollten. Vielleicht aus Angst vor Läusen. Jedem Spiegel war ein Wissenschaftsteam zugewiesen, dem ein Physiker und ein Sprachwissenschaftler angehörten. Gary Donelly und ich sollten hier arbeiten.

Gary erwartete mich auf dem Parkplatz. Wir suchten uns einen Weg durch den Irrgarten aus kreisförmig angeordneten Betonbarrieren, bis wir das große Zelt erreichten, in dem sich der Spiegel befand. Vor dem Zelt stand ein Gerätewagen, auf dem sich allerlei teure Instrumente befanden, die ich mir aus dem Sprachlabor der Schule geliehen hatte. Ich hatte ihn vorausgeschickt, damit die Armee ihn in aller Ruhe inspizieren konnte.

Vor dem Zelt standen außerdem Videokameras auf dreibeinigen Stativen, die Objektive durch Fenster in der Zeltwand auf das Zeltinnere gerichtet. Alles, was Gary und ich machten, würde von unzähligen anderen überprüft werden, den militärischen Abschirmdienst eingeschlossen. Außerdem würden wir täglich Berichte schreiben. Mein Bericht sollte eine Einschätzung enthalten, wie viel Englisch die Außerirdischen verstanden.

Gary hielt den Zelteingang auf und bedeutete mir mit einer Handbewegung einzutreten. »Hereinspaziert, hereinspaziert«, sagte er wie ein Zirkusausrufer. »Bestaunen Sie Kreaturen, wie sie auf Gottes schöner Erde noch nie zu sehen waren.«

»Und das alles für nur wenige Groschen«, murmelte ich, als ich durch die Öffnung trat. Der Spiegel war nicht aktiv und glich einem normalen halbkreisförmigen Spiegel; er war über drei Meter hoch und fast sieben Meter breit. Vor dem Spiegel war mit weißer Sprühfarbe ein Halbkreis auf das braune Gras gesprüht, der den Aktionsradius markierte. Im Moment befanden sich in diesem Bereich nur ein Tisch, ein Paar Klappstühle und eine Steckdosenleiste, deren Anschlusskabel zu einem Generator außerhalb des Zeltes führte. Das Summen von Leuchtstoffröhren, die an Schienen entlang der Zeltwände hingen, vermischte sich in der drückenden Hitze mit dem Surren von Fliegen.

Gary und ich schauten uns an und begannen, den Karren mit der Ausrüstung zum Tisch zu schieben. Als wir die Farblinie überquerten, schien der Spiegel durchsichtig zu werden, als würde hinter einer getönten Scheibe jemand langsam die Helligkeit erhöhen. Die Illusion räumlicher Tiefe war verblüffend. Ich hatte den Eindruck, geradewegs hineingehen zu können. Als der Spiegel voll erleuchtet war, wirkte er wie das lebensgroße Diorama eines halbrunden Raumes. Einige größere Gegenstände, die vielleicht Möbel darstellten, befanden sich in dem Raum, allerdings keine Außerirdischen. In der gekrümmten Wand am Ende des Raumes war eine Tür.

Wir beeilten uns, alles anzuschließen: Mikrofone, Sonagrafen, Laptops und Lautsprecher. Während wir das taten, erwartete ich gespannt die Ankunft der Außerirdischen und schaute immer wieder zu dem Spiegel hinüber. Dennoch erschrak ich, als schließlich einer von ihnen eintrat.

Er sah aus wie ein Fass, das sich im Schnittpunkt von sieben Gliedmaßen befand, polysymmetrisch, sodass jedes Glied als Arm oder Bein fungieren konnte. Der Außerirdische ging auf vier Beinen, während er drei nicht benachbarte Arme an der Seite zusammengerollt hatte. Gary nannte sie »Heptapoden«.

Obwohl man mir Videoaufnahmen gezeigt hatte, sperrte ich die Augen auf. An den Gliedmaßen waren keine Gelenke zu erkennen. Anatomen vermuteten, dass ihnen so etwas wie Wirbelknochen Festigkeit verliehen. Egal, wie ihr innerer Aufbau beschaffen war, das Zusammenspiel der Gliedmaßen war auf verstörende Art und Weise fließend. Der »Oberkörper« schwebte wie ein Luftkissenboot auf den wogenden Gliedern.

Sieben lidlose Augen waren ringförmig um das obere Ende des Heptapodenkörpers angeordnet. Das Wesen bewegte sich wieder auf die Türöffnung zu, aus der es gekommen war, gab einige zischende Töne von sich und kehrte, gefolgt von einem zweiten Heptapoden, in die Mitte des Raumes zurück. Dabei hatte es sich nicht einmal umgedreht. Unheimlich, aber logisch, denn mit Augen auf allen Seiten konnte jede Richtung »vorne« sein.

Gary hatte meine Reaktionen beobachtet. »Bereit?«, fragte er.

Ich holte tief Luft. »So weit eben möglich.« Früher hatte ich öfter Feldforschung im Amazonasgebiet betrieben, doch das waren immer bilinguale Begegnungen gewesen: Entweder konnten meine Informanten ein wenig Portugiesisch, auf dem ich dann aufbaute, oder die örtlichen Missionare hatten mir zuvor einige Grundkenntnisse der Eingeborenensprache vermittelt. Nun würde ich zum ersten Mal tatsächlich ein monolinguales Forschungsvorhaben durchführen. In der Theorie war das gar nicht so schwer …

Ich ging auf den Spiegel zu, und einer der Heptapoden auf der anderen Seite tat es mir gleich. Das Bild wirkte so echt, dass ich eine Gänsehaut bekam. Ich konnte die Textur auf der grauen Haut erkennen, wie in Kringeln und Wirbeln angeordnete Kordsamtfurchen. Der Spiegel hatte keinen Geruch, was die Situation nur noch seltsamer machte.

Ich zeigte auf mich selbst und sagte langsam: »Mensch«, zeigte dann auf Gary: »Mensch.« Schließlich deutete ich auf jeden der beiden Heptapoden und sagte: »Was seid ihr?«

Keine Reaktion. Ich versuchte es noch einmal, zweimal.

Einer der Heptapoden zeigte mit einer Extremität auf sich selbst, die vier Finger am Ende zusammengelegt. Was für ein Glück. In einigen Kulturen deutet man mit dem Kinn auf andere Leute. Ich hätte nicht gewusst, auf welche Geste ich hätte achten sollen, wenn der Heptapode nicht eines seiner Gliedmaßen benutzt hätte. Ich hörte einen Haspellaut und sah, wie auf der Oberseite des Heptapoden eine runzelige Körperöffnung vibrierte. Er sprach. Dann zeigte er auf seinen Gefährten und haspelte noch einmal.

Ich ging zu meinem Computer, auf dessen Bildschirm zwei nicht zu unterscheidende Sonagramme die Haspellaute abbildeten. Ich markierte einen Ausschnitt, sodass ich ihn wiederholen konnte. Wieder zeigte ich auf mich und Gary und sagte jeweils »Mensch«, dann auf die Heptapoden und ließ über die Lautsprecher die Aufnahme des Haspellauts erklingen.

Der Heptapode gab weitere Haspellaute von sich. Die zweite Hälfte sah auf dem Sonagrafen wie eine Wiederholung aus. Wenn ich die erste Äußerung [Haspel1] nenne, dann war diese hier nun [Haspel2Haspel1].

Ich zeigte auf etwas, das ein Heptapoden-Stuhl sein mochte. »Was ist das?«

Der Heptapode zögerte, deutete dann auf den »Stuhl« und sagte etwas. Das Sonagramm dafür unterschied sich deutlich von den früheren Lauten: [Haspel3]. Wieder deutete ich auf den »Stuhl« während ich über die Anlage die Aufnahme [Haspel3] abspielte.

Der Heptapode antwortete. Dem Sonagramm zufolge sah es nach [Haspel3Haspel2] aus. Optimistische Deutung: Der Heptapode bestätigte meine Wiedergaben als richtig, was die Schlussfolgerung zuließ, dass die Art, wie Heptapoden eine Unterhaltung führten, mit der Art der Menschen kompatibel war. Pessimistische Deutung: Der Heptapode hatte einen lästigen Husten.

An meinem Computer grenzte ich bestimmte Abschnitte ein und gab ihnen vorläufige Namen: »Heptapode« für [Haspel1], »Ja« für [Haspel2] und »Stuhl« für [Haspel3]. Als Überschrift für alle Äußerungen schrieb ich »Sprache: Heptapode A«.

Gary sah zu, was ich tippte. »Wofür steht das ›A‹?«

»Das unterscheidet diese Sprache von anderen Sprachen, die von Heptapoden vielleicht gesprochen werden«, sagte ich. Er nickte.

»So, jetzt wollen wir, nur mal zum Spaß, etwas versuchen.« Ich zeigte auf jeden der Heptapoden und versuchte den Laut [Haspel1] »Heptapode« nachzuahmen. Nach einer längeren Pause sagte der erste Heptapode etwas zu dem zweiten, der daraufhin etwas anderes sagte, und die Sonagramme von alledem glichen in nichts dem bisher Geäußerten. Da sie keine Gesichter hatten, war mir unklar, ob sie miteinander oder mit mir redeten. Noch einmal versuchte ich [Haspel1] auszusprechen, was aber keine Reaktion auslöste.

»Noch nicht einmal nah dran«, grummelte ich.

»Ich bin beeindruckt, dass Sie überhaupt solche Laute von sich geben können«, sagte Gary.

»Dann sollten Sie erstmal meine Elchrufe hören. So schnell haben Sie die Viecher noch nie rennen sehen.«

Ich versuchte es noch einige Male, doch keiner der Heptapoden entgegnete etwas, das ich wiedererkannt hätte. Erst als ich die Aufnahme mit der Aussprache des Heptapoden ein weiteres Mal abspielte, erhielt ich eine Bestätigung; der Heptapode antwortete mit [Haspel2]: »Ja.«

»Wir kommen nicht weiter und sind darauf angewiesen, Aufnahmen zu verwenden?«, fragte Gary.

Ich nickte. »Vorläufig zumindest.«

»Und jetzt?«

»Jetzt überprüfen wir, ob die Außerirdischen nicht etwa ›Sind die nicht putzig‹ oder ›Schau, was sie jetzt machen‹ gesagt haben. Dann probieren wir aus, ob wir die Wörter, die wir haben, auch erkennen können, wenn sie der andere Heptapode ausspricht.« Ich bedeutete ihm sich zu setzen. »Machen Sie es sich bequem. Das wird eine Weile dauern.«

Im Jahr 1770 lief die *Endeavor*, das Schiff von Kapitän Cook, vor der Küste von Queensland, Australien auf Grund. Während einige seiner Männer das Schiff instand setzten, führte Cook einen Erkundungstrupp an Land und traf auf Eingeborene. Einer der Matrosen zeigte auf eines der herumhüpfenden Tiere, die ihren Nachwuchs in einem Bauchbeutel trugen, und fragte, wie diese Tiere heißen. Ein Eingeborener antwortete: »Känguru.« Und so bezeichneten Cook und seine Leute das Tier fortan mit diesem Wort. Erst später erfuhren sie, was es bedeutete: »Was hast du gesagt?«

Diese Geschichte erzähle ich jedes Jahr in meinen Einführungskursen. Hinterher erkläre ich, dass die Geschichte ziemlich sicher so nicht stimmt, aber es ist eine klassische Anekdote. Was meine Studienanfänger natürlich lieber hören wollen, sind Anekdoten über die Heptapoden. Sie sind der Grund, weshalb sich in meiner späteren Universitätslaufbahn viele Studenten in meine Kurse einschreiben werden. Also zeige ich ihnen die alten Videoaufnahmen meiner Sitzungen vor dem Spiegel und von Einsätzen anderer Linguisten. Die Aufnahmen sind lehrreich und werden sich als nützlich erweisen, falls wir jemals wieder von Außerirdischen besucht werden sollten, aber sie liefern nicht viele gute Anekdoten.

Meine Lieblingsanekdoten zum Thema Spracherwerb handeln davon, wie sich Kinder Sprache aneignen. Ich erinnere mich an einen Nachmittag, du bist fünf Jahre alt und gerade vom Kindergarten heimgekommen. Du wirst mit deinen Buntstiften malen, während ich Hausarbeiten benote.

»Mama«, wirst du in jenem betont beiläufigen Tonfall sagen, den du dann anschlägst, wenn du etwas von mir willst, »darf ich dich etwas fragen?«

»Natürlich, mein Schatz. Frag nur.«

»Kann ich, äh, mehr Schweinchen haben als Sharon?«

Ich blicke von der Arbeit, die ich gerade korrigiere, auf. »Was meinst du damit?«

»Sharon hat in der Schule gesagt, dass sie mehr Schweinchen hat.«

»Wirklich? Hat sie erzählt, was das bedeuten soll?«

»Sie hatte Geburtstag, und ihre Eltern haben ihr mehr Schweinchen geschenkt.«

»Ah, ich verstehe. Du meinst, dass Sharon Meerschweinchen bekommen hat?«

»Ja, genau. Kann ich auch mehr Schweinchen haben?«

Gary und ich betraten den Fertigbau, in dem sich die Einsatzzentrale dieses Spiegelstandorts befand. Im Inneren sah es so aus, als würde jemand eine Invasion oder eine Evakuierung planen: Soldaten mit

Bürstenhaarschnitt saßen um eine große Karte des Geländes herum oder arbeiteten mit Kopfhörern an klobigen Elektroapparaten. Man führte uns in das Büro von Colonel Weber, einen Raum im hinteren Teil des Gebäudes, wo eine Klimaanlage für kühle Luft sorgte.

Wir unterrichteten den Colonel über die Ergebnisse unseres ersten Tages. »Klingt nicht so, als hätten Sie viel erreicht«, sagte er.

»Ich habe eine Idee, wie wir schneller vorankommen könnten«, sagte ich. »Aber Sie werden uns dafür weitere Ausrüstung genehmigen müssen.«

»Was brauchen Sie denn noch?«

»Eine Digitalkamera und einen großen Videobildschirm.« Ich zeigte ihm eine Zeichnung mit der von mir entworfenen Versuchsanordnung. »Ich will probieren, auch Schrift zu verwenden. Auf dem Bildschirm möchte ich geschriebene Wörter wiedergeben und mit der Kamera die Worte aufnehmen, die von den Außerirdischen geschrieben werden. Ich hoffe, dass die Heptapoden dasselbe machen werden.«

Weber begutachtete die Zeichnung zweifelnd. »Was für einen Vorteil soll das bringen?«

»Bisher bin ich so vorgegangen, als würden wir eine Sprache ohne Schrift studieren. Dann kam ich auf die Idee, dass die Heptapoden auch über Schrift verfügen müssten.«

»Und?«

»Falls die Heptapoden ihre Schrift auf technischem Weg wiedergeben, dann sollte ihre Schrift sehr regelmäßig und konsistent sein. Die entsprechenden Grapheme wären für uns leichter zu erkennen als die Phoneme. Statt zu versuchen, aus einem gesprochenen Satz einen Buchstaben herauszuhören, könnten wir versuchen, ihn in einem geschriebenen Satz zu erkennen.«

»Ich verstehe, was Sie meinen«, gab er zu. »Und wie würden Sie ihnen antworten? Indem Sie ihnen die Wörter, die sie uns in ihrer Schrift zeigen, in unserer Schrift darstellen?«

»Im Grunde ja. Falls sie Leerzeichen zwischen ihren Wörtern lassen, dann wären Sätze, die wir in ihrer Schrift schreiben, viel verständlicher als gesprochene Sätze, die wir aus Aufnahmen zusammenstückeln.«

Er lehnte sich in seinem Stuhl zurück. »Ihnen ist klar, dass wir ihnen so wenig wie möglich von unserer Technologie zeigen wollen.«

»Das verstehe ich, aber wir verwenden ja bereits Maschinen als Vermittlungsinstrumente. Wenn wir die Heptapoden dazu bewegen können, etwas zu schreiben, dann würden wir, glaube ich, schneller vorankommen, als wenn wir uns nur auf Sonagramme verlassen.«

Der Colonel wandte sich an Gary. »Ihre Meinung?«

»Klingt für mich nach einer guten Idee. Ich frage mich, ob die Heptapoden Schwierigkeiten haben könnten, etwas auf unseren Monitoren zu erkennen. Ihre Spiegel basieren auf einer völlig anderen Technologie als unsere Videomonitore. Soweit wir das einschätzen können, benutzen sie keine Pixel oder Bildzeilen, und sie bauen die Wiedergabe auch nicht mit einer Bild-für-Bild-Frequenz auf.«

»Glauben Sie also, dass der Bildzeilenaufbau unserer Monitore für die Heptapoden unlesbar sein wird?«

»Das ist möglich«, sagte Gary. »Um das herauszubekommen, müssen wir es ausprobieren.«

Weber ließ sich das durch den Kopf gehen. Für mich war das eine klare Sache, über die ich nicht nachdenken musste, aber von Webers Standpunkt aus war es eine schwierige Entscheidung. Als Soldat, der er war, traf er seine Entscheidung dennoch rasch. »Antrag genehmigt. Sagen Sie dem Sergeant draußen, was Sie benötigen. Bereiten Sie dann alles für morgen vor.«

Ich erinnere mich an einen Sommertag, als du sechzehn bist. Dieses eine Mal bin ich es, die auf ihre Verabredung wartet. Natürlich wirst du auch warten, weil du neugierig darauf bist, wie er aussieht. Eine Freundin von dir, ein blondes Mädchen mit dem unwahrscheinlichen Namen Roxie, wird auch da sein, und ihr kichert und amüsiert euch.

»Falls euch beide der Drang überkommt, Bemerkungen über ihn zu machen«, werde ich sagen, während ich mein Aussehen im Korridorspiegel prüfe, »haltet euch einfach zurück, bis wir weg sind.«

»Keine Sorge, Mama«, wirst du sagen, »wir werden darauf achten, dass er nichts merkt. Roxie, du fragst mich, was ich glaube, wie das Wetter heute Abend wird. Ich sage dann, was ich von Mutters Verabredung halte.«

»Okay«, wird Roxie sagen.

»Nein, das werdet ihr ganz sicher nicht tun«, werde ich sagen.

»Entspann Dich, Mama. Er wird nichts merken. Wir machen sowas andauernd.«

»Na, das ist ja beruhigend.«

Kurz darauf trifft Nelson ein, um mich abzuholen. Ich stelle alle einander vor, und wir plaudern ein wenig auf der vorderen Veranda. Nelson sieht gut aus, auf eine raue Art, was dir offensichtlich gefällt. Gerade als wir aufbrechen wollen, wird Roxie dich beiläufig fragen: »Also, was glaubst du, wie das Wetter heute Abend wird?«

»Es wird wohl richtig heiß werden«, wirst du antworten.

Roxie wird zustimmend nicken. Nelson wird sagen: »Wirklich? Ich dachte, es hieß, dass es heute eher kühl werden soll.«

»Ich habe einen sechsten Sinn für so etwas«, wirst du sagen. Dein Gesicht verrät nichts. »Ich glaube, es wird richtig heiß werden. Gut, dass du passend angezogen bist, Mom.«

Ich werde dich kurz empört anfunkeln und dir eine gute Nacht wünschen.

Als ich Nelson zum Auto begleite, wird er mich heiter fragen: »Irgendetwas entgeht mir hier, oder?«

»Ein Insiderwitz«, werde ich murmeln. »Bitte frag mich nicht, was er bedeutet.«

Bei unserer nächsten Sitzung vor dem Spiegel wiederholten wir unser Vorgehen, ließen aber diesmal das Wort, das wir gerade aussprachen, auf unserem Computerbildschirm erscheinen: Wir zeigten zum Beispiel MENSCH, während wir »Mensch« sagten, und so weiter. Schließlich verstanden die Heptapoden, was wir wollten, und stellten einen flachen, kreisrunden Schirm auf, der auf einem schmalen Podest ruhte. Einer der Heptapoden sagte etwas und steckte eines seiner Gliedmaßen in eine große Buchse im Podest. Auf dem Schirm erschien eine nicht besonders gut lesbare Handschrift.

Schon bald entwickelten wir eine gewisse Routine, und ich erstellte zwei parallele Datensammlungen: eine von gesprochenen Äußerungen und eine von geschriebenen Beispielen. Dem ersten Eindruck zufolge schien ihre Schrift logografisch aufgebaut zu sein, was enttäuschend war. Ich hatte gehofft, dass sie eine alphabetische Schrift verwenden würden, was das Erlernen ihrer Sprache erleichtert hätte. Zwar war es möglich, dass ihre Logogramme auch phonetische Informationen beinhalteten, aber diese zu erkennen, würde viel schwieriger sein als bei einem alphabetischen Schriftsystem.

Indem ich nahe an den Spiegel herantrat, konnte ich auf einzelne Körperteile der Heptapoden deuten, beispielsweise auf die Tentakel, die Finger, die Augen, und die dazu gehörigen Begriffe erfragen. Wie sich herausstellte, hatten die Außerirdischen eine von beweglichen Knochenstrukturen umschlossene Körperöffnung an ihrer Unterseite. Wahrscheinlich diente diese zur Nahrungsaufnahme, während sie mit der anderen Körperöffnung auf ihrer Oberseite atmeten und sprachen. Weitere erkennbare Körperöffnungen gab es nicht. Möglicherweise war ihr Mund zugleich ihr After. Derartige Fragen würden warten müssen.

Zudem versuchte ich, unsere beiden Informanten zu fragen, wie wir sie einzeln ansprechen sollten – wie ihre Eigennamen lauteten, falls sie denn welche hatten. Ihre Antworten waren für uns natürlich unverständlich, und so taufte ich die beiden für Garys und meine Zwecke auf die Namen Haspel und Himbeere. Ich hoffte, ich würde in der Lage sein, sie auseinanderzuhalten.

Am nächsten Tag beriet ich mich mit Gary, bevor wir das Zelt mit dem Spiegel betraten. »Für diese Sitzung werde ich Ihre Hilfe brauchen«, sagte ich zu ihm.

»Klar. Was kann ich für Sie tun?«

»Wir müssen einige Verben klären, und mit Verbformen in der dritten Person ist es am einfachsten. Würden Sie die Bedeutung einiger Verben darstellen, während ich sie in den Computer eingebe? Wenn wir Glück haben, werden die Heptapoden verstehen, was wir machen, und es uns gleichtun. Ich habe einige Requisiten mitgebracht, die Sie benutzen können.«

»Kein Problem«, sagte Gary und ließ seine Fingergelenke knacken. »Allzeit bereit!«

Wir begannen mit einigen intransitiven Verben: gehen, hüpfen, sprechen, schreiben. Gary führte jedes mit einem bezaubernden Mangel an Befangenheit vor. Die Videokameras störten oder beeinflussten ihn dabei keineswegs. Bei den ersten Tätigkeiten, die Gary vorführte, fragte ich die Heptapoden: »Wie bezeichnet ihr das?« Schon bald hatten die Heptapoden verstanden, was wir vorhatten. Himbeere begann Gary nachzuahmen, während Haspel uns mit Hilfe des Heptapoden-Computers die schriftliche Darstellung zeigte und sie laut aussprach.

In den Sonagrammen ihrer Äußerungen erkannte ich das Wort »Heptapode« wieder. Der Rest der heutigen Äußerungen waren dann naheliegenderweise die Verbalphrasen. Es sah so aus, als ob sie etwas unseren Verben und Nomen Vergleichbares verwendeten. Gott sei Dank.

Bei ihrer Schrift herrschte allerdings keine solche Klarheit. Für jede Tätigkeit hatten sie uns ein einziges Logogramm gezeigt statt zwei verschiedene. Zuerst dachte ich, sie hätten etwas Ähnliches wie »geht« mit impliziertem Subjekt geschrieben. Warum aber sagte Haspel dann »der Heptapode geht«, während er »geht« schrieb, statt Gesprochenes und Schrift eins zu eins zu vermitteln? Dann fiel mir auf, dass einige der Logogramme dem Zeichen für »Heptapode« glichen, allerdings mit ein paar zusätzlichen Strichen auf der einen Seite. Vielleicht ließen sich bei ihnen die Verben als Affixe eines Substantivs schreiben. Falls das so war, warum hatte Haspel dann in einigen Fällen das Substantiv ausgeschrieben, in anderen nicht?

Ich beschloss, es mit einem transitiven Verb zu versuchen – das Austauschen der Objektwörter würde die Sache vielleicht klären. Unter den Requisiten, die ich mitgebracht hatte, waren ein Apfel und ein Stück Brot. »Also«, sagte ich zu Gary, »zeigen Sie ihnen das Essen, und essen Sie dann etwas. Erst den Apfel, dann das Brot.«

Gary deutete auf den Golden Delicious und biss dann hinein, während ich die »Wie bezeichnet ihr das?«-Phrase abspielte. Das wiederholten wir dann mit einer Scheibe Vollkornweizenbrot.

Himbeere verließ den Raum und kehrte mit etwas, das einer großen Nuss oder einem Kürbis glich, sowie einem gelatinösen Ellipsoiden zurück. Himbeere zeigte auf den Kürbis, während Haspel ein Wort sagte und ein Logogramm erscheinen ließ. Himbeere ließ den Kürbis anschließend zwischen seinen Beinen verschwinden, ein knuspernder Laut war zu hören, und der Kürbis erschien wieder, um ein abgebissenes Stück kleiner. Unter der Schale befanden sich maiskornartige Samen. Haspel sagte etwas und zeigte auf dem Bildschirm ein großes Logogramm. Das Sonagramm von »Kürbis« ließ Veränderungen erkennen, wahrscheinlich eine Kasusmarkierung. Das Logogramm war seltsam: Nach einigem Überlegen konnte ich einzelne graphische Elemente erkennen, die den Logogrammen für »Heptapode« und »Kürbis« glichen. Es sah so aus, als ob die beiden Zeichen miteinander verschmolzen und ihnen einige Striche hinzugefügt worden wären, die wahrscheinlich »essen« bedeuteten. Handelte es sich hier um eine Ligatur aus mehreren Wörtern?

Als Nächstes zeigten sie uns die gesprochenen und geschriebenen Namen für das Gelatine-Ei sowie die Bezeichnungen dafür, dass es gegessen wurde. Das Sonagramm für »Heptapode isst ein Gelatine-Ei« ließ sich analysieren. »Gelatine-Ei« wies wie erwartet eine Kasusmarkierung auf, aber die Reihenfolge der Wörter im Satz hatte sich verändert. Ein anderes Problem stellte die geschriebene Form dar, ein weiteres großes Logogramm. Diesmal brauchte ich viel länger, um etwas zu erkennen. Die einzelnen Logogramme waren nicht nur miteinander verschmolzen, zudem sah es so aus, als ob das Zeichen für »Heptapode« auf dem Rücken läge und sich oben das auf den Kopf gestellte Zeichen für »Gelatine-Ei« befände.

»Oje.« Noch einmal studierte ich die Beispiele einfacher Verb-Substantiv-Verbindungen, die mir bisher widersprüchlich erschienen waren. Nun erkannte ich, dass sie tatsächlich alle das Logogramm für »Heptapode« aufwiesen; einige davon hatte ich nicht gleich erkannt, denn das Zeichen war um die eigene Achse gedreht oder bei der Verschmelzung mit den verschiedenen Verben verzerrt worden. »Ihr wollt uns wohl auf den Arm nehmen«, murmelte ich.

»Was ist los?«, fragte Gary.

»Die Schrift trennt die Wörter nicht voneinander. Ein Satz wird gebildet, indem man die Zeichen der einzelnen Wörter miteinander verbindet. Das machen sie, indem sie die Logogramme drehen und verändern. Hier, schauen Sie.« Ich zeigte Gary, wie einige der Logogramme gedreht worden waren.

»Sie können also Wörter mühelos lesen, egal, wie sie gedreht wurden«, sagte Gary. Beeindruckt betrachtete er die Heptapoden. »Ich frage mich, ob die radiale Symmetrie ihrer Körper der Grund dafür ist. Ihre Körper haben kein Vorne oder Hinten, ihre Schrift also auch nicht. Hochgradig elegant!«

Ich konnte es nicht fassen. Ich arbeitete mit jemandem zusammen, der »elegant« mit »hochgradig« steigerte. »Das ist auf jeden Fall bemerkenswert«, sagte ich. »Es bedeutet aber auch, dass es für uns keine einfache

Methode gibt, unsere Sätze in ihrer Schrift wiederzugeben. Wir können ihre Sätze nicht einfach in einzelne Wörter zergliedern und diese dann neu miteinander kombinieren. Wir werden die Regeln ihrer Schrift lernen müssen, bevor wir in der Lage sind, irgendetwas Lesbares zu schreiben. Wir haben hier das gleiche Problem wie beim Zusammenfügen von Sprachfragmenten, nur dieses Mal mit Schrift.«

Ich sah zu Haspel und Himbeere hinüber, die im Spiegel darauf warteten, dass wir weitermachten, und seufzte. »Ihr werdet es uns nicht leicht machen, hab ich recht?«

Fairerweise sei gesagt, dass die Heptapoden in jeder Hinsicht kooperativ waren. In den nächsten Tagen lehrten sie uns bereitwillig ihre Sprache, ohne von uns zu verlangen, ihnen mehr Englisch beizubringen. Colonel Weber und seine Leute zerbrachen sich die Köpfe darüber, was das bedeuten könnte, während ich und die Linguisten der anderen Spiegelstandorte unser gesammeltes Wissen über die Heptapodensprache mittels Videokonferenzen austauschten. Die Videokonferenzen irritierten mich. Verglichen mit den Spiegeln der Heptapoden waren unsere Videomonitore primitive Apparate, und meine Kollegen wirkten entfernter als die Außerirdischen. Das Vertraute war entrückt, doch das Bizarre schien mir nahe.

Es würde noch einige Zeit vergehen, bis wir die Heptapoden fragen konnten, warum sie gekommen waren, oder bis wir uns gut genug über Physik austauschen konnten, um mehr über ihre Technologie zu erfahren. Bis dahin arbeiteten wir an den Grundlagen: Phonemik/Graphemik, Wortschatz, Syntax. Bei allen Spiegeln gebrauchten die Heptapoden dieselbe Sprache, sodass wir in der Lage waren, unsere Daten zu bündeln und unsere Anstrengungen zu koordinieren.

Die »Schrift« der Heptapoden verwirrte uns am meisten. Statt wie richtige Schrift wirkte sie auf uns wie ein Haufen komplizierter Designergrafiken. Die Logogramme wurden nicht in Reihen oder

Spiralen oder auf sonst eine lineare Weise angeordnet. Haspel und Himbeere schrieben stattdessen einen Satz, indem sie so viele Logogramme, wie sie benötigten, zu einem riesigen Sammelsurium zusammenfügten.

Diese Form des Schreibens hatte Ähnlichkeit mit primitiven Zeichensystemen, bei denen man den Inhalt einer Botschaft kennen musste, um sie zu verstehen. Solche Verfahren galten als zu beschränkt, um damit Information systematisch aufzuzeichnen. Aber es erschien unwahrscheinlich, dass die Heptapoden ihre fortgeschrittene Technologie nur durch mündliche Informationsweitergabe entwickelt hatten. Daraus ließen sich drei Schlussfolgerungen ableiten: Erstens, dass die Heptapoden über ein richtiges Schriftsystem verfügten, es uns aber nicht zeigen wollten. Colonel Weber neigte zu dieser Ansicht. Die zweite Schlussfolgerung besagte, dass die Heptapoden nicht die Schöpfer der Technologie waren, die sie nutzten, sondern dass sie Analphabeten waren und die Technologie von jemand anderem verwendeten. Die dritte und für mich interessanteste Möglichkeit war, dass die Heptapoden eine nicht-lineare Orthographie verwendeten, die alle Anforderungen eines Schriftsystems erfüllte.

Ich erinnere mich an eine Unterhaltung, die ich mit dir haben werde, als du auf der Highschool in der elften Klasse bist. Es wird Sonntagmorgen sein, und ich werde Rühreier machen, während du den Tisch deckst. Du wirst mir lachend von der Party erzählen, auf der du den Abend zuvor warst.

»O Mann«, wirst du sagen, »die reden keinen Quatsch, wenn sie sagen, dass das Körpergewicht eine Rolle spielt. Ich habe nicht mehr als die Kerle getrunken, war aber viel *betrunkener.*«

Ich werde versuchen, eine neutrale, gutwillige Haltung zu wahren. Ich werde mir wirklich Mühe geben. Dann wirst du sagen: »Ach, komm schon, Mom.«

»Was denn?«

»Du weißt, dass du genau die gleichen Dinge getan hast, als du in meinem Alter warst.«

So etwas habe ich nie getan, aber ich weiß, dass du, wenn ich das jetzt zugäbe, jeglichen Respekt vor mir verlieren würdest. »Dir ist klar, dass du unter keinen Umständen Auto fahren darfst, wenn du …«

»Himmel, natürlich ist mir das klar. Glaubst du denn, dass ich eine Idiotin bin?«

»Nein, natürlich nicht.«

Was ich denken werde, ist, dass du ganz offensichtlich nicht ich bist, was mich in den Wahnsinn treibt. Das wird mich, wieder einmal, daran erinnern, dass du kein Klon von mir bist. Du kannst wundervoll sein, jeden Tag aufs Neue ein Grund zur Freude, aber du wirst niemals jemand sein, den ich alleine hätte hervorbringen können.

Das Militär hatte in der Nähe des Spiegelzeltes einen Wohnwagen aufgestellt, in dem sich unsere Büros befanden. Ich sah, wie Gary zu dem Wohnwagen hinüberging, und lief ihm rasch nach. »Es ist ein semasiografisches Schriftsystem«, sagte ich, als ich ihn eingeholt hatte.

»Wie bitte?«, sagte Gary.

»Hier, ich zeige es dir.« Inzwischen waren wir dazu übergegangen, uns zu duzen. Ich führte Gary in mein Arbeitszimmer. Dort ging ich zu einer Tafel und zeichnete einen Kreis, der von einer diagonalen Linie geteilt wurde. »Was bedeutet dieses Zeichen?«

»›Nicht gestattet‹?«

»Richtig.« Ich schrieb die Worte NICHT GESTATTET auf die Tafel. »Genauso wie das hier. Aber nur eines von beiden ist auch eine Abbildung von Sprache.«

Gary nickte. »Okay.«

»Linguisten bezeichnen eine Schrift wie diese hier« – ich zeigte auf die geschriebenen Wörter – »als ›Glottografie‹, denn sie repräsentiert Sprache. Alle geschriebenen menschlichen Sprachen gehören zu dieser Kategorie. Dieses Symbol allerdings« – und ich deutete auf den Kreis mit der Diagonalen – »ist ein ›semasiografisches‹ Zeichen, denn es vermittelt einen Inhalt, ohne sich dabei auf Sprache zu beziehen. Zwischen seinen Bestandteilen und bestimmten Lauten besteht kein Zusammenhang.«

»Und du bist der Meinung, dass die ganze Heptapodenschrift so funktioniert?«

»Nach dem, was ich bisher davon gesehen habe, ja. Sie ist weit komplizierter als eine einfache Bilderschrift. Sie verfügt über ein eigenes Regelwerk, wie man Sätze bildet – wie eine visuelle Syntax, die nichts mit der Syntax ihrer mündlichen Sprache zu tun hat.«

»Eine visuelle Syntax? Kannst du mir ein Beispiel zeigen?«

»Kommt sofort.« Ich setzte mich an den Schreibtisch und ließ auf dem Computer ein Bild der Aufnahme der gestrigen Unterhaltung mit Himbeere erscheinen. Ich drehte den Monitor so, dass Gary es sehen konnte. »In ihrer mündlichen Sprache bekommt ein Nomen eine Kasusmarkierung, die anzeigt, ob es ein Subjekt oder ein Objekt ist. In ihrer geschriebenen Sprache jedoch wird durch die Ausrichtung des Nomen-Logogramms zum Verb bestimmt, ob es ein Objekt oder ein Subjekt ist. Hier, schau.« Ich deutete auf eine der Abbildungen. »Wenn zum Beispiel ›Heptapode‹ auf diese Weise mit ›hört‹ verbunden wird, mit diesen parallelen Strichen, zeigt es an, dass der Heptapode etwas hört.« Ich zeigte Gary eine andere Abbildung. »Wenn die Zeichen aber so verbunden werden und die Striche im rechten Winkel zueinander verlaufen, bedeutet es, dass der Heptapode gehört wird. Diese Morphologie funktioniert bei etlichen Verben so. Ein weiteres Beispiel ist die Flexion, also die Beugung von Wörtern.« Ich wählte eine andere Aufnahme. »In ihrer Schriftsprache bedeutet dieses Logogramm in etwa ›klar zu hören‹ oder ›deutlich zu hören‹. Erkennst du die Elemente, die dem

Logogramm für ›hören‹ gleichen? Man kann dieses Logogramm auf die gleiche Weise mit dem Zeichen für ›Heptapode‹ kombinieren, um auszudrücken, dass der Heptapode etwas klar hören kann, oder deutlich zu hören ist. Wirklich interessant ist aber, dass die Modulation von ›hören‹ zu ›deutlich hören‹ kein besonderer Fall ist; kannst du die Veränderung erkennen, die sie vorgenommen haben?«

Gary zeigte darauf und nickte. »Sieht so aus, als ob sie die Idee ›deutlich‹ ausdrücken, indem sie die Krümmung dieser Striche in der Mitte verändern.«

»Genau. Diese Anpassung lässt sich auf viele Verben anwenden. Das Logogramm für ›sehen‹ kann auf diese Weise modifiziert werden, um ›deutlich sehen‹ zu bezeichnen, und so ist es auch bei dem Logogramm für ›lesen‹ und bei vielen weiteren. Für diese Art und Weise, die Krümmung der Striche zu verändern, gibt es in ihrer Lautsprache keine Entsprechung. Bei der gesprochenen Variante dieser Verben fügen sie den Wörtern ein Präfix hinzu, um Leichtigkeit des Ausdrucks zu bezeichnen, und die Präfixe für ›sehen‹ und ›hören‹ unterscheiden sich. Es gibt noch weitere Beispiele dafür, aber du verstehst, was ich meine. Im Grunde ist es eine Grammatik in zwei verschiedenen Dimensionen.«

Gary fing an, nachdenklich auf und ab zu gehen. »Gibt es bei menschlichen Schriftsystemen etwas Vergleichbares?«

»Mathematische Gleichungen, Notationen für Musik und Tanzchoreografie. Aber diese Systeme sind hochgradig spezialisiert, und mit ihnen könnten wir zum Beispiel unsere Unterhaltung nicht aufzeichnen. Aber ich glaube, dass wir unser Gespräch mit der Heptapodenschrift aufschreiben könnten, wenn wir sie gut genug kennen würden. Ich glaube, dass es sich dabei um eine voll ausgebildete, universell einsetzbare grafische Sprache handelt.«

Gary runzelte die Stirn. »Ihre Schrift und ihre Lautsprache sind also zwei völlig verschiedene Sprachen, richtig?«

»Genau. Es wäre in der Tat korrekter, ihre Schrift als ›Heptapod B‹ zu bezeichnen, und mit ›Heptapod A‹ ausschließlich auf ihre Lautsprache zu verweisen.«

»Einen Augenblick. Warum überhaupt zwei verschiedene Sprachen verwenden, wenn eine ausreichen würde? Das setzt doch einen unnötig großen Lernaufwand voraus.«

»So wie die englische Rechtschreibung?«, sagte ich. »Ob sich etwas leicht und einfach lernen lässt, ist nicht der wichtigste Faktor in der Entwicklung einer Sprache. Schreiben und Sprechen erfüllen bei den Heptapoden vielleicht kulturell und kognitiv derart unterschiedliche Zwecke, dass es für sie sinnvoller ist, zwei verschiedene Sprachen zu nutzen, anstatt nur eine.«

Gary ließ sich das durch den Kopf gehen. »Ich verstehe, was du meinst. Womöglich denken sie, dass unsere Art zu schreiben redundant ist, ganz so, als ob wir einen zweiten Kommunikationskanal nicht nutzen würden.«

»Gut möglich. Herauszufinden, warum sie eine zweite Sprache als Schrift verwenden, würde uns eine ganze Menge über sie verraten.«

»Wenn ich es richtig verstehe, wird uns ihre Schriftsprache nicht helfen, ihre Lautsprache zu lernen.«

Ich seufzte. »Richtig, das ist die wichtigste Schlussfolgerung. Aber ich denke nicht, dass wir Heptapod A oder B ignorieren sollten. Wir sollten zweigleisig vorgehen.« Ich deutete auf den Bildschirm. »Ich wette mit dir, dass uns, wenn wir ihre zweidimensionale Grammatik lernen, das helfen wird, wenn es so weit ist, ihre mathematische Notation zu begreifen.«

»Da hast du wohl recht. Können wir also damit anfangen, ihnen Fragen über ihre Mathematik zu stellen?«

»Noch nicht. Erst einmal müssen wir ihr Schriftsystem besser verstehen, bevor wir mit etwas anderem weitermachen«, sagte ich und lächelte, als Gary enttäuscht das Gesicht verzog. »Geduld, werter Herr. Geduld ist eine Tugend.«

Du wirst sechs Jahre alt sein, als dein Vater zu einer Konferenz nach Hawaii fliegt und wir ihn begleiten. Du wirst so aufgeregt sein, dass du schon Wochen vorher beginnst, dich darauf vorzubereiten. Du wirst mich über Kokosnüsse und Vulkane und Surfen ausfragen und vor dem Spiegel Hula üben. Du wirst einen Koffer mit den Kleidern und Spielsachen packen, die du mitnehmen möchtest, und ihn im Haus herumschleppen, um herauszufinden, wie lange du ihn tragen kannst. Du wirst mich fragen, ob ich deine Zaubertafel in meine Tasche packen kann, weil du in deinem Gepäck keinen Platz mehr dafür hast und ohne sie nicht reisen willst.

»Das alles wirst du gar nicht brauchen«, werde ich sagen. »Es wird dort so viele tolle Dinge geben, die du unternehmen kannst, dass du gar nicht dazu kommst, mit deinen Sachen zu spielen.«

Darüber wirst du nachdenken. Über deinen Augenbrauen werden sich Grübchen bilden, während du ins Grübeln verfällst. Schließlich wirst du weniger Spielzeug einpacken, aber deine Vorfreude wird sich nur noch mehr steigern.

»Ich will jetzt in Hawaii sein«, wirst du quengeln.

»Manchmal ist es gut zu warten«, werde ich sagen. »Je mehr beim Warten die Spannung steigt, um so größer ist die Freude, wenn es dann endlich so weit ist.«

Daraufhin wirst du schmollen.

In meinem nächsten Bericht erklärte ich, der Begriff »Logogramm« führe in die Irre, da er nahelegt, dass jedes Zeichen einem gesprochenen Wort entspricht. Dabei bezogen sich die Zeichen keineswegs auf Worte in unserem Sinne. Den Begriff »Ideogramm« wollte ich ebenfalls vermeiden, da er bereits besetzt war, und so schlug ich die Bezeichnung »Semagramm« vor.

Es hatte den Anschein, dass ein Semagramm hier in etwa mit einem geschriebenen Wort in der menschlichen Sprache übereinstimmte:

Wenn es alleinstand, hatte es eine ganz bestimmte Bedeutung, und mit anderen Semagrammen kombiniert ergab es eine unbegrenzte Anzahl von Aussagen. Ganz genau ließ es sich nicht definieren, aber bisher hat auch niemand wirklich zufriedenstellend den Begriff »Wort« definiert. Die Angelegenheit wurde jedoch um einiges verwirrender, wenn es um Sätze in Heptapod B ging.

Die Sprache verfügte über keine geschriebene Interpunktion: Ihre Syntax wurde durch die Art und Weise vermittelt, wie Semagramme miteinander kombiniert wurden, und es war nicht nötig, Sprach-Rhythmus und -Betonung festzuhalten. Eine einfache Methode, Subjekt-Prädikat-Pärchen zu isolieren, um Sätze zu bilden, gab es nicht. Ein »Satz« bestand schlicht aus einer beliebig großen Menge an Semagrammen, die ein Heptapode miteinander verbinden wollte. Der einzige Unterschied zwischen einem Satz, einem Absatz oder einer Seite bestand in der Größe des ganzen Gebildes.

Die visuelle Kraft eines Satzes in Heptapod B, der eine bestimmte Größe erreichte, war erstaunlich. Wenn ich nicht versuchte, sie zu entziffern, glich die Schrift einer phantasievollen Zeichnung von Gottesanbeterinnen, die – schwungvoll hingeworfen – ineinander verzahnt waren und zusammen ein Netzwerk bildeten, das den Werken von M. C. Escher ähnelte.

Die längsten Sätze hatten eine Wirkung, die der von psychedelischen Postern gleichkam – manchmal atemberaubend, manchmal hypnotisch.

Ich erinnere mich an ein Foto von dir, das bei der College-Abschlussfeier aufgenommen wurde. Auf dem Bild wirfst du dich für die Kamera in Pose, den Doktorhut schräg auf dem Kopf, eine Hand an der Sonnenbrille, die andere Hand auf der Hüfte, und dabei hältst du die Robe auf, um Tank Top und Shorts zu enthüllen, die du darunter trägst.

Ich erinnere mich noch gut an deine Abschlussfeier. Dass Nelson, dein Vater und Wie-heißt-sie-noch-mal da sein werden, wird mich ein wenig stören, ist aber nicht allzu schlimm. Während du das Wochenende damit verbringst, uns deine Klassenkameraden vorzustellen und alle ausgiebig zu umarmen, werde ich vor lauter Staunen kein Wort herausbringen. Ich kann es nicht fassen, dass du, eine erwachsene Frau, die größer ist als ich und so schön, dass es mir das Herz bricht, das Mädchen sein wirst, das ich hochheben musste, damit es vom Wasserspender trinken konnte, das gleiche Mädchen, das immer mal wieder aus meinem Schlafzimmer stolperte, in einem meiner Kleider, mit Hut und vier Schals aus meinem Kleiderschrank.

Nach der Abschlussfeier wirst du als Finanzanalytikerin arbeiten. Ich werde nicht begreifen, was du da machst, ich werde nicht einmal deine Faszination für Geld verstehen oder wie wichtig dir Gehaltsfragen sind, wenn du um einen neuen Job verhandelst. Mir wäre es lieber, wenn du ein bestimmtes Ziel verfolgen würdest, ohne nur auf das Geld zu achten, aber ich werde mich nicht beklagen. Meine Mutter hat nie verstanden, warum ich nicht einfach Englisch an der Highschool unterrichten wollte. Du wirst tun, was dich glücklich macht, und mehr werde ich nicht verlangen.

Die Forscherteams der verschiedenen Spiegel-Standorte bemühten sich im Laufe der Zeit, die Heptapod-Terminologie für elementare Mathematik und Physik zu erlernen. Zusammen entwickelten wir Präsentationen, wobei die Linguisten sich um die Verfahrensweise und die Physiker um die Inhalte kümmerten. Die Physiker machten uns mit bereits existierenden Systemen bekannt, die nun zur Kommunikation mit Außerirdischen dienen sollten. Diese Systeme waren jedoch für den Austausch mittels Radioteleskopen gedacht, und so überarbeiteten wir sie für die direkte Kommunikation von Angesicht zu Angesicht.

Unsere Teams konnten bei einfacher Arithmetik Erfolge verbuchen, aber mit Geometrie und Algebra steckten wir in einer Sackgasse.

Angeregt von der Anatomie der Heptapoden, gaben wir unser rechtwinkliges Koordinatensystem zugunsten eines kreisförmigen auf, was aber keinerlei Fortschritte brachte. Die Heptapoden schienen einfach nicht zu begreifen, was wir meinten.

Die Gespräche über Physik verliefen genauso erfolglos. Lediglich bei den einfachsten Begriffen, wie den Namen für die Elemente, kamen wir weiter. Nach einigen Versuchen, ihnen das Periodensystem zu vermitteln, verstanden die Heptapoden, was wir ihnen zeigten. Doch bei allem, was auch nur etwas abstrakter war, hätten wir genau so gut Kauderwelsch reden können. Wir versuchten, elementare physikalische Eigenschaften wie Masse und Geschwindigkeit zu demonstrieren, um die entsprechenden Heptapoden-Begriffe zu erfahren, aber jedes Mal baten sie uns darum, präziser darzustellen, was wir meinten. Um Wahrnehmungsverzerrungen auszuschließen, die mit einem bestimmten Übermittlungsmedium zusammenhängen mochten, versuchten wir es mit praktischen Demonstrationen sowie mit Strichzeichnungen, Fotos und Animationen, doch nichts funktionierte. Aus ergebnislosen Tagen wurden Wochen, und den Physikern schwand alle Hoffnung.

Im Gegensatz dazu erzielten die Linguisten bessere Resultate. Wir kamen gut damit voran, die Grammatik der gesprochenen Sprache, Heptapod A, zu entschlüsseln. Wie erwartet folgte sie keinem menschlichen Sprachmuster, ließ sich aber dennoch begreifen: Die Wortfolge unterlag keinen Regeln, auch dann nicht, wenn es sich um die Satzglieder von Konditionalsätzen handelte, und war damit im Unterschied zu allen menschlichen Sprachen »universell«. Anscheinend hatten die Heptapoden auch keine Hemmungen, viele Sätze ineinander zu verschachteln, was bei Menschen leicht dazu führt, dass sie die Übersicht verlieren. All das war zwar eigenartig, entzog sich aber nicht grundsätzlich jedem Verständnis.

Sehr viel interessanter waren die jüngsten Entdeckungen zu den morphologischen und grammatikalischen Eigenheiten von Heptapod B, die ausschließlich auf deren zweidimensionaler Anordnungsweise beruhten. Je nach Deklination eines Semagramms wurde seine Beugung durch die Krümmung eines Strichs, seiner Dicke oder die Art seines Wellenverlaufs bestimmt, oder – neben anderen Methoden – durch die Variation der relativen Größe zweier Wortstämme, ihren Abstand zu einem anderen Wortstamm oder ihre Ausrichtung. Dabei handelte es sich um nicht-segmentierbare Grapheme, die man nicht von dem übrigen Semagramm trennen konnte. Im Unterschied zu der Verwendung solcher Eigenschaften bei menschlicher Schrift, hatten sie hier nichts mit kalligrafischem Stil zu tun. Die Bedeutung der Semagramme war bei Heptapod B durch eine konsistente und unzweideutige Grammatik bestimmt.

Immer wieder fragten wir die Heptapoden, warum sie gekommen waren. Jedes Mal antworteten sie: »um zu sehen« oder »um zu beobachten«. Manchmal zogen sie es tatsächlich vor, uns still zu betrachten, statt auf unsere Fragen einzugehen. Vielleicht waren sie Wissenschaftler, vielleicht auch Touristen. Das Außenministerium hatte uns eingetrichtert, so wenig wie möglich über die Menschheit zu enthüllen, für den Fall, dass diese Informationen bei zukünftigen Verhandlungen zu unserem Vorteil verwendet werden konnten. Wir fügten uns, was uns nicht besonders schwerfiel: Die Heptapoden stellten niemals irgendwelche Fragen. Egal, ob sie Wissenschaftler oder Touristen waren, besonders neugierig wirkten sie nicht.

Ich erinnere mich, wie wir einmal in ein Einkaufszentrum fahren werden, um für dich neue Kleider zu kaufen. Du wirst dreizehn sein. Du wirst dich, ganz Kind, völlig unbefangen auf den Beifahrersitz lümmeln, und einen Augenblick später wirst du, wie ein Fotomodell, deine Haare mit einstudierter Lässigkeit zurückwerfen.

Während wir parken, wirst du mir einige Anweisungen erteilen.

»Also, Mom, gib mir eine der Kreditkarten, und wir treffen uns dann in zwei Stunden wieder hier am Eingang.«

Ich werde lachen. »Auf keinen Fall. Die Kreditkarten bleiben schön bei mir.«

»Das meinst du doch nicht ernst!« Die Verzweiflung wird dir ins Gesicht geschrieben stehen. Wir werden aus dem Wagen steigen, und ich werde auf den Eingang des Einkaufszentrums zugehen. Als du begreifst, dass ich nicht nachgeben werde, wirst du rasch deine Vorgehensweise ändern.

»Okay, Mom, okay. Du kannst mich begleiten, aber bleib immer hinter mir, damit es nicht so aussieht, als ob wir zusammengehören. Wenn wir irgendwelchen Freunden von mir begegnen, werde ich stehen bleiben und mit ihnen plaudern, aber du wirst einfach weitergehen, okay? Ich komme dann nach.«

Ich werde stehen bleiben. »Wie bitte? Ich bin doch nicht dein Hausdiener oder irgendeine entfernte Verwandte, für die du dich schämen musst.«

»Aber Mom, ich kann mich nicht mit dir zusammen sehen lassen.«

»Wie meinst du das? Ich kenne deine Freunde doch alle. Sie waren schon bei uns zu Hause.«

»Das ist was anderes«, wirst du sagen, fassungslos darüber, dass du mir das erklären musst. »Ich möchte alleine einkaufen.«

»So ein Pech aber auch.«

Dann die Explosion: »Du tust nicht das Geringste dafür, um mich glücklich zu machen! Ich bin dir vollkommen egal!«

Es wird noch gar nicht so lange her sein, dass du gerne mit mir einkaufen gegangen bist. Es wird mich immer wieder verblüffen, wie schnell du aus einer Phase heraus- und in eine andere hineinwächst. Mit dir zusammenzuleben ist, als würde man ein bewegliches Ziel anvisieren. Du wirst immer schon ein Stückchen weiter sein, als ich erwarte.

Ich betrachtete einen Satz in Heptapod B, den ich gerade mit einem einfachen Stift auf ein Blatt Papier geschrieben hatte. Wie alle von mir selbst geschriebenen Sätze sah dieser unförmig aus, wie ein Satz, den ein Heptapode geschrieben hatte und den man dann mit einem Hammer zertrümmert und wieder ungeschickt zusammengeflickt hatte. Auf meinem Schreibtisch lagen viele Blätter mit solchen uneleganten Semagrammen herum – ab und zu wellten sie sich, wenn der Ventilator sich in ihre Richtung drehte.

Es war sonderbar, eine Sprache zu lernen, die keine gesprochene Form hatte. Statt die Aussprache zu üben, schloss ich die Augen und versuchte, Semagramme auf die Innenseite meiner Lider zu zeichnen.

Jemand klopfte an die Tür, und bevor ich reagieren konnte, trat Gary mit einem freudigen Gesichtsausdruck ins Zimmer. »Das Team in Illinois meldet eine Bestätigung in Physik.«

»Wirklich? Das ist großartig! Wann war das?«

»Vor ein paar Stunden. Ich war gerade bei der Videokonferenz. Komm, ich zeig es dir.« Er begann meine Schreibtafel zu löschen.

»Ach, macht nichts. Das brauche ich sowieso nicht mehr.«

»Gut.« Er griff nach einem Kreidestummel und zeichnete ein Diagramm:

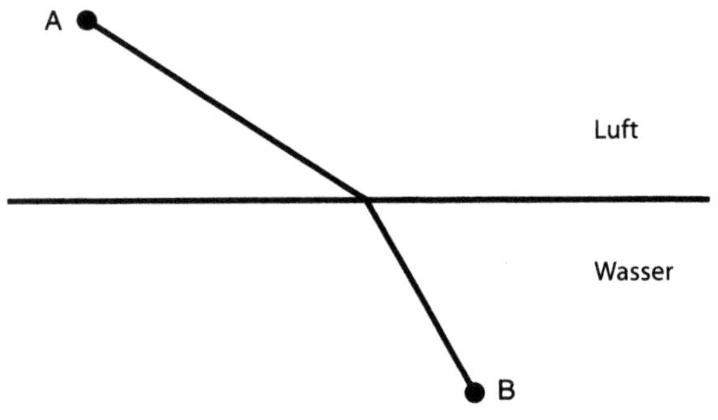

»Also, das hier ist der Verlauf eines Lichtstrahls, wenn er von Luft in Wasser übergeht. Das Licht bewegt sich in gerader Linie fort, bis es auf die Wasseroberfläche trifft. Wasser hat einen anderen Brechungsindex als Luft, und so ändert das Licht seine Richtung. Das ist dir bekannt, oder?«

Ich nickte. »Natürlich.«

»Der Verlauf, den das Licht nimmt, hat eine interessante Eigenschaft. Das hier ist der kürzeste Weg zwischen den beiden Punkten.«

»Wie bitte?«

»Nimm einfach mal an, dass das Licht diesen Verlauf nimmt.« Er zeichnete auf dem Diagramm eine gepunktete Linie ein:

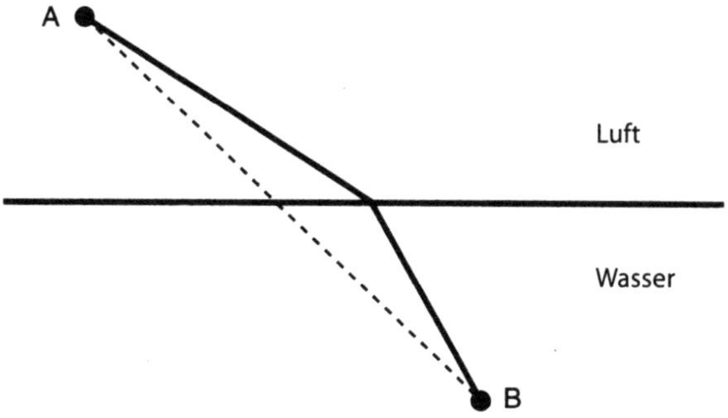

»Dieser hypothetische Weg ist kürzer als der Verlauf, den das Licht tatsächlich nimmt. Allerdings ist die Ausbreitungsgeschwindigkeit von Licht im Wasser geringer als in der Luft, und hier verläuft ein größerer Anteil des Weges im Wasser. Das Licht bräuchte daher entlang dieses Weges länger als entlang des tatsächlichen Weges.«

»Okay, das verstehe ich.«

»Stell dir nun vor, dass das Licht diesen Verlauf nimmt.« Er zeichnete eine zweite gepunktete Linie ein.

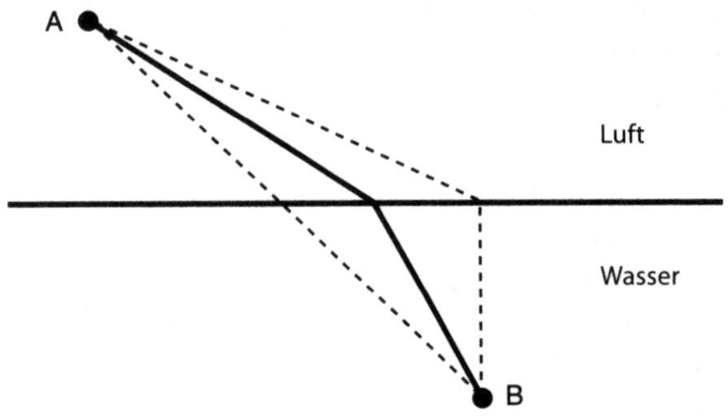

»Dieser Weg verkürzt die Strecke, die das Licht im Wasser zurücklegen muss, aber die Gesamtstrecke ist länger. Das Licht würde wiederum länger für die Strecke von A nach B benötigen als auf dem tatsächlichen Weg.«

Gary legte die Kreide weg und deutete mit weißen Fingerspitzen auf die Tafel. »Auf allen vorstellbaren Wegen würde das Licht länger für die Strecke brauchen. Anders gesagt: Der Weg, den das Licht einschlägt, ist immer der schnellstmögliche Weg zwischen zwei Punkten. Das ist das Fermatsche Prinzip der kürzesten Zeit.«

»Hm, interessant. Und darauf haben die Heptapoden reagiert?«

»Genau. Moorehead vom Spiegelteam in Illinois hat den Heptapoden eine Animation des Fermatschen Prinzips vorgeführt, und sie haben es wiederholt. Nun versucht er, es mit Symbolen zu beschreiben.« Er grinste breit. »Ist das nicht toll?«

»Ja, das ist wirklich toll, aber warum habe ich bis jetzt noch nie etwas von diesem Prinzip gehört?« Ich nahm einen Aktenordner – eine Richtliniensammlung, die vorgab, welche Bereiche der Physik wir mit den Heptapoden angehen sollten, und wedelte damit in Garys Richtung. »Hier drin steht alles Mögliche über die Planck-Masse und den Spin-Flip bei Wasserstoffatomen, aber nichts über die Brechung von Licht.«

»Wir haben uns geirrt, welches Wissen für euch am nützlichsten ist«, sagte er ohne jede Verlegenheit. »Es ist wirklich eigenartig, dass wir den ersten Durchbruch mit dem Fermatschen Prinzip erzielen konnten. Obwohl es sich leicht erklären lässt, braucht man die Differentialrechnung, um es mathematisch zu beschreiben – sogar die Variationsrechnung, um genau zu sein. Und wir dachten, dass uns mit einem einfachen geometrischen oder algebraischen Theorem der erste Durchbruch gelingen würde.«

»Wirklich sonderbar. Glaubst du denn, dass sich die Vorstellung der Heptapoden davon, was einfach ist, nicht mit der unsrigen deckt?«

»Genau. Deshalb bin ich schon sehr gespannt darauf herauszufinden, wie ihre mathematische Beschreibung des Fermatschen Prinzips aussieht.« Er begann beim Reden hin und her zu gehen. »Wenn sich herausstellt, dass ihre Version der Variationsrechnung für sie simpler ist als ihre Version der Algebra, erklärt das vielleicht, warum wir solche Schwierigkeiten hatten, uns mit ihnen über Physik zu verständigen. Kann gut sein, dass ihr ganzes mathematisches System, verglichen mit dem unsrigen, auf dem Kopf steht.« Er zeigte auf den Ordner mit den Richtlinien. »Auf alle Fälle werden wir das da überarbeiten müssen.«

»Könnt ihr auf dem Fermatschen Prinzip aufbauen und weitere Bereiche der Physik erschließen?«

»Wahrscheinlich. Es gibt viele physikalische Prinzipien wie das von Fermat.«

»Als da wären? Louises Prinzip des geringsten Platzes im Kleiderschrank? Seit wann ist Physik so minimalistisch?«

»Na ja, das Wort ›geringste‹ geht in die falsche Richtung. Das Fermatsche Prinzip der geringsten Zeitdauer ist nämlich unvollständig. In manchen Fällen folgt das Licht einem Verlauf, der eine *längere* Zeit benötigt als andere mögliche Wege. Richtiger wäre die Aussage, dass das Licht immer einen *extremen* Weg nimmt, einen, der die Zeitdauer entweder minimiert oder maximiert. Minimal- und Maximalwerte haben mathematisch gesehen bestimmte Eigenschaften gemeinsam, und so lassen sich beide mit derselben Gleichung beschreiben. Genau genommen ist das Fermatsche Prinzip also kein minimalistisches Prinzip, sondern etwas, das man ›Variationsprinzip‹ nennt.«

»Und es gibt noch mehr Variationsprinzipien?«

Er nickte. »In allen Bereichen der Physik. So gut wie jedes physikalische Gesetz lässt sich zu einem Variationsprinzip umformulieren. Der einzige Unterschied zwischen den verschiedenen Prinzipien besteht darin, welche Eigenschaften minimiert oder maximiert werden.« Er gestikulierte herum, als ob die verschiedenen Zweige der Physik vor ihm auf dem Tisch aufgereiht wären. »In der Optik, wo das Fermatsche Prinzip angewendet wird, ist es die Zeit, die einen Extremwert annehmen muss. In der Mechanik muss eine andere Eigenschaft extrem sein, und beim Elektromagnetismus ist es wieder etwas anderes. Aber all diese Prinzipien sind sich mathematisch ähnlich.«

»Wenn ihr also erst einmal die mathematische Beschreibung der Heptapoden für das Fermatsche Prinzip habt, solltet ihr auch die anderen Prinzipien entschlüsseln können.«

»Genau das hoffe ich. Nach so einem Ansatzpunkt, der uns einen Zugang zum physikalischen Denken der Heptapoden liefert, haben wir gesucht. Das muss gefeiert werden.« Er hörte auf, hin und her zu tigern, und sah mich an. »Hey, Louise, hast du Lust essen zu gehen? Ich lade dich ein.«

Ich war etwas überrascht. »Klar«, sagte ich.

Wenn du anfangen wirst, laufen zu lernen, wird mich das Tag für Tag an die Asymmetrie unserer Beziehung erinnern. Ständig wirst du dich davonmachen, und immer, wenn du gegen einen Türrahmen rennst oder dir das Knie aufschürfst, wird sich dein Schmerz wie mein eigener anfühlen. Als würde mir ein zusätzliches Körperteil wachsen, eine

Erweiterung meiner selbst, deren Schmerzen ich zwar zu empfinden vermag, die aber meinen Bewegungsimpulsen nicht folgen will. Das ist äußerst ungerecht: Ich werde eine belebte Voodoo-Puppe meiner selbst auf die Welt bringen. Das habe ich in dem Vertrag, den ich unterschrieben habe, übersehen. War das Teil der Abmachung?

Und dann werden da die Augenblicke sein, in denen ich dich lachen sehen werde. Wie das eine Mal, als du mit dem jungen Hund der Nachbarn spielen, deine Hände durch die Lücken des Maschendrahtzauns strecken wirst, der die Grundstücke voneinander trennt, und dabei so heftig lachst, dass du einen Schluckauf bekommst. Der Hund wird in das Haus des Nachbarn laufen, und langsam wird dein Lachen leiser werden, und du wirst allmählich wieder zu Atem kommen. Der Hund wird dann wieder zum Zaun zurückkommen und dir die Finger ablecken, und du wirst aufkreischen und wieder anfangen zu lachen. Das wird das wundervollste Geräusch sein, das ich mir jemals vorstellen könnte, ein Geräusch, das mir das Gefühl gibt, ein Springbrunnen oder eine Quelle zu sein.

Könnte ich mich doch nur an dieses Geräusch erinnern, wenn deine unbekümmerte Gleichgültigkeit gegenüber deinem Selbsterhaltungstrieb mir wieder einmal fast einen Herzinfarkt beschert.

Nach dem Durchbruch mit dem Fermatschen Prinzip verlief der Austausch wissenschaftlicher Konzepte weit fruchtbarer. Es war zwar keineswegs so, dass wir plötzlich die Heptapoden-Physik völlig durchschaut hätten, aber wir machten beständig Fortschritte. Tatsächlich unterschied sich, laut Gary, die Art und Weise, wie die Heptapoden Physik verstanden, gänzlich von der unsrigen. Physikalische Eigenschaften, die wir Menschen mit Hilfe von Integralfunktionen beschrieben, galten für die Heptapoden als grundlegend. Als Beispiel nannte Gary eine Eigenschaft, die von Physikern mit dem verführerisch einfachen Begriff »Wirkung«

bezeichnet wurde und die »den Unterschied zwischen kinetischer und potenzieller Energie über eine bestimmte Zeitspanne« beschrieb, was immer das auch bedeuten mochte. Integralfunktionen für uns, elementar für die Heptapoden.

Andererseits verwendeten die Heptapoden für Eigenschaften wie beispielsweise »Geschwindigkeit«, die von Menschen als fundamental angesehen wurden, mathematische Verfahren, die nach Garys Ansicht »höchst seltsam« waren. Letztendlich waren die Physiker in der Lage nachzuweisen, dass die Mathematik der Heptapoden und der Menschen miteinander vergleichbar waren, und dass, obwohl die Herangehensweisen beider Systeme fast die Umkehrung des jeweils anderen darstellten, beide dasselbe physikalische Universum beschrieben.

Ich versuchte, einige der Gleichungen, die sich die Physiker ausdachten, nachzuvollziehen, aber es war sinnlos. Die Bedeutung einer physikalischen Eigenschaft wie »Wirkung« begriff ich ebenso wenig, wie ich nicht verstand, was so wesentlich daran war, eine solche Eigenschaft als fundamental anzusehen. Dennoch gab ich mir Mühe, diese Fragen in mir vertrautere Worte zu fassen: Was für eine Sicht der Welt hatten die Heptapoden, um das Fermatsche Prinzip für die einfachste Erklärung der Brechung von Licht zu halten? Was für eine Art der Wahrnehmung sorgte dafür, dass sich ihnen Minimal- und Maximalwerte mühelos erschlossen?

Deine Augen werden blau sein wie die deines Vaters, nicht erdfarben wie meine. Die Jungs werden sich genauso in diesen Augen verlieren wie ich mich in den Augen deines Vaters, genauso überrascht und bezaubert darüber, wie ich es war und bin, wie sie mit deinen schwarzen Haaren zusammenwirken. Du wirst viele Verehrer haben.

Ich erinnere mich noch daran, wie du mit fünfzehn nach einem Wochenende bei deinem Vater nach Hause kommen und fassungslos sein wirst, weil er dich endlos über den Jungen ausgefragt hat, mit dem du gerade gehst. Du wirst dich auf das Sofa fläzen und mir von den jüngsten Verstößen deines Vaters gegen den gesunden Menschenverstand berichten: »Weißt du, was er gesagt hat? Er meinte: ›Ich weiß, was in halbstarken Jungs vorgeht.‹« Du wirst mit den Augen rollen: »Als ob ich das nicht selbst wüsste!«

»Nimm ihm das nicht übel«, werde ich sagen. »Er ist dein Vater, da kann er nicht anders.« Da ich miterlebt habe, wie du mit deinen Freunden umgehst, mache ich mir keine Sorgen, einer von ihnen könnte zu weit gehen. Wenn überhaupt, dann scheint mir das Gegenteil wahrscheinlicher. Darüber werde ich mir Sorgen machen.

»Ihm wäre es am liebsten, ich wäre immer noch ein Kind. Er hat keinen Schimmer, wie er sich mir gegenüber verhalten soll, seit ich Brüste habe.«

»Na ja, das war ein ziemlicher Schock für ihn. Gib ihm Zeit, sich davon zu erholen.«

»Das ist *Jahre* her, Mom. Wie lange soll das noch dauern?«

»Ich werde dir Bescheid sagen, sobald mein Vater sich an *meine* Brüste gewöhnt hat.«

Bei einer Videokonferenz der Linguisten stellte Cisnero vom Spiegelteam in Massachusetts eine interessante Frage: Gab es eine bestimmte Reihenfolge, in der die Semagramme in einem Satz in Heptapod B geschrieben wurden?

Wir wussten bereits, dass die Wortreihenfolge beim gesprochenen Heptapod A so gut wie keine Rolle spielte. Wenn wir von einem Heptapoden verlangten, einen Satz zu wiederholen, war es sehr wahrscheinlich, dass er die Worte anders anordnete, es sei denn, wir baten ihn ausdrücklich darum, das nicht zu tun. War die Reihenfolge beim Schreiben von Heptapod B ebenso unwichtig?

Bisher hatten wir uns nur darauf konzentriert, wie ein Satz in Heptapod B aussah, wenn er fertig war. Soweit wir feststellen konnten, gab es beim Lesen der Semagramme in einem Satz keine bevorzugte Richtung. Man konnte beinahe überall in dem Bündel beginnen und den sich verzweigenden Gliedern folgen, bis man das ganze Ding gelesen hatte. Das galt für das Lesen, aber traf das auch auf das Schreiben zu?

Während meines letzten Treffens mit Haspel und Himbeere hatte ich die beiden gebeten, uns die Semagramme nicht erst zu zeigen, wenn sie fertig waren, sondern uns aufzeichnen zu lassen, wie sie die Semagramme schrieben. Das taten sie. Ich schob die Videokassette in den Rekorder und verglich die Aufzeichnung mit meinen Protokollen der Sitzung.

Ich nahm mir eine längere Äußerung der Unterhaltung vor. Haspel hatte erklärt, der Heimatplanet der Heptapoden habe zwei Monde, einer davon deutlich größer als der andere, die drei häufigsten Elemente in der Atmosphäre des Planeten seien Stickstoff, Argon und Sauerstoff, und 15/28stel der Planetenoberfläche seien von Wasser bedeckt. Die wörtliche Übersetzung der ersten Worte dieser Äußerung lautete »Ungleichheit-der-Größe Fels-Satellit Fels-Satelliten Verhältnis-zueinander-wie-Erst-zu-Zweit«.

Dann spulte ich das Video zurück, bis die Zeitsignatur mit der der Transkription übereinstimmte. Ich begann das Band abzuspielen und sah zu, wie sich das Gefüge der Semagramme wie ein Tintennetz aus Spinnenseide ausbreitete. Einige Male spulte ich das Band zurück und ließ es laufen. Schließlich drückte ich auf Pause, genau in dem Moment, als der erste Strich fertig war und bevor der zweite begonnen wurde. Nun war auf dem Bildschirm lediglich eine gewundene Linie zu sehen.

Als ich diesen ersten Strich mit dem ganzen Satz verglich, wurde mir klar, dass dieser Strich sich über mehrere verschiedene Teile des Satzes erstreckte. Er begann im Semagramm für »Sauerstoff«, und zwar als der Faktor, der es von anderen Elementen unterschied, führte dann abwärts, um ein Morphem des Vergleiches in der Beschreibung der Größe der beiden Monde zu bilden, und endete schließlich als geschwungener Hauptstrich des Semagramms für »Ozean«. Und doch war dieser Strich eine einzige fortlaufende Linie und die erste, die Haspel gezeichnet hatte. Bevor der Heptapod den allerersten Strich ausführte, musste er also wissen, wie der ganze Satz lauten würde.

Auch die folgenden Striche des Satzes gehörten zu mehreren Satzteilen und waren so mit den anderen Linien verflochten, dass man keinen Strich wegnehmen konnte, ohne den ganzen Satz zu verändern. Die Heptapoden schrieben nicht ein Semagramm nach dem anderen, sondern fügten einen Satz, unabhängig von einzelnen Semagrammen, aus Strichen zusammen. Ein derart ausgefeiltes Ineinandergreifen von Strichen hatte ich schon bei einigen kalligrafischen Kunstwerken gesehen, besonders bei solchen, die sich des arabischen Alphabets bedienten. Doch diese Konstruktionen hatten der sorgfältigen Planung meisterhafter Kalligrafiekünstler bedurft. Niemand konnte ein derart ausgeklügeltes Gefüge schnell genug erstellen, um damit den Verlauf einer Unterhaltung aufzuzeichnen. Zumindest kein Mensch.

Ich habe mal einen Witz von einer Komikerin gehört, der etwa so geht: »Ich bin nicht sicher, ob ich Kinder haben soll. Also habe ich eine Freundin gefragt, die Mutter ist: ›Mal angenommen, ich bekomme Kinder. Was mache ich, falls sie, wenn sie groß sind, mir für alles, was in ihrem Leben schiefgelaufen ist, die Schuld geben?‹ Da lachte die Freundin und sagte: ›Was meinst du damit: *falls*?‹«

Das ist mein Lieblingswitz.

Gary und ich saßen in einem kleinen chinesischen Restaurant, eines der örtlichen Lokale, die wir öfter besuchten, wenn wir dem Lager entfliehen wollten. Wir ließen uns die Vorspeisen schmecken: Jiaozi, wie ich sie am liebsten mochte – stark nach Schweinefleisch und Sesamöl duftend.

Ich tunkte eine der Teigtaschen in Sojasoße und Essig: »Und, wie kommst du mit deinen Heptapod B-Übungen voran?«, fragte ich.

Garys Blick wanderte zur Decke des Restaurants. Ich versuchte, ihm in die Augen zu sehen, aber er wich mir weiter aus.

»Du hast das Handtuch geworfen, hab ich recht?«, sagte ich. »Du versuchst es nicht mal mehr.«

Er sah mich an wie ein reuiger Hund. »Sprachen sind einfach nicht mein Ding«, gestand er. »Ich dachte, Heptapod B zu lernen wäre eher wie Mathematik pauken, statt zu versuchen, eine andere Sprache zu sprechen. Das ist es aber nicht. Es ist zu fremdartig für mich.«

»Es würde dir dabei helfen, mit ihnen über Physik zu reden.«

»Wahrscheinlich, aber seit unserem Durchbruch komme ich auch mit den paar Sätzen aus, die ich kann.«

Ich seufzte. »Ist wohl nur fair. Ich muss zugeben, dass ich es aufgegeben habe, Mathematik zu lernen.«

»Wir sind also quitt?«

»Das sind wir.« Ich nippte an meinem Tee. »Aber eine Frage habe ich noch, und zwar zu dem Fermatschen Prinzip. Irgendetwas daran kommt mir seltsam vor, aber ich kann nicht genau sagen, was. Es klingt eigentlich gar nicht wie ein physikalisches Gesetz.«

Ein Funkeln blitzte in Garys Augen auf. »Ich glaube, ich weiß, worauf du hinaus willst.« Er zerdrückte mit seinen Essstäbchen eine Teigtasche in zwei Hälften. »Du bist es gewohnt, Lichtbrechung als etwas anzusehen, das auf Ursache und Wirkung beruht: Die Ursache ist, dass Licht sich durch Luft ausbreitet und auf Wasser trifft, und die Richtungsänderung unterhalb der Wasseroberfläche ist die Wirkung. Das Fermatsche Prinzip klingt ungewöhnlich, weil es das Verhalten des Lichtes zielorientiert beschreibt. Es hört sich an, als ob es einem Lichtstrahl einen Befehl erteilt: ›Du sollst die Zeit, die du brauchst, um dein Ziel zu erreichen, minimieren oder maximieren.‹«

Ich dachte darüber nach. »Und weiter?«

»Für die Philosophen unter den Physikern ist das ein altbekanntes Problem. Darüber wird diskutiert, seit Fermat das Prinzip im 17. Jahrhundert zum ersten Mal formuliert hat. Planck hat ganze Bände zu dem Thema verfasst. Der Knackpunkt ist, dass physikalische Gesetze für gewöhnlich so formuliert sind, dass sie von einer Ursache ausgehen. Variationsprinzipien wie das von Fermat sind dagegen zielgerichtet, fast schon teleologisch.«

»Hmm, das ist eine interessante Art, das auszudrücken. Lass mich mal eine Weile darüber nachdenken.« Ich zog einen Filzstift aus der Tasche und zeichnete auf meine Serviette das Diagramm, das Gary auf die Tafel meines Arbeitszimmers skizziert hatte. »Also«, sagte ich, laut nachdenkend, »die Absicht des Lichts ist es, den schnellsten Weg zu nehmen. Was macht das Licht, um das zu erreichen?«

»Nun, wenn ich es anthropomorphisierend beschreiben darf: Das Licht muss alle möglichen Wege prüfen und berechnen, wie lange es für jeden davon brauchen würde.« Er pflückte sich die letzte Teigtasche vom Servierteller.

»Um das zu tun«, fuhr ich fort, »muss das Licht wissen, wo sich sein Ziel befindet. Wenn der Bestimmungsort woanders wäre, würde auch der schnellste Weg anders verlaufen.«

Wieder nickte Gary. »Das stimmt. Die Idee eines ›schnellsten Weges‹ ist bedeutungslos, solange man keinen genauen Bestimmungsort hat. Und um den schnellsten Weg errechnen zu können, muss man auch wissen, was sich wo auf diesem Weg befindet, beispielsweise wo die Wasseroberfläche ist.«

Ich starrte das Diagramm auf der Serviette an. »Und der Lichtstrahl muss das alles im Voraus wissen, bevor er sich auf den Weg macht, richtig?«

»Sozusagen«, erwiderte Gary. »Das Licht kann nicht in eine x-beliebige Richtung aufbrechen und unterwegs den Kurs korrigieren, denn der Verlauf, den es dann nehmen würde, wäre nicht der schnellstmögliche. Das Licht muss alle seine Berechnungen ganz am Anfang anstellen.«

Im Stillen dachte ich mir: *Der Lichtstrahl muss wissen, wo er am Ende ankommen wird, bevor er sich für eine Richtung entscheiden kann, in die er aufbrechen will.* Ich wusste, woran mich das erinnerte. Ich sah Gary an. »Das war es, was mir keine Ruhe gelassen hat.«

Ich erinnere mich, wie du vierzehn bist. Du wirst aus deinem Zimmer kommen, ein mit Graffiti bekritzeltes Notebook in der Hand, während du gerade an einem Schulaufsatz arbeitest.

»Mom, wie nennt man eine Situation, bei der beide Seiten gewinnen können?«

Ich werde von meinem Computer und dem Text, den ich schreibe, aufblicken. »Wie, du meinst eine Win-Win-Situation?«

»Es gibt einen Fachausdruck dafür, irgendein Mathe-Wort. Weißt du noch, als Papa da war und über Börsenhandel sprach. Da hat er das Wort benutzt.«

»Hmm, hört sich ganz danach an, aber ich kann mich nicht erinnern, was er gesagt hat.«

»Ich muss es wissen. Ich will den Ausdruck in meinem Sozialkundereferat unterbringen. Ich finde noch nicht einmal vernünftige Infos dazu, solange ich nicht weiß, wie man das nennt.«

»Tut mir leid, ich weiß es auch nicht. Warum rufst du nicht deinen Vater an?«

Nach deinem Gesichtsausdruck zu urteilen wird das mehr Aufwand sein, als es dir wert ist. Zu der Zeit werden dein Vater und du nicht allzu gut miteinander auskommen. »Kannst du ihn anrufen und fragen? Aber erzähl ihm nicht, dass ich es wissen will.«

»Ich glaube doch, dass du ihn selber anrufen solltest.«

Das wird dich wütend machen: »Himmel, Mom, niemand hilft mir mehr bei den Hausaufgaben, seit du und Papa euch getrennt habt.«

Es ist erstaunlich, wie unterschiedlich die Anlässe sein können, bei denen du dieses Thema anschneidest. »Ich hab dir bei den Hausaufgaben geholfen.«

»Ja, vor etwa einer Million Jahren, Mom.«

Das überhöre ich geflissentlich. »Ich würde dir ja jetzt gerne helfen, wenn ich könnte, aber mir fällt der Begriff auch nicht mehr ein.«

Wutschnaubend wirst du zurück in dein Zimmer gehen.

Alleine und zusammen mit anderen Linguisten übte ich, so oft ich konnte, Heptapod B. Eine semasiografische Sprache zu lesen, war so neu, dass es mich mehr fesselte als Heptapod A. Zudem fand ich meine Fortschritte beim Schreiben aufregend. Mit der Zeit gerieten die Sätze, die ich schrieb, schöner und zusammenhängender. Schließlich war ich so weit, dass ich bessere Ergebnisse erzielte, wenn ich nicht allzu viel nachdachte. Statt einen Satz sorgfältig zu planen, bevor ich ihn schrieb, konnte ich einfach loslegen; die ersten Linien entsprachen fast immer einer eleganten Wiedergabe dessen, was ich ausdrücken wollte. Ich war dabei, ein Sprachvermögen zu entwickeln, das dem der Heptapoden glich.

Noch interessanter war, dass Heptapod B meine Denkweise veränderte. Zu denken bedeutete für mich normalerweise, mit einer inneren Stimme zu sprechen. Meine Gedanken waren phonologisch kodiert, wie es in der Sprache meines Berufes heißt. Meine innere Stimme redete meist Englisch, doch das musste nicht zwangsläufig so sein. Während des Sommers nach meinem letzten Jahr an der Highschool hatte ich an einem Russisch-Intensivkurs teilgenommen. Als der Sommer zu Ende ging, dachte ich nicht nur auf Russisch, sondern träumte auch in dieser

Sprache. Es war aber immer *gesprochenes* Russisch. Andere Sprache, gleicher Modus: eine Stimme, die im Stillen redete.

Schon immer hat mich die Vorstellung fasziniert, in einem sprachlichen, aber nicht phonetischen Modus zu denken. Ein Freund von mir hatte taube Eltern und war mit der amerikanischen Zeichensprache aufgewachsen. Er erzählte mir, dass er oftmals in Zeichensprache und nicht auf Englisch dachte. Ich habe mich gefragt, wie es wohl wäre, wenn die eigenen Gedanken manuell kodiert wären – wenn man sich beim Denken ein Paar gestikulierender Hände vorstellen würde statt einer inneren Stimme.

Mit Heptapod B erlebte ich etwas, das genauso fremdartig war: Meine Gedanken wurden grafisch kodiert. In tranceartigen Zuständen formten sich meine Gedanken nicht mittels einer inneren Stimme, sondern ich sah vor meinem geistigen Auge Semagramme, die sich ausbreiteten wie Eisblumen auf einer Fensterscheibe.

Mit zunehmender Sicherheit erschienen voll ausgestaltete semagrafische Entwürfe vor meinem geistigen Auge, mit denen ich sogar komplexe Vorstellungen ausdrücken konnte. Das bedeutete allerdings nicht, dass sich mein Denken beschleunigte. Statt sich vorwärts zu bewegen, schwebte mein Geist im Gleichgewicht über der den Semagrammen zugrundeliegenden Symmetrie. Die Semagramme schienen mehr als nur eine Sprache zu sein – fast wirkten sie wie Mandalas. Ich merkte, wie ich in einen meditativen Zustand verfiel, in dem ich über die Art und Weise nachgrübelte, wie sich Prämissen und Schlussfolgerungen austauschen ließen. Es gab keine festgelegte Richtung, wie Aussagen miteinander verknüpft wurden, keinen »Gedankengang«, der einem bestimmten Pfad gefolgt wäre; die einzelnen Bestandteile einer Überlegung waren von gleicher Wichtigkeit, sie hatten alle die gleiche Priorität.

Ein Vertreter des Außenministeriums namens Hossner hatte die Aufgabe, die US-Wissenschaftler darüber zu informieren, wie wir mit den Heptapoden umzugehen hatten. Wir saßen im Videokonferenzraum und hörten seinem Vortrag zu. Unsere Mikrofone waren ausgeschaltet, und so konnten Gary und ich uns austauschen, ohne Hossner zu unterbrechen. Gary rollte beim Zuhören derart oft die Augen, dass ich mir schon Sorgen um sein Sehvermögen machte.

»Sie müssen einen Grund gehabt haben, den weiten Weg zu uns zurückzulegen«, sagte der Diplomat; seine Stimme klang blechern aus den Lautsprechern. »Gott sei Dank sieht es nicht so aus, als wollten sie uns überfallen. Was ist aber dann ihre Absicht? Sind sie auf der Suche nach Rohstoffen? Sind sie Anthropologen? Missionare? Was auch immer ihre Motive sein mögen, es muss etwas geben, was wir ihnen anbieten können. Vielleicht das Recht auf Erzabbau in unserem Sonnensystem. Vielleicht wollen sie Informationen über uns. Vielleicht wollen sie die Erlaubnis, zu unserer Bevölkerung predigen zu dürfen. Wir wissen es nicht genau, aber wir können sicher sein, irgendetwas wollen sie.

Was ich sagen will, ist Folgendes: Es mag nicht ihre Absicht sein, Handel zu treiben, aber das heißt nicht, dass wir nicht mit ihnen Handel treiben können. Alles, was wir wissen müssen, ist, warum sie hier sind und was wir ihnen anbieten können. Sobald wir das in Erfahrung gebracht haben, können wir anfangen zu verhandeln.

Ich möchte betonen, dass unsere Beziehung zu den Heptapoden keine feindliche sein muss. Schließlich muss nicht jeder Gewinn für sie ein Verlust für uns sein, und umgekehrt. Wenn wir es richtig anpacken, können wir ebenso als Gewinner aus dieser Sache hervorgehen wie die Heptapoden.«

»Du meinst, das ist ein Nullsummenspiel?«, sagte Gary mit gespielter Ungläubigkeit. »Ach du meine Güte!«

»Ein Nullsummenspiel.«

»Was?« Du wirst dich auf dem Absatz umdrehen und aus deinem Zimmer zurückkommen.

»Wenn beide Parteien gewinnen können: Mir ist gerade wieder eingefallen, dass man das ein Nullsummenspiel nennt.«

»Genau!«, wirst du sagen und es in dein Notebook tippen. »Danke, Mom!«

»Anscheinend habe ich es doch gewusst«, werde ich sagen. »In all den Jahren mit deinem Vater musste ja irgendetwas hängen bleiben.«

»Ich wusste, dass du es weißt«, wirst du sagen. Du wirst mich kurz umarmen, und deine Haare werden nach Äpfeln riechen. »Du bist die Beste.«

»Louise?«

»Hmm? Entschuldige, ich habe nicht aufgepasst. Was hast du gesagt?«

»Ich habe dich gefragt, was du von unserem Mr Hossner hältst.«

»Dazu sage ich besser nichts.«

»Damit habe ich es auch versucht: in der Hoffnung, dass die Regierung vielleicht verschwindet, wenn ich sie ignoriere. Klappt aber leider nicht.«

Wie um Garys Behauptung zu bestätigen, faselte Hossner weiter: »Ihre derzeitige Aufgabe ist es zusammenzutragen, was Sie bisher erfahren haben. Suchen Sie nach irgendetwas, das uns helfen könnte. Gab es irgendwelche Andeutungen darüber, was die Heptapoden möchten? Oder was für sie von Wert ist?«

»Na so was. Ist uns nie in den Sinn gekommen, die Sache so zu sehen«, sagte ich. »Werden wir gleich erledigen, Sir.«

»Das Traurige ist, dass das alles ist, was sie von uns erwarten«, sagte Gary.

»Hat jemand eine Frage?«, wollte Hossner wissen.

Burghart, der Linguist des Spiegelstandorts von Fort Worth, meldete sich: »Wir sind das viele Male mit den Heptapoden durchgegangen. Sie beharren weiterhin darauf, dass sie hier sind, um zu beobachten, und dass man mit Informationen nicht handeln kann.«

»Die möchten wohl, dass wir das glauben«, sagte Hossner. »Aber bedenken Sie: Wie kann das wahr sein? Mir ist bekannt, dass die Heptapoden immer wieder für kurze Zeit aufgehört haben, mit uns zu sprechen. Das könnte ein Hinweis auf taktisches Verhalten sein. Wenn wir nun ab morgen für einige Zeit aufhören mit ihnen zu sprechen …«

»Weck mich, wenn er etwas Interessantes sagt«, brummte Gary.

»Darum wollte ich dich gerade bitten.«

An dem Tag, als Gary mir zum ersten Mal Fermats Prinzip erklärte, hatte er auch erwähnt, dass sich fast jedes physikalische Gesetz als Variationsprinzip formulieren lässt. Menschen bevorzugen es allerdings bei ihrer Arbeit mit physikalischen Gesetzen, diese als Ausdruck einer Beziehung zwischen Ursache und Wirkung aufzufassen. Das konnte ich nachvollziehen: Alle physikalischen Eigenschaften, die Menschen intuitiv verstehen, beispielsweise kinetische Energie oder Beschleunigung, sind Eigenschaften eines Objektes zu einem bestimmten Zeitpunkt. Und diese lassen sich von der chronologischen, kausalen Auslegung von Ereignissen ableiten: ein Moment, der auf einen vorhergehenden folgt, Ursache und Wirkung, die eine Kettenreaktion bilden, die von der Vergangenheit in die Zukunft verläuft.

Im Gegensatz dazu haben die physikalischen Eigenschaften, welche die Heptapoden intuitiv auffassen, wie zum Beispiel »Wirkung« oder andere durch Integrale dargestellte Zusammenhänge, nur dann eine Bedeutung, wenn man einen Zeitabschnitt ins Auge fasst. Diese Eigenschaften lassen sich von einer teleologischen Betrachtung der Ereignisse ableiten: Wenn man Ereignisse über einen längeren Zeitraum hinweg betrachtet, erkennt man Anforderungen, die erfüllt werden müssen, eine Zielvorgabe geringster oder maximaler Werte. Die Ausgangs- und Endzustände dieser Ereignisse mussten bekannt sein, um dieses Ziel zu erfüllen. Bevor die Ursachen in Kraft treten konnten, musste man die Wirkungen kennen.

Auch das verstand ich allmählich.

»Warum?«, wirst du fragen. Du wirst drei Jahre alt sein.

»Weil nun Zeit ist, ins Bett zu gehen«, werde ich noch einmal sagen. Wir haben es bereits geschafft, dich zu baden und dir deinen Schlafanzug anzuziehen, aber weiter sind wir noch nicht gekommen.

»Aber ich bin nicht müde«, wirst du jammern. Du wirst vor dem Bücherregal stehen und eine Videokassette, die du anschauen willst, herausziehen: dein neuestes Ablenkungsmanöver, um deinem Bett fernzubleiben.

»Das spielt keine Rolle: Du musst jetzt trotzdem ins Bett.«

»Aber warum?«

»Weil ich die Mama bin und es so will.«

Das werde ich tatsächlich sagen, nicht wahr? Allmächtiger, jemand möge mich bitte erschießen.

Ich werde dich hochheben, mir unter den Arm klemmen und dich, während du die ganze Zeit kläglich heulst, zu deinem Bett tragen. Meine Gedanken werden sich aber nur um meine eigene Hilflosigkeit drehen. All die Schwüre, die ich in meiner Kindheit abgelegt habe, dass ich als Mutter nur vernünftige Antworten geben werde, dass ich mein eigenes Kind wie eine intelligente, denkende Person behandeln werde, sind zum Teufel: Ich werde mich in meine eigene Mutter verwandeln. Ich kann dagegen ankämpfen, so viel ich will, aber nichts wird meinen Abstieg auf diesem langen, furchtbaren Pfad aufhalten können.

War es möglich, die Zukunft nicht einfach nur zu erraten, sondern mit absoluter Gewissheit und bis ins kleinste Detail zu *wissen*, was sich tatsächlich ereignen würde? Gary hat mir einmal gesagt, dass die fundamentalen Gesetze der Physik zeitsymmetrisch sind und es aus ihrer Sicht keinen physikalischen Unterschied zwischen Vergangenheit und Zukunft gibt. So gesehen, könnte man die Frage mit »Ja, in der Theorie« beantworten. Aber pragmatischer gesehen, unter Berücksichtigung des freien Willens, müsste man »Nein« antworten.

Ich malte mir die Erwiderung gerne in Form einer Fabel aus, die von Borges stammen könnte: Man stelle sich eine Person vor, die das *Buch der Zeit* konsultiert, eine Chronik, in der jedes Ereignis der Vergangenheit, Gegenwart und Zukunft verzeichnet ist. Selbst wenn man die Originalausgabe stark verkleinern würde, wäre die Chronik unfassbar groß. Mit einem Vergrößerungsapparat würde die Person die hauchdünnen Seiten durchblättern, bis sie die Geschichte ihres Lebens findet. Sie gelangt zu der Stelle im Text, die beschreibt, wie sie das *Buch der Zeit* liest, und sie blättert weiter zu der Stelle, an der bis ins Kleinste ausgeführt wird, was diese Person später an diesem Tag macht: mit Hilfe der Informationen des Buches wird diese Person 100 Dollar auf das Rennpferd *Devil May Care* setzen und das Zwanzigfache gewinnen.

Der Person war zwar genau das durch den Kopf gegangen, aber weil sie gerne das Gegenteil von dem tut, was von ihr erwartet wird, beschließt sie nun, das Pferdewetten überhaupt sein zu lassen.

Das ist die Crux. Das *Buch der Zeit* kann keine falschen Informationen enthalten. Das Gedankenspiel geht davon aus, dass eine Person Wissen über die tatsächliche Zukunft erhält, nicht über eine mögliche Zukunft. Bei einem griechischen Mythos würden die Umstände dazu führen, dass die Person ihr Schicksal erfüllen muss, egal wie sehr sie dagegen ankämpft. Doch mythische Prophezeiungen sind berüchtigterweise ziemlich vage; das *Buch der Zeit* aber ist sehr konkret, und es gibt keine Möglichkeit, jemanden dazu zu zwingen, auf die beschriebene

Weise auf ein Rennpferd zu wetten. Daraus ergibt sich ein Widerspruch: Laut Definition muss das *Buch der Zeit* recht haben, doch was auch immer das Buch darüber aussagt, was eine Person tun wird, sie kann sich anders entscheiden. Wie lassen sich diese beiden Aussagen miteinander in Einklang bringen?

Gar nicht, lautet die geläufige Antwort. Ein Werk wie das *Buch der Zeit* ist eine logische Unmöglichkeit, genau deshalb, weil seine Existenz zu den angeführten Widersprüchen führen würde. Man könnte auch etwas nachsichtiger argumentieren, dass das *Buch der Zeit* durchaus existieren könnte, aber nur, wenn es niemand lesen kann: Das Werk wird in einer besonderen Abteilung aufbewahrt, und niemand ist berechtigt, es einzusehen.

Das Vorhandensein des freien Willens bedeutet also, dass wir die Zukunft nicht kennen können. Und dass es einen freien Willen gibt, wissen wir, weil wir ihn unmittelbar erleben. Willensentscheidungen sind ein wesentlicher Bestandteil unseres Bewusstseins.

Stimmt das wirklich? Was wäre, wenn das Wissen um die Zukunft eine Person von Grund auf verändern würde? Was wäre, wenn dieses Wissen ein dringliches Verlangen zur Folge hätte, ein Gefühl der Verpflichtung, genau so zu handeln, wie die Person wusste, dass sie handeln würde?

Am Ende des Arbeitstages schaute ich in Garys Büro vorbei. »Ich mache Schluss für heute. Hast du Lust, etwas essen zu gehen?«

»Klar, warte noch einen Augenblick«, sagte er. Er schaltete seinen Computer aus und sortierte seine Unterlagen. Dann sah er zu mir auf. »Willst du heute Abend mit zu mir kommen? Ich koche.«

Argwöhnisch sah ich ihn an. »Du kannst kochen?«

»Nur ein Gericht«, gab er zu. »Aber das kann ich gut.«

»Warum nicht?«, erwiderte ich. »Ich bin dabei.«

»Toll. Wir müssen nur noch kurz ein paar Zutaten einkaufen.«

»Mach dir keine Umstände …«

»Auf dem Weg zu meiner Wohnung gibt es einen Laden. Es dauert nicht lange.«

Wir fuhren in zwei Autos; ich folgte ihm. Fast hätte ich ihn aus den Augen verloren, als er plötzlich auf einen Parkplatz einbog. Es war ein Feinkostladen, nicht groß, aber nobel; neben den Regalen mit dem besonderen Edelstahlgeschirr und den Küchenutensilien befanden sich große Glasgefäße voller importierter Lebensmittel.

Ich begleitete Gary, während er Basilikum, Tomaten, Knoblauch und Linguini kaufte. »Nebenan ist ein Fischmarkt, dort bekommen wir frische Muscheln«, sagte er.

»Hört sich gut an.« Wir gingen an den Regalen mit den Küchenutensilien vorbei. Mein Blick schweifte über die Regale – Pfeffermühlen, Knoblauchpressen, Salatzangen – und blieb an einer hölzernen Salatschüssel hängen.

Wenn du drei Jahre alt bist, wirst du ein Geschirrtuch vom Küchentisch ziehen, und ebendiese Salatschüssel wird auf dich hinabfallen. Ich werde nach der Schüssel greifen, sie aber nicht erwischen. Der Rand der Schüssel wird dir einen Schnitt auf der Stirn beibringen, der mit einem Stich genäht werden muss. Dein Vater und ich werden dich, bekleckert mit Caesar-Salatsoße und schluchzend, auf dem Arm halten, während wir stundenlang in der Notaufnahme warten.

Ich streckte den Arm aus und nahm die Schüssel aus dem Regal. Die Bewegung fühlte sich nicht wie etwas an, zu dem ich gezwungen wurde. Vielmehr scheint die Bewegung genau so dringlich zu sein wie mein Versuch, die Schüssel aufzufangen, als sie auf dich fällt: ein Instinkt, dem nachzugeben sich richtig anfühlt.

»So eine Salatschüssel könnte ich brauchen.«

Gary sah sich die Schüssel an und nickte zustimmend. »War doch gut, dass wir in diesem Laden vorbeigeschaut haben, oder?«

»Das war es.« Wir stellten uns an, um unsere Einkäufe zu bezahlen.

Betrachten wir den zweideutigen englischen Satz »The rabbit is ready to eat«. Interpretieren wir »the rabbit« als Objekt zu »to eat«, wäre der Satz eine Ankündigung, dass in Kürze das Essen serviert werden wird, und der Satz müsste mit »Das Kaninchen ist zum Essen zubereitet« übersetzt werden. Interpretiert man aber »the rabbit« als Subjekt zu »to eat«, könnte der Satz ein Hinweis sein, wie ihn ein kleines Mädchen ihrer Mutter gibt, damit sie eine Packung mit Tierfutter aufmacht, und er müsste in diesem Fall mit »Das Kaninchen ist bereit zu essen« übersetzt werden.

Betrachten wir das Phänomen, dass Licht in einem bestimmten Winkel auf Wasser trifft, seinen Weg jedoch in einem anderen Winkel fortsetzt. Erklärte man es so, dass der unterschiedliche Brechungsindex den Richtungswechsel des Lichtes verursachte, dann sah man die Welt, wie wir Menschen sie verstanden. Erklärte man es aber damit, dass das Licht die Zeitdauer verkürzte, die es bis zu seinem Bestimmungsort benötigte, dann sah man die Welt so, wie sie die Heptapoden verstanden. Zwei sehr unterschiedliche Auslegungen.

Das materielle Universum war eine Sprache mit einer vollkommen zweideutigen Semantik. Jedes physikalische Ereignis war eine Äußerung, die auf zwei völlig verschiedene Arten formuliert werden konnte, eine davon kausal, die andere teleologisch. Beide waren stichhaltig, und keine konnte ausgeschlossen werden, ganz gleich, wie umfangreich die Informationen über den Zusammenhang waren.

Als die Vorfahren der Menschen und der Heptapoden vom ersten Bewusstseinsfunken durchzuckt wurden, nahmen sie beide dieselbe physikalische Welt wahr, aber ihre Wahrnehmungen formulierten sie unterschiedlich. Die Weltbilder, die sich daraus entwickelten, waren das Ergebnis dieses Unterschiedes. Das Weltbild der Menschen gründete auf einer sequenziellen Wahrnehmung der Wirklichkeit, das Weltbild der Heptapoden dagegen auf einer simultanen Wahrnehmung der Wirklichkeit. Wir erlebten die Welt als Abfolge von Ereignissen und nahmen ihre Beziehung zueinander als ein Verhältnis von Ursache und Wirkung wahr. Die Heptapoden erlebten alle Ereignisse als gleichzeitig und nahmen die minimierende oder maximierende Zielsetzung wahr, die ihnen allen zugrunde lag.

Ich habe einen immer wiederkehrenden Traum, in dem du stirbst. Darin bin ich diejenige, die Felsen hinaufklettert – ich, kannst du dir das vorstellen? –, und du bist drei Jahre alt und sitzt in einem Tragegestell, das ich auf dem Rücken habe. Wir befinden uns nur ein kleines Stück unterhalb eines Felsvorsprungs, auf dem wir uns ausruhen können, und du kannst nicht warten, bis ich ihn erreicht habe. Du beginnst aus dem Tragegestell zu steigen; ich sage dir, dass du das lassen sollst, aber natürlich hörst du nicht auf mich. Ich spüre, wie sich dein Gewicht von einer Seite auf die andere verlagert, als du aus dem Gestell kraxelst; dann spüre ich deinen linken Fuß auf meiner Schulter, dann deinen rechten. Ich schreie dich an, aber ich habe keine Hand frei, um nach dir zu greifen. Ich kann das Wellenmuster auf deinen Turnschuhen sehen, als du zu klettern beginnst, und dann sehe ich, wie sich unter einem deiner Schuhe ein Steinsplitter lockert. Du rutschst geradewegs an mir vorbei, und ich kann keinen Finger rühren. Ich blicke nach unten und sehe, wie du unter mir immer kleiner wirst.

Dann befinde ich mich plötzlich in der Leichenhalle. Ein Sanitäter lüftet das Tuch von deinem Gesicht, und ich sehe, dass du fünfundzwanzig bist.

»Alles in Ordnung?«

Ich saß aufrecht im Bett. Gary war von meiner plötzlichen Bewegung wachgeworden. »Es geht mir gut. Ich war nur etwas durcheinander. Wusste für einen Augenblick nicht, wo ich bin.«

Verschlafen sagte er: »Wir können das nächste Mal bei dir bleiben.«

Ich küsste ihn. »Keine Sorge. Deine Wohnung ist schon in Ordnung.«

Wir schmiegten uns aneinander, mein Rücken gegen seine Brust gedrückt, und schliefen wieder ein.

Wenn du drei Jahre alt sein wirst, werden wir eine steile Wendeltreppe hinaufgehen, und ich werde deine Hand ganz besonders fest halten. Du wirst deine Hand wegziehen. »Ich kann das alleine«, wirst du behaupten und dich von mir wegbewegen, um es zu beweisen, und ich werde mich an diesen Traum erinnern. Diese Szene wird sich in deiner Kindheit unzählige Male wiederholen. Wenn ich deine Veranlagung bedenke, allem und jedem zu widersprechen, könnte ich mir fast einreden, dass es meine Versuche waren, dich zu beschützen, die deine Liebe zum Klettern weckten: erst die Gerüste auf dem Spielplatz, dann die Bäume in den Grünanlagen am Rande unseres Viertels, die Kletterwände im Sportverein und schließlich die Felsmassive in den Nationalparks.

Ich vollendete den letzten Wortstrang des Satzes, legte die Kreide beiseite und setzte mich auf meinen Schreibtischstuhl. Dann lehnte ich mich zurück und ließ meinen Blick über den riesigen Heptapod B-Satz schweifen, den ich geschrieben hatte und der sich über die gesamte Tafel meines Büros erstreckte. Der Satz umfasste mehrere komplexe Teilsätze, und ich hatte es geschafft, sie alle recht elegant miteinander zu verbinden.

Beim Betrachten eines solchen Satzes verstand ich, warum die Heptapoden ein semasiografisches Schriftsystem wie Heptapod B entwickelt hatten. Es eignete sich besser für eine Lebensform, deren Bewusstsein simultan arbeitete. Für Heptapoden war Sprache ein Nadelöhr, da sie Worte in sequenzieller Folge aneinanderreihen mussten. Ihre Schrift allerdings gestattete es ihnen, sämtliche Zeichen auf einem Blatt gleichzeitig zu betrachten. Warum also sollten sie ihr Schriftsystem in eine glottografische Zwangsjacke stecken, die dazu führte, dass das Schreiben genauso sequenziell wurde wie das Sprechen? Das käme ihnen nie in den Sinn. Semasiografische Schrift nutzte ganz selbstverständlich die Vorzüge der Zweidimensionalität eines Blattes; statt Morpheme einzeln aneinanderzureihen, konnte man sie mit einem Blick auf die Seite alle gleichzeitig erfassen.

Nun also, nachdem Heptapod B mich mit einem simultanen Bewusstseinszustand vertraut gemacht hatte, verstand ich den Sinn der Grammatik von Heptapod A: Das, was meinem an sequenzielle Abfolgen gewöhnten Verstand unnötig verzwickt erschien, begriff ich nun als Versuch, innerhalb der Beschränkungen sequenzieller Sprache ein gewisses Maß an Flexibilität einzuführen. Obwohl es mir nun leichter fiel, mit Heptapod A umzugehen, kam es mir immer noch wie ein ärmlicher Ersatz für Heptapod B vor.

Es klopfte an der Tür, und Gary schaute in mein Büro. »Colonel Weber wird gleich da sein.«

Ich verzog das Gesicht. »In Ordnung.« Weber wollte einer Sitzung mit Haspel und Himbeere beiwohnen. Ich sollte dabei als Übersetzerin fungieren, eine Aufgabe, für die ich nicht ausgebildet war und die ich verabscheute.

Gary trat in mein Büro und machte die Tür hinter sich zu. Er zog mich von meinem Stuhl und küsste mich.

Ich lächelte. »Versuchst du mich aufzumuntern, bevor er hier eintrifft?«

»Nein, ich versuche mich aufzumuntern.«

»Du warst überhaupt nicht daran interessiert, mit den Heptapoden zu sprechen, oder? Du hast nur deshalb bei diesem Projekt mitgemacht, um mich ins Bett zu kriegen.«

»Ah, du hast mich durchschaut.«

Ich sah ihm in die Augen. »Darauf kannst du dich verlassen«, sagte ich.

Ich erinnere mich, wie du einen Monat alt sein wirst und ich aus dem Bett taumle, um dich um zwei Uhr morgens zu füttern. Dein Kinderzimmer wird von diesem »Babygeruch« nach Popocreme und Talkumpuder erfüllt sein, mit einer vagen Ammoniaknote aus der Ecke mit dem Eimer voller Windeln. Ich werde mich über dein Bettchen beugen, dich schreiendes Etwas hochheben und mich in den Schaukelstuhl setzen, um dich zu stillen.

Das englische Wort »infant« – »Säugling« – leitet sich von dem lateinischen Ausdruck für »nicht fähig zu sprechen« ab, aber eines kannst du perfekt ausdrücken, ohne zu sprechen: »Ich leide«, und das wirst du ohne zu zögern unablässig tun. Ich bewundere dich wirklich dafür, wie hingebungsvoll du dich dieser Äußerung widmest; wenn du schreist, wirst du zur leibhaftigen Empörung selbst, jede Faser deines Körpers dient dem Ausdruck dieses Gefühls. Schon komisch: Wenn du zufrieden bist, scheinst du zu leuchten, und wenn jemand ein Portrait von dir in diesem Zustand malen wollte, würde ich darauf bestehen, dass er den Lichtkranz nicht vergisst. Aber wenn du unzufrieden bist, wirst du zu einer Sirene, nur dazu gemacht, Lärm von dir zu geben. Ein Portrait von dir sähe dann einfach aus wie eine Alarmglocke.

In diesem Abschnitt deines Lebens wird für dich keine Vergangenheit oder Zukunft existieren; bis ich dir meine Brust gebe, wirst du keine Erinnerungen an zurückliegende Befriedigungen haben oder Erwartungen auf zukünftige Linderungen hegen. Sobald du zu nuckeln beginnst, wird sich alles ändern, und die Welt wird wieder in Ordnung sein. JETZT ist der einzige Augenblick, den du zur Kenntnis nehmen wirst; du wirst in der Gegenwart leben. Das ist in vielerlei Hinsicht ein beneidenswerter Zustand.

Die Heptapoden sind weder frei, noch folgen sie einem Zwang, jedenfalls nicht in dem Sinne, wie wir diese Begriffe verstehen. Sie folgen nicht ihrem Willen, sind aber auch keine hilflosen Automaten. Das Bewusstsein der Heptapoden zeichnet sich nicht nur dadurch aus, dass ihre Handlungen mit dem Lauf der Geschichte übereinstimmen, sondern ihre Absichten richten sich auch nach den Zielen der Geschichte. Sie handeln, um die Zukunft hervorzubringen, um die Chronologie der Ereignisse in die Tat umzusetzen.

Freiheit ist keine Illusion. Im Rahmen eines sequenziell operierenden Bewusstseins ist sie zweifellos real. Aus der Sicht eines simultan arbeitenden Bewusstseins jedoch ist Freiheit, genauso wie Zwang, bedeutungslos. Lediglich der Kontext ist ein anderer, wenngleich keiner von beiden eine größere Berechtigung hat. Das ist wie bei dieser berühmten optischen Täuschung, der berühmten Strichzeichnung, auf der man entweder eine elegante junge Frau mit vom Betrachter abgewandtem Gesicht oder eine warzennasige Greisin mit auf die Brust gesenktem Kinn sieht. Es gibt keine »richtige« Auslegung der Zeichnung, beide Interpretationen sind gleichermaßen gültig. Aber man kann nicht beide Motive zugleich sehen.

Genauso verhält es sich mit dem freien Willen und dem Wissen um die Zukunft. Sie schließen sich wechselseitig aus. Das, was mich befähigt, frei zu entscheiden, schließt zugleich aus, dass ich die Zukunft kennen kann. Und jetzt, da mir die Zukunft bekannt ist, werde ich niemals im Widerspruch zu dieser Zukunft handeln, was auch zur Folge hat, dass ich anderen nicht sagen kann, was ich weiß: Wer die Zukunft kennt, spricht nicht von ihr. Niemand gibt zu, das *Buch der Zeit* gelesen zu haben.

Ich schaltete den Videorekorder ein und spielte eine Kassette mit der Aufzeichnung einer Sitzung in Fort Worth ab. Zu sehen war ein diplomatischer Unterhändler, der mit den Heptapoden sprach. Burghart diente als Übersetzer.

Der Diplomat schilderte den Heptapoden menschliche Moralvorstellungen und versuchte dabei, ihnen die Grundlagen des Altruismus zu vermitteln. Ich wusste, dass den Heptapoden der Ausgang des Gespräches bereits bekannt war, an dem sie sich dennoch mit Eifer beteiligten.

Könnte ich jemandem, der nicht damit vertraut war, davon erzählen, würde sie vielleicht fragen: Wozu benutzen die Heptapoden überhaupt Sprache, wenn ihnen schon alles, was sie sagen oder hören, bekannt ist? Eine einleuchtende Frage. Aber Sprache dient nicht nur der Mitteilung von etwas, sie ist selbst auch eine Form des Handelns. Folgt man der Sprachtheorie, dann sind Aussagen wie »Sie sind verhaftet«, »Hiermit taufe ich dieses Schiff« oder »Ich verspreche« performative Akte. Ein Redner kann diese Dinge nur tun, indem er die dazu passenden Worte spricht. Das Vorwissen darüber, was gesagt werden wird, ändert nichts an solchen Handlungen. Bei einer Hochzeit fiebern alle den Worten »Hiermit erkläre ich euch zu Mann und Frau« entgegen, und solange der Pfarrer sie nicht wirklich gesprochen hat, ist der zeremonielle Akt nicht gültig. Bei performativen Sprechakten sind Reden und Tun eins.

Für die Heptapoden war alles Reden performativ. Sprache war für sie kein Werkzeug, um Information auszutauschen, sondern um Dinge wirklichkeitsgetreu darzustellen. Heptapoden wussten natürlich bei allen Gesprächen, wie sie verlaufen würden; damit ihr Wissen aber wahr sein konnte, musste das Gespräch erst stattfinden.

»Zuerst probierte Goldlöckchen von Papabärs Teller, aber der Teller war voller Rosenkohl, und den mochte sie nicht.«

Du wirst lachen. »Nein, das stimmt nicht!« Wir werden nebeneinander auf dem Sofa sitzen, das dünne, überteuerte Kinderbuch geöffnet auf unserem Schoß.

Ich werde weiterlesen. »Dann probierte Goldlöckchen von Mamabärs

Teller, aber der Teller war voller Spinat, den Goldlöckchen genauso wenig mochte.«

Du wirst deine Hand auf die Buchseite legen, damit ich aufhöre. »Du musst es richtig lesen!«

»Ich lese genau das, was da steht«, werde ich ganz unschuldig beteuern.

»Nein, tust du nicht. So geht die Geschichte nicht.«

»Also, wenn du schon weißt, wie die Geschichte geht, warum soll ich sie dir dann noch mal vorlesen?«

»Weil ich sie hören will!«

Die Klimaanlage in Webers Büro entschädigte einen fast dafür, überhaupt mit ihm reden zu müssen.

»Die Heptapoden sind bereit, sich auf so etwas wie einen Austausch einzulassen«, erklärte ich, »aber es ist kein Handel, kein Geschäft. Wir werden ihnen einfach etwas geben, und dafür werden sie uns etwas geben. Keine der beiden Seiten sagt der anderen im Voraus, was sie erhalten wird.«

Colonel Webers Stirn runzelte sich ein wenig. »Wollen Sie damit sagen, die Heptapoden sind bereit, Geschenke mit uns auszutauschen?«

Mir war klar, was ich zu sagen hatte. »Wir sollten es nicht als ›Geschenkeaustausch‹ auffassen. Wir wissen nicht, ob dieser Austausch für die Heptapoden eine ähnliche Bedeutung hat wie für uns, wenn wir einander etwas schenken.«

»Gibt es einen Weg« – er dachte nach, wie er es ausdrücken sollte – »ihnen einen Tipp zu geben, was für ein Geschenk wir gerne hätten?«

»Darauf lassen sich die Heptapoden bei dieser Art von Austausch nicht ein. Ich habe sie gefragt, ob wir sie um etwas bitten dürfen, und sie haben geantwortet, dass wir das tun können, sie uns aber trotzdem nicht sagen, was sie uns geben werden.« Plötzlich kam mir in den Sinn, dass ein morphologischer Verwandter von »performativ« der englische Begriff für Theateraufführungen und andere Darbietungen, also »Performance« war, der unter anderem das Gefühl beschreiben konnte, an einer Unterhaltung teilzunehmen, deren Verlauf einem bekannt war, etwa bei der Aufführung eines Theaterstückes.

»Aber würde es sie eher dazu bringen, uns zu geben, was wir verlangen?«, fragte Colonel Weber. Er hatte keine Ahnung, welche Rolle er spielte, und dennoch richteten sich seine Reaktionen nach dem ihm zugewiesenen Text.

»Das können wir nicht wissen«, erwiderte ich. »Ich bezweifle es jedoch, denn dieses Vorgehen ist bei den Heptapoden nicht üblich.«

»Wenn wir ihnen unser Geschenk zuerst geben – wird der Wert unseres Geschenkes dann einen Einfluss darauf haben, was sie uns geben?« Er improvisierte, während ich mich sorgfältig auf das Gespräch vorbereitet hatte, das nur so und nicht anders verlaufen konnte.

»Nein«, sagte ich. »Soweit wir wissen, ist der Wert der Gegenstände bedeutungslos.«

»Wenn das in meiner Familie nur auch so wäre«, murmelte Gary trocken.

Ich beobachtete, wie Colonel Weber sich an Gary wandte. »Haben die Gespräche über Physik irgendetwas Neues ergeben?«, fragte er wie aufs Stichwort.

»Nein, falls Sie damit etwas meinen, das für die Menschheit etwas Neues darstellt«, sagte Gary. »Die Heptapoden sind nicht von ihrem gewohnten Verhalten abgewichen. Wenn wir ihnen etwas vorführen, dann zeigen sie uns ihre Art, die Sache zu formulieren, aber sie bieten uns nichts Neues und beantworten keine unserer Fragen bezüglich ihres Wissens.«

Eine Äußerung, die im Zusammenhang menschlicher Kommunikation spontan und aufgeschlossen erschien, wurde zu einer rituellen Rezitation, wenn man sie im Lichte von Heptapod B betrachtete.

Webers Miene verfinsterte sich. »Also gut. Warten wir ab, was das Außenministerium dazu sagt. Vielleicht können wir eine Geschenkzeremonie arrangieren.«

Wie bei jedem physikalischen Ereignis, mit seinen kausalen und teleologischen Auslegungen, gab es auch bei sprachlichen Handlungen zwei verschiedene Interpretationsmöglichkeiten: zum einen als Austausch von Information, zum anderen als Verwirklichung eines Planes.

»Ich denke, das ist eine gute Idee, Colonel«, sagte ich.

Die Zweideutigkeit meiner Worte blieb den meisten Zuhörern verborgen. Ein Insiderwitz. Bitte erwarten Sie nicht, dass ich ihn erkläre.

Obwohl ich mit Heptapod B zurechtkomme, ist mir klar, dass ich die Wirklichkeit nicht so erlebe wie ein Heptapode. Mein Bewusstsein war durch menschliche, sequenzielle Sprache geformt worden, und keine noch so intensive Auseinandersetzung mit einer fremden Sprache konnte es vollständig verändern. Mein Weltbild ist teils menschlich, teils heptapodisch.

Bevor ich gelernt habe, in Heptapod B zu denken, wuchsen meine Erinnerungen wie die Asche an der Spitze einer Zigarette, wobei das Verbrennen dem Vorgang in meinem sequenziellen Bewusstsein gleicht. Nachdem ich Heptapod B gelernt hatte, fügten sich neue Erinnerungen wie Bausteine zusammen, von denen jeder einer Zeitspanne von mehreren Jahren entsprach, und obwohl sie weder in chronologischer Reihenfolge Gestalt annahmen, noch ein zusammenhängendes Ganzes bildeten, umspannten sie bald einen Zeitraum von fünf Jahrzehnten. Das entspricht dem Zeitraum, in dem ich Heptapod B so sicher beherrsche, um in dieser Sprache zu denken, von meinen Gesprächen mit Haspel und Himbeere bis zu meinem Tod.

Der Einfluss von Heptapod B macht sich normalerweise nur bei meinem Gedächtnis bemerkbar. Mein Bewusstsein kriecht weiterhin als dünne Glutsäule vorwärts den Zeitstrom entlang, nur dass die Asche meiner Erinnerungen sich dabei in beide Richtungen erstreckt und eine Verbrennung nicht mehr wirklich stattfindet. Ab und zu allerdings, wenn Heptapod B die Oberhand gewinnt, kann ich für einen kurzen Augenblick das ganze Gefüge aus Vergangenheit und Zukunft gleichzeitig sehen. Mein Bewusstsein ist dann ein Glutstück von der Länge eines halben Jahrhunderts, das außerhalb der Zeit brennt. In diesen Momenten nehme ich die ganze Zeitspanne auf einmal wahr, eine Zeitspanne, die den Rest meines und die Gesamtheit deines Lebens umfasst.

Ich schrieb die Semagramme für »Vorgang Abschluss-machen mit-uns«, womit ich »Fangen wir an« meinte. Himbeere stimmte mir zu, und die Vorführung der Bilder begann. Wie auch auf unseren Videomonitoren erschienen auf einem zweiten Bildschirm, den die Heptapoden aufgestellt hatten, eine Folge von Semagrammen und Gleichungen.

Es war der zweite »Geschenkaustausch«, an dem ich teilnahm, insgesamt der achte und, wie ich wusste, der letzte. Viele Leute hatten sich in dem Spiegelzelt zusammengefunden. Burghart aus Fort Worth, Gary und ein Nuklearphysiker, verschiedene Biologen, Anthropologen, und Vertreter des Militärs und Diplomaten waren ebenfalls da. Gott sei Dank war eine Klimaanlage aufgestellt worden. Die Bilder der Heptapoden würden wir später auswerten, um herauszubekommen, was deren »Geschenk« war. Unser »Geschenk« war eine Darbietung der Höhlenbilder von Lascaux.

Wir drängten uns alle um den Bildschirm der Heptapoden und versuchten zu erkennen, was für eine Botschaft sie uns mit den gezeigten Darstellungen vermitteln wollten. »Erste Einschätzungen?«, fragte Colonel Weber.

»Sie schicken uns nichts zurück«, sagte Burghart. Bei einem früheren Austausch hatten die Heptapoden uns Informationen über uns selbst gezeigt, die wir ihnen übermittelt hatten. Das Außenministerium hatte wütend reagiert, aber nichts deutete darauf hin, dass es eine Beleidigung sein sollte: Wahrscheinlich bedeutete es nur, dass es bei diesen Tauschaktionen nicht auf den Handelswert ankam. Und es schloss nicht aus, dass die Heptapoden uns nicht doch noch ein heißersehntes Wunder zeigen würden, beispielsweise den Bauplan eines neuen Weltraumantriebs oder eines kalten Fusionsreaktors.

»Sieht nach anorganischer Chemie aus«, sagte der Nuklearphysiker und zeigte auf eine Gleichung, bevor sie von einem neuen Bild abgelöst wurde.

Gary nickte. »Könnte sich um Materialtechnik handeln«, sagte er.

»Möglicherweise erzielen wir endlich doch noch Ergebnisse«, sagte Colonel Weber.

»Ich würde gerne noch mehr Tierbildchen sehen«, flüsterte ich so leise, dass nur Gary mich hören konnte, und zog dazu einen Schmollmund wie ein Kind. Er grinste und stupste mich an. Aber ich wünschte mir tatsächlich, dass die Heptapoden uns eine weitere Xenobiologie-Vorführung bieten würden, so wie bei zwei früheren Treffen. Den dort gezeigten Bildern zufolge waren wir Menschen den Heptapoden ähnlicher als irgendeine der anderen Arten, denen sie bisher begegnet waren.

Auch eine weitere Vorführung zur Heptapoden-Geschichte wäre mir lieber gewesen; diese waren interessant gewesen, obwohl sie anscheinend nur unzusammenhängende Bilder gezeigt hatten. Ich wollte nicht, dass die Heptapoden uns neue Technologien übermittelten, denn mir war unwohl bei dem Gedanken, was unsere Regierung damit anstellen würde.

Während des Informationsaustausches beobachtete ich Himbeere und achtete auf ungewöhnliche Verhaltensweisen. Wie sonst auch stand er die ganze Zeit über fast reglos da. Nichts gab mir einen Hinweis darauf, was gleich geschehen würde.

Kurz darauf erschienen keine neuen Bilder mehr auf dem Schirm der Heptapoden, und dann endete auch auf unserem Monitor die Vorführung. Gary und die meisten der anderen Wissenschaftler versammelten sich um einen kleinen Videomonitor, um eine Wiederholung der Heptapoden-Darbietung zu begutachten. Ich konnte hören, wie sie sagten, dass ein Festkörperphysiker konsultiert werden sollte.

Colonel Weber wandte sich an uns. »Sie beide«, sagte er und deutete auf mich und Burghart, »vereinbaren Sie Zeit und Ort für den nächsten Austausch.« Dann schloss er sich wieder den anderen an, die den Bildschirm mit der Wiederholung studierten.

»Wird sofort erledigt«, sagte ich. »Wollen Sie die ehrenvolle Aufgabe übernehmen, oder soll ich das tun?«, fragte ich Burghart.

Ich wusste, dass Burghart Heptapod B fast genauso gut beherrschte wie ich. »Es ist Ihr Spiegelstandort«, sagte er. »Sie sind dran.«

Ich setzte mich an den Computer. »Wollen wir wetten, dass Sie als Student nicht damit gerechnet haben, mal als Übersetzer für das Militär zu arbeiten?«

»Darauf können Sie Gift nehmen«, sagte er. »Selbst jetzt kann ich es kaum glauben.« Ich hatte das Gefühl, dass alles, was wir miteinander redeten, den behutsamen, oberflächlichen Floskeln von Spionen glich, die sich, ohne ihre Tarnung gefährden zu wollen, in der Öffentlichkeit trafen.

Ich schrieb die Semagramme für »Ort Tausch-Vorgang Unterhaltung mit-uns« einschließlich einer Modulation des projektiven Aspekts.

Himbeere schrieb seine Antwort. Das war mein Stichwort, die Stirn zu runzeln, und für Burghart, um zu fragen: »Was meint er bloß damit?« Besser hätte er es nicht ausdrücken können.

Ich schrieb eine Bitte um Bestätigung, und die Antwort von Himbeere war dieselbe wie zuvor. Dann sah ich ihm nach, wie er aus dem Raum glitt. Der Vorhang, der diese Vorstellung beenden würde, würde gleich fallen.

Colonel Weber trat zu uns. »Was geht hier vor? Wo ist er hin?«

»Er sagte, dass uns die Heptapoden nun verlassen werden«, sagte ich. »Nicht nur er, sondern alle.«

»Rufen Sie ihn zurück. Fragen Sie ihn, was das heißen soll.«

»Äh, ich fürchte, dass Himbeere keinen Piepser bei sich hat«, sagte ich.

Das Abbild des Raumes im Spiegel verschwand so rasch, dass es eine Weile dauerte, bis meine Augen erkannten, was sie nun stattdessen sahen: die andere Hälfte des Zeltes. Der Spiegel war vollkommen durchsichtig geworden. Die Gespräche am Monitor, auf dem die Wiederholung lief, verstummten.

»Was zur Hölle geht hier vor?«, sagte Colonel Weber.

Gary schritt zum Spiegel hinüber und dann darum herum auf die andere Seite. Er berührte die Rückseite des Spiegels. Ich konnte die blassen Ovale erkennen, die seine Fingerspitzen auf der Scheibe bildeten. »Ich glaube«, sagte er, »wir wurden gerade Zeuge einer raumüberbrückenden Übertragung.«

Ich konnte schwere Stiefelschritte auf trockenem Gras hören. Ein Soldat mit einem riesigen Funkgerät trat durch den Zelteingang, ganz außer Atem, so schnell war er gerannt. »Colonel, eine Nachricht von …«

Weber riss ihm das Funkgerät aus der Hand.

Ich erinnere mich, wie es sein wird, dich anzuschauen, wenn du einen Tag alt bist. Dein Vater wird kurz fort sein, um in das Café des Krankenhauses zu gehen. Du wirst in deinem Stubenwagen liegen, und ich werde mich über dich beugen.

So kurze Zeit nach der Geburt werde ich mich noch immer wie ein ausgewrungenes Handtuch fühlen. Du wirst mir unfassbar klein vorkommen, wenn ich bedenke, wie dick ich mich während der Schwangerschaft gefühlt habe. Ich könnte schwören, dass in mir Platz für jemand war, der viel größer und robuster ist als du. Deine Hände und Füße werden noch nicht pummelig, sondern lang und dünn sein. Dein Gesicht wird noch ganz rot und schrumpelig sein, deine verquollenen Augen noch zugekniffen. Die koboldhafte Phase, die der engelsgleichen vorausgeht.

Ich werde dir mit dem Finger über den Bauch streichen, die unglaubliche Zartheit deiner Haut bewundern, mich fragen, ob Seide dich wund reiben würde wie Sackleinen. Dann wirst du dich winden, deinen Körper drehen und deine Beine ausstrecken, eines nach dem anderen, und ich werde diese Bewegungen wiedererkennen, da ich sie so oft in mir gespürt habe. *So* sieht das also aus.

Dieser Beweis einer einzigartigen Mutter-Kind-Bindung, diese Gewissheit, dass ich *dich* in mir getragen habe, wird mich mit Freude erfüllen. Selbst wenn ich dich nie zuvor gesehen hätte, könnte ich dich aus einem Meer von Babys herauspicken: Die da nicht. Die da auch nicht. Moment, die da drüben ist es.

Ja, das ist sie. Sie gehört zu mir.

Der letzte »Geschenkaustausch« war zugleich der letzte Kontakt, den wir mit den Heptapoden hatten. Auf einen Schlag wurden überall auf der Welt die Spiegel durchsichtig, und die Raumschiffe der Heptapoden verließen die Umlaufbahn. Eine sich anschließende Untersuchung der Spiegel ergab, dass es sich dabei um einfache, vollkommen inaktive Scheiben aus Kieselglas handelte. Die Informationen des letzten Austausches beschrieben eine neue Art supraleitfähigen Materials, aber es stellte sich später heraus, dass ein japanisches Labor vor Kurzem zu den gleichen Ergebnissen gekommen war, es sich also um nichts Neues für die Menschheit handelte.

Wir haben nie erfahren, warum uns die Heptapoden verlassen haben, und genauso wenig wissen wir, warum sie uns überhaupt besucht oder warum sie sich so verhalten haben, wie sie es taten. Selbst mit meiner neuen Art, die Dinge zu sehen, konnte ich dafür keine Erklärung finden. Von einem simultanen Blickwinkel aus betrachtet, war das Verhalten der Heptapoden wahrscheinlich folgerichtig, aber wir haben keine Erklärung dafür gefunden.

Ich hätte gerne noch mehr über die Weltsicht der Heptapoden gewusst, hätte gerne gelernt zu empfinden, wie sie empfanden. Dann wäre ich vielleicht in der Lage gewesen, so wie sie voll und ganz in die Notwendigkeit der Ereignisse einzutauchen, statt den Rest meines Lebens nur in der Brandung herumzuwaten. Doch dazu wird es niemals kommen. Wie die anderen Linguisten der Spiegelteams werde ich mich weiterhin in den Heptapod-Sprachen üben, aber keiner von uns wird je über das Niveau hinauskommen, das er oder sie zu der Zeit erreicht hatte, als die Heptapoden bei uns waren.

Die Arbeit mit den Heptapoden hat mein Leben verändert. Ich bin deinem Vater begegnet und habe Heptapod B gelernt, und beides hat mir ermöglicht, jetzt und hier auf der Veranda im Schein des Mondes mit dir zusammenzusein. Irgendwann, in vielen Jahren, werde ich ohne deinen Vater und ohne dich sein. Alles, was mir dann von diesem Augenblick bleiben wird, ist die Heptapoden-Sprache. Und so passe ich genau auf und merke mir jede Einzelheit.

Ich habe meine Bestimmung von Anfang an gekannt und entsprechend meinen Weg gewählt. Doch was strebe ich an? Höchste Freude oder äußersten Schmerz? Werde ich ein Minimum oder ein Maximum erreichen?

Diese Gedanken gehen mir durch den Kopf, als dein Vater mich fragt: »Möchtest du ein Kind?« Und ich lächle und antworte: »Ja«, und ich löse mich aus seiner Umarmung, und wir nehmen uns bei der Hand, während wir ins Haus gehen, um miteinander zu schlafen – um dich zu zeugen.

DIE HÖLLE
IST DIE
ABWESENHEIT
GOTTES

Dies ist die Geschichte eines Mannes namens Neil Fisk, und sie erzählt, wie er lernte, Gott zu lieben. Das Schlüsselereignis in Neils Leben war so schrecklich wie alltäglich: der Tod seiner Frau Sarah. Nachdem sie gestorben war, wurde Neil von Trauer überwältigt, einer Trauer, die nicht nur wegen ihrer Heftigkeit entsetzlich war, sondern auch, weil sie das, was er früher erlitten hatte, wiederaufleben ließ und sogar verstärkte. Sarahs Tod zwang ihn dazu, seine Beziehung zu Gott noch einmal gründlich in Augenschein zu nehmen, und so begann er eine Reise, die ihn für immer verändern sollte.

Neil war mit einer angeborenen Anomalie zur Welt gekommen, durch die seine linke Hüfte nach außen verdreht und um einige Zentimeter kürzer war als die rechte. Der medizinische Name dafür lautete Femurdysplasie oder Proximal Femoral Focus Deficiency (PFFD). Die meisten Leute, die er kannte, waren der Meinung, Gott sei für diese Deformation verantwortlich, doch Neils Mutter war während der Schwangerschaft nicht Zeuge einer Erscheinung gewesen; sein Zustand war die Folge eines fehlerhaften Gelenkwachstums in der sechsten Schwangerschaftswoche. Auch wenn Neils Mutter es niemals aussprach, gab sie doch Neils abwesendem Vater die Schuld am Zustand ihres Sohnes, denn sein Einkommen hätte vielleicht einen chirurgischen Eingriff ermöglicht, um das Problem zu beheben.

Als Kind hatte sich Neil hin und wieder gefragt, ob Gott ihn bestrafte, aber meistens machte er seine Klassenkameraden für sein Unglück verantwortlich. Ihre beiläufige Grausamkeit, ihr Gespür für die Schwachstellen im emotionellen Panzer ihres Opfers, die Art und Weise, wie ihr Sadismus ihren Zusammenhalt stärkte, waren für Neil ein typisch menschliches, kein göttliches Verhalten. Auch wenn seine Klassenkameraden bei ihren Hänseleien oftmals Gottes Namen im

Munde führten, wusste Neil es besser und legte ihre Taten nicht Gott zur Last.

Obwohl Neil es vermied, Gott an allem die Schuld zu geben, gelang es ihm nicht, ihn zu lieben. Weder seine Erziehung, noch seine Persönlichkeit veranlassten ihn dazu, sich mit Gebeten an Gott zu wenden, er möge ihm Kraft geben oder seine Leiden lindern. Die verschiedenen Prüfungen, mit denen er konfrontiert wurde, während er heranwuchs, beruhten auf zufälligen oder menschlichen Ursachen, und Neil verließ sich ausschließlich auf menschliche Mittel, um ihnen zu begegnen. Er wuchs zu einem Erwachsenen heran, für den – wie für so viele andere auch – die Taten Gottes so lange etwas Abstraktes waren, bis sie sich auf sein eigenes Leben auswirkten. Engelserscheinungen waren für ihn Ereignisse, die anderen widerfuhren und ihn selbst nur in Form von Zeitungsartikeln und Abendnachrichten erreichten. Sein Leben verlief in weltlichen Bahnen. Er arbeitete als Verwalter eines Gebäudes mit Wohnungen der höheren Preisklasse, trieb die Miete ein und kümmerte sich um Reparaturen. Ansonsten war er der Meinung, dass sich die Dinge ganz ohne göttliches Eingreifen zum Guten oder Schlechten entwickelten.

Bis zum Tod seiner Frau blieb das sein Erfahrungshorizont.

Die Erscheinung hatte ein geringeres Ausmaß als üblich, war aber völlig gewöhnlich, was ihre Auswirkungen anging, denn sie bescherte manchen Segnungen, anderen Unheil. In diesem Fall tauchte der Engel Nathanael in einem Einkaufszentrum in der Innenstadt auf. Der Besuch hatte vier Wunderheilungen zur Folge: Die Krebsgeschwüre von zwei Personen verschwanden, die Wirbelsäule eines Querschnittsgelähmten gesundete, und einer erst vor Kurzem erblindeten Person wurde ihr Augenlicht geschenkt. Zudem geschahen zwei Wunder, die keine Heilungen waren: Ein Lieferwagen, dessen Fahrer angesichts der Engelserscheinungen ohnmächtig geworden war, wurde aufgehalten, bevor er auf einem belebten Bürgersteig Schaden anrichten konnte, und als der Engel entschwand, wurde ein anderer Mann von dem himmlischen Licht getroffen, das ihm die Augen verbrannte, ihn aber mit gläubiger Ergebenheit erfüllte.

Sarah Fisk, Neils Frau, zählte zu den acht Opfern der Engelserscheinung. Als der lodernde Flammenmantel des Engels die Fensterscheibe des Cafés, in dem sie sich gerade aufhielt, zerschmetterte, trafen sie umherfliegende Glassplitter. Sie verblutete innerhalb weniger Minuten, und die anderen Cafébesucher – von denen keiner auch nur die leichtesten Verletzungen erlitten hatte – konnten nichts unternehmen, außer ihren Angst- und Schmerzensschreien zu lauschen und schließlich Zeuge zu werden, wie ihre Seele zum Himmel aufstieg.

Nathanael hatte keine besondere Botschaft überbracht. Die mächtig dröhnenden Abschiedsworte des Engels, die den Erscheinungsort erfüllten, waren das übliche *Sehet die Macht des Herrn* gewesen. Verglichen mit dem Durchschnitt von Todesfällen im Allgemeinen wurden von den acht an diesem Tag Verunglückten verhältnismäßig wenige, nämlich nur drei, in den Himmel aufgenommen. Zweiundsechzig Personen mussten medizinisch versorgt werden. Ihre Verletzungen reichten von leichten Gehirnerschütterungen über geplatzte Trommelfelle bis hin zu Verbrennungen, die Hauttransplantationen nötig machten. Der Gesamtschaden vor Ort belief sich auf 8,1 Millionen Dollar, für den die Versicherungen aufgrund der Ursache nicht aufkamen. Viele wurden infolge dieser Erscheinung zu gottesfürchtigen Gläubigen, sei es aus Dankbarkeit oder aus Angst.

Neil Fisk gehörte leider nicht zu ihnen.

Diejenigen, die Zeuge einer Erscheinung geworden sind, gehen für gewöhnlich zu Gruppentreffen, um darüber zu sprechen, wie das gemeinsame Erlebnis ihr Leben verändert hat. Die Zeugen von Nathanaels jüngster Erscheinung organisierten ebenfalls solche Zusammenkünfte, zu denen sie die Angehörigen der Verstorbenen willkommen hießen, und so nahm auch Neil teil. Die Treffen fanden einmal monatlich im Keller einer der großen Kirchen der Innenstadt statt. Klappstühle aus Metall waren in Reihen aufgestellt, und am hinteren Ende des Raumes stand ein Tisch mit Kaffee und Doughnuts. Alle trugen mit Filzstift ausgefüllte Namensschildaufkleber auf der Brust.

Bis zum Beginn des Treffens standen die Teilnehmer überall im Raum herum, warteten, tranken Kaffee und plauschten miteinander. Die meisten Leute, mit denen Neil sprach, nahmen an, dass der Zustand seines Beines eine Folge der Erscheinung war, und er musste erklären, dass er nicht Zeuge gewesen, sondern der Gatte eines der Opfer war. Das machte ihm nicht allzu viel aus, denn er war es gewohnt, über sein Bein zu sprechen. Was ihn jedoch störte, war die Atmosphäre der Gespräche bei den Zusammenkünften: Die meisten erzählten von ihrem neugefundenen Glauben an Gott und bemühten sich, die Trauernden davon zu überzeugen, ihrem Beispiel zu folgen.

Wie Neil auf solche Überzeugungsversuche reagierte, hing davon ab, wer mit ihm sprach. War es jemand, der die Erscheinung miterlebt hatte, davon aber nicht betroffen gewesen war, fand er es bloß lästig. War es jemand, dem eine Wunderheilung zuteil geworden war, musste Neil sich zurückhalten, dieser Person nicht an den Hals zu gehen. Am meisten entrüstete es ihn allerdings, wenn ein Mann namens Tony Crane ihn zu überzeugen suchte. Auch Tonys Frau war bei der Erscheinung ums Leben gekommen, und jede seiner Bewegungen hatte nun etwas Unterwürfiges. Mit gedämpfter, den Tränen naher Stimme erklärte er, wie er gelernt hatte zu akzeptieren, dass er ein Kind Gottes war, und er riet Neil, es ihm gleichzutun.

Neil besuchte diese Versammlungen weiterhin – er glaubte es Sarah schuldig zu sein, dabei zu bleiben –, aber er hatte eine weitere Gruppe gefunden, an der er teilnehmen konnte, und zwar eine, die eher seiner emotionalen Verfassung entsprach: Bei dieser Gruppe trafen sich Personen, die einen geliebten Menschen durch eine Erscheinung verloren hatten und die nun Gott zürnten. Die Mitglieder dieser Gruppe sahen einander alle zwei Wochen in einem örtlichen Gemeindezentrum, und sie sprachen dort über die Wut und die Trauer, die in ihnen brodelte.

Die Teilnehmer dieser Gruppe kamen trotz ihrer verschiedenen Einstellungen Gott gegenüber gut miteinander aus. Von jenen, die vor ihrem Verlust gläubig gewesen waren, rangen einige damit, sich diesen Glauben zu bewahren, während andere sich ohne zu zögern von ihrer Frömmigkeit abwandten. Von jenen, die bis zu ihrem Schicksalsschlag Atheisten gewesen waren, fühlten sich einige in ihren Ansichten bestätigt, während sich andere wiederum mit der schier unlösbaren Herausforderung konfrontiert sahen, nun im Glauben Halt zu finden. Zu seiner eigenen Bestürzung gehörte Neil zu dieser letzten Gruppe.

Wie alle anderen Ungläubigen hatte Neil nie viel Zeit darauf verschwendet sich auszumalen, wo seine Seele einmal enden würde. Er hatte immer angenommen, dass er in der Hölle landen würde, und sich längst damit abgefunden. So war der Lauf der Dinge, und die Hölle war schließlich kein schlimmerer Ort als die Welt der Sterblichen.

Die Hölle verhieß eine permanente Verbannung aus der Gegenwart Gottes, nicht mehr und nicht weniger. Das war immer dann, wenn die Hölle sich offenbarte, für jeden klar ersichtlich geworden. Dies geschah öfters; dann schien der Erdboden durchsichtig zu werden, und man konnte, als würde man durch ein Loch im Boden blicken, die Hölle sehen. Die verlorenen Seelen unterschieden sich nicht von den Lebenden; ihre unsterblichen Leiber glichen denen der Sterblichen. Sprechen konnte man nicht mit ihnen – ihre Verbannung aus Gottes Gegenwart hatte zur Folge, dass sie die Welt der Sterblichen, wo Sein Wirken immer noch zu spüren war, nicht wahrnehmen konnten –, aber solange die Erscheinungen der Hölle andauerten, konnte man hören, wie die Höllenbewohner sprachen, lachten oder weinten, ganz so, wie sie es getan hatten, als sie noch am Leben gewesen waren.

Auf die Höllenerscheinungen reagierten die Menschen in unterschiedlichster Weise. Die meisten Gläubigen waren wie elektrisiert, nicht weil sie etwas Furchtbares sahen, sondern weil ihnen vor Augen geführt wurde, dass es möglich war, die Ewigkeit außerhalb des Paradieses zu verbringen. Neil gehörte jedoch zu denen, die der Anblick der Höllenerscheinungen unbeeindruckt ließ. Soweit er erkennen konnte, waren die verlorenen Seelen nicht unglücklicher als er selbst und ihr Dasein nicht schlimmer als das in der Welt der Sterblichen. In mancher Hinsicht ging es den Höllenbewohnern sogar besser, denn ihre Körper litten nicht länger unter angeborenen Missbildungen.

Natürlich wusste jeder, dass der Himmel ungleich schöner war als die Hölle oder die Welt der Sterblichen, doch für Neil blieb er immer etwas Unfassbares, das er sich nicht vorstellen konnte, so wie Reichtum, Ruhm oder Glamour. Für jemanden wie ihn war die Hölle einfach ein Ort, an dem es einen nach seinem Tod verschlägt, und er sah keinen Grund, sein Leben umzukrempeln, in der Hoffnung, dem zu entgehen. Und da Gott bisher keine Rolle in Neils Leben gespielt hatte, hatte er keine Angst, von ihm verstoßen zu werden. Die Aussicht, in einer Welt zu leben, in der es von Natur aus keine segensreichen oder leidbringenden Eingriffe von außen gab, barg keinen Schrecken für ihn.

Seit Sarah im Himmel war, hatte sich seine Situation jedoch von Grund auf geändert. Nichts wünschte sich Neil mehr, als wieder mit ihr zusammen zu sein, und der einzige Weg, dieses Ziel zu erreichen, bestand darin, Gott von ganzem Herzen zu lieben.

Dies ist Neils Geschichte, doch um sie richtig zu erzählen, muss noch von zwei anderen Menschen berichtet werden, die seinen Weg kreuzten. Die erste dieser Personen ist Janice Reilly.

Janice war tatsächlich widerfahren, was die Leute von Neil glaubten. Als Janices Mutter im achten Monat mit ihr schwanger war, verlor sie die Kontrolle über ihr Auto und raste während eines Hagelsturms gegen einen Telefonmast. Faustgroße Eisklumpen stürzten aus einem strahlend blauen Himmel herab und bedeckten die Straße, als ob riesige Kugellager geborsten wären. Janices Mutter saß zitternd, aber unverletzt in ihrem Auto, als sie eine silberne Flammenwucherung – von der man später zu sagen wusste, dass es der Engel Bardiel war – über den Himmel tanzen sah. Dieser Anblick ließ Janices Mutter vor Schreck erstarren; dennoch bemerkte sie, dass sich in ihrem Schoß etwas verändert hatte. Eine Ultraschalluntersuchung ergab, dass die noch ungeborene Janice keine Beine mehr hatte. Stattdessen wuchsen ihr delphinartige Flossen unmittelbar aus den Hüftgelenken.

Das Leben von Janice wäre womöglich wie das von Neil verlaufen, wäre nicht zwei Tage nach der Ultraschalluntersuchung Folgendes geschehen. Ihre Eltern saßen am Küchentisch, weinten und fragten sich, womit sie verdient hätten, was ihnen widerfahren war, als ihnen eine Vision zuteil wurde: Die geretteten Seelen von vier ihrer Verwandten erschienen ihnen und tauchten die Küche in goldenes Licht. Die Geretteten sprachen kein Wort, aber ihr glückseliges Lächeln erfüllte jeden, der sie sah, mit heiterer Gleichmut. Von diesem Augenblick an waren sich die Reillys sicher, dass der Zustand ihrer Tochter keine Strafe war.

So kam es, dass Janice in der Gewissheit aufwuchs, dass ihre Beinlosigkeit ein Segen war. Ihre Eltern erklärten ihr, dass Gott sie mit einer besonderen Aufgabe betraut hatte, die zu vollbringen Er Janice für fähig hielt, und so schwor sie, Gott nicht zu enttäuschen. Für Janice bestand ihre Aufgabe darin, anderen ohne Stolz oder Trotz vorzuleben, dass ihr Zustand kein Zeichen der Schwäche, sondern eines der Stärke war.

Als Kind wurde sie von ihren Klassenkameraden rückhaltlos akzeptiert. Wenn man so hübsch, selbstsicher und charismatisch ist, wie es Janice war, ist es für andere Kinder nicht von Bedeutung, dass man im Rollstuhl sitzt. Als Jugendliche stellte Janice fest, dass sie die körperlich Gesunden an ihrer Schule nicht überzeugen musste. Für sie wurde wichtiger, ein Vorbild für andere Behinderte zu sein, egal, ob ihr Zustand auf einem Eingriff Gottes beruhte oder nicht, egal, wo sie lebten. Janice begann, öffentlich Vorträge zu halten, bei denen sie Behinderten versicherte, dass sie über die innere Stärke verfügten, die Gott von ihnen verlangte.

Im Laufe der Jahre wuchs ihr Ansehen und ihre Anhängerschaft. Sie verdiente ihren Lebensunterhalt, indem sie schrieb und Reden hielt, und gründete eine gemeinnützige Gesellschaft, die sich der Verbreitung ihrer Botschaft widmete. Janice erhielt Dankesbriefe von Menschen, deren Leben sie verändert hatte, und das erfüllte sie mit einer Zufriedenheit, die Neil nie zuteil geworden war.

Das war Janices Leben, bis zu dem Tag, als sie selbst Zeuge einer Erscheinung des Engels Rashiel wurde. Sie wollte gerade ihr Haus betreten, als das Beben begann. Obwohl sie nicht in einem geologisch aktiven Gebiet lebte, dachte sie im ersten Augenblick, es wäre ein gewöhnliches Erdbeben, und wollte im Hauseingang abwarten, bis es vorüber war. Kurz darauf sah sie ein silbernes Schimmern am Himmel, und unmittelbar bevor sie ohnmächtig wurde, begriff sie, dass es sich dabei um einen Engel handelte.

Als Janice wieder erwachte, wurde sie mit der größten Überraschung ihres Lebens konfrontiert: dem Anblick ihrer beiden neuen, langen, muskulösen und gesunden Beine.

Als sie sich das erste Mal aufrichtete, erschrak sie, denn sie war größer, als sie erwartet hatte. In dieser Höhe ohne die Hilfe ihrer Arme das Gleichgewicht zu bewahren, verunsicherte sie, aber sie fand es auf seltsame Weise anregend, die Struktur des Bodens unter ihren Füßen zu spüren. Verdutzt schlenderte sie die Straße entlang, und als Rettungskräfte sie fanden, war man der Meinung, sie stünde unter Schock. Erstaunt darüber, dass sie den Sanitätern auf Augenhöhe gegenübertreten konnte, erklärte sie ihnen, was vorgefallen war.

Bei der statistischen Auswertung der Engelserscheinung wurde die

Wiederherstellung von Janices Beinen als Gnade verbucht, und sie nahm es mit demütiger Dankbarkeit hin. Bei dem ersten Treffen von Betroffenen beschlichen sie aber dann doch Schuldgefühle. Janice begegnete dort zwei Zeugen von Rashiels Erscheinung, die an Krebs erkrankt waren und geglaubt hatten, dass ihre Heilung bevorstand, und die bitter enttäuscht wurden, als ihnen klar wurde, dass sie übergangen worden waren. Janice fragte sich, warum diese beiden nicht geheilt worden waren, sie aber schon.

Für die Familie und Freunde von Janice war die Wiederherstellung ihrer Beine die Belohnung dafür, dass Janice die ihr von Gott auferlegte Prüfung bestanden hatte. Diese Interpretation der Ereignisse stellte Janice jedoch vor ein neues Rätsel. War es Sein Wille, dass sie aufhören sollte, ihre Botschaft zu verbreiten? Gewiss nicht, denn die Verkündung der frohen Botschaft gab ihrem Leben seinen eigentlichen Sinn, und es würde immer Menschen geben, die darauf angewiesen waren, ihre Botschaft zu vernehmen. Das Beste, was sie sowohl für sich selbst als auch für andere tun konnte, war, weiterhin zu predigen.

Bei einem Vortrag vor einer Gruppe von Menschen, die vor Kurzem gelähmt worden und nun auf einen Rollstuhl angewiesen waren, wuchsen ihre Zweifel. Janice verkündete ihre übliche Botschaft und versicherte ihren Zuhörern, dass sie über die Kraft verfügten, die vor ihnen liegenden Herausforderungen zu meistern. Bei der abschließenden Frage-und-Antwort-Runde wollte jemand von ihr wissen, ob die Wiederherstellung ihrer Beine bedeutete, dass sie ihre Prüfung bestanden hatte. Janice wusste nicht, was sie erwidern sollte. Sie konnte den Zuhörern kaum versprechen, dass ihre Leiden eines Tages Linderung erfahren würden. Sie begriff, dass die Möglichkeit, dass sie vielleicht belohnt worden war, für andere, die immer noch leidend waren, wie ein Tadel erscheinen mochte, und das wollte sie nicht. Sie konnte ihnen nur sagen, dass sie nicht wusste, warum sie geheilt worden war, und diese Antwort stellte ihre Zuhörer offensichtlich nicht zufrieden.

Beunruhigt kehrte Janice in ihre Wohnung zurück. Sie selbst glaubte immer noch an ihre Botschaft, doch in den Augen ihres Publikums hatte sie die wirkungsvollste Quelle ihrer Glaubwürdigkeit eingebüßt. Wie sollte sie andere, die von Gott berührt worden waren, dazu beflügeln, ihren Zustand als Auszeichnung der Stärke zu begreifen, wenn sie selbst nicht mehr zu ihnen gehörte?

Sie dachte darüber nach, ob das eine Herausforderung war, eine Prüfung ihrer Fähigkeit, Sein Wort zu verkünden. Gott hatte sie vor eine schwerere Aufgabe gestellt, daran bestand kein Zweifel. Vielleicht war die Wiederherstellung ihrer Beine, wie zuvor ihr Fehlen, eine Hürde, die sie zu meistern hatte.

Diese Auslegung der Ereignisse stürzte bei ihrem nächsten Vortragstermin wie ein Kartenhaus in sich zusammen. Das Publikum bestand aus Zeugen einer Erscheinung des Engels Nathanael. Sie wurde oftmals eingeladen, zu solchen Leuten zu sprechen, in der Hoffnung, dass sie denen, die gelitten hatten, Mut spenden würde. Statt dem Problem auszuweichen, begann sie damit, von der Engelserscheinung zu berichten, die sie selbst vor Kurzem erlebt hatte. Sie erklärte ihren Zuhörern, dass sie mit einer Herausforderung zu ringen habe, auch wenn es so schien, als sei sie belohnt worden. So wie alle hier sei auch sie gezwungen, Stärke aus einer bisher unbekannten Quelle zu schöpfen.

Zu spät wurde ihr klar, dass sie etwas Falsches gesagt hatte. Ein Zuhörer mit einem missgebildeten Bein stand auf und stellte sie zur Rede: Ob sie die Wiederherstellung ihrer Beine allen Ernstes mit dem Tod seiner Frau vergleichen wolle? Ob sie ihre eigene Prüfung tatsächlich auf eine Stufe mit der seinen stellte?

Janice versicherte dem Mann sofort, dem sei nicht so, und sie könne sich natürlich nicht ausmalen, welchen Schmerz er zu ertragen hatte. Aber es sei nicht Gottes Wille, so sagte sie, dass alle Menschen den gleichen Prüfungen unterworfen würden, sondern jedem Menschen werde eine eigene, besondere Prüfung auferlegt, worin auch immer diese bestehen mochte. Die Härte der Prüfung werde durch die Einzigartigkeit der Person bestimmt, weshalb sich verschiedene Fälle keinesfalls miteinander vergleichen ließen. Er solle also Mitgefühl mit jenen haben, deren Prüfungen ihm milder erschienen als die seine, so wie jene mit schwereren Prüfungen Mitgefühl mit ihm haben sollten.

Damit ließ sich der Mann jedoch nicht abspeisen. Janice war etwas zuteil geworden, was für jeden anderen Menschen eine Gnade gewesen wäre – sie aber beklagte sich. Während Janice immer noch versuchte, ihre Sicht der Dinge zu erklären, verließ der Mann hastig die Versammlung.

Bei diesem Mann handelte es sich natürlich um niemand anderen als Neil Fisk. Im Laufe seines Lebens hatte Neil ziemlich oft Janices Namen gehört, meist aus dem Mund von Leuten, die davon überzeugt waren, dass Neils missgebildetes Bein ein Zeichen Gottes war. Diese Leute führten Janice als Beispiel an, dem er folgen sollte, denn ihre Einstellung sei die angemessene Reaktion auf eine Behinderung. Neil konnte nicht abstreiten, dass Janices Beinlosigkeit ein weitaus schlimmeres Los war als sein deformierter Oberschenkelknochen. Allerdings blieb ihm Janices Einstellung derart fremd, dass er auch dann, wenn es ihm leidlich gut ging, nicht in der Lage war, etwas von ihr zu lernen. Jetzt, in tiefster Trauer und verwirrt darüber, dass Janice ein Segen zuteil wurde, den sie nicht nötig hatte, empfand er ihre Worte als unverschämt.

In den darauffolgenden Tagen wurde Janice mehr und mehr von Zweifeln geplagt, und sie konnte sich keinen Reim darauf machen, was die Wiederherstellung ihrer Beine bedeutete. War sie undankbar? Waren ihre Beine zugleich Segen und Prüfung? Vielleicht waren sie eine Strafe, ein Hinweis darauf, dass sie sich ihrer Aufgabe nicht innig genug hingegeben hatte. Mehrere Möglichkeiten standen im Raum, und sie wusste nicht, welcher sie Glauben schenken sollte.

Noch jemand spielte eine wichtige Rolle in Neils Geschichte, auch wenn Neil ihm erst begegnete, als seine Reise fast zu Ende war. Der Name dieser Person ist Ethan Mead.

Ethan wuchs in einer frommen, wenn auch nicht strenggläubigen Familie auf. Ethans Eltern führten ihre überdurchschnittliche Gesundheit und ihr gutes finanzielles Auskommen auf Gott zurück, auch wenn sie niemals Zeuge einer Erscheinung gewesen waren oder Visionen gehabt hatten. Sie vertrauten einfach darauf, dass Gott, direkt oder indirekt, für ihr Glück verantwortlich war. Ihr Glaube war niemals einer ernsthaften Prüfung unterzogen worden und hätte bei einer solchen womöglich auch nicht standgehalten. Ihre Liebe zu Gott gründete auf ihrer Zufriedenheit mit dem Status Quo.

Ethan allerdings glich seinen Eltern nicht. Seit seinen Kindertagen war er überzeugt, dass Gott ihn für etwas Besonderes auserkoren hatte, und so wartete er auf ein Zeichen, das ihm zeigen würde, was er tun sollte. Gerne wäre er Prediger geworden, aber er hatte das Gefühl, dass er kein überzeugendes Bekenntnis zu bieten hatte, und seine unbestimmte Erwartungshaltung schien ihm zu wenig. Er sehnte sich nach einer Begegnung mit dem Göttlichen, die ihm die Richtung weisen würde.

Er hätte sich zu einer der heiligen Stätten begeben können, einem der Orte, an denen – aus unbekannten Gründen – Engelserscheinungen fast regelmäßig stattfanden, aber Ethan war der Meinung, dass ein derartiges Vorgehen anmaßend gewesen wäre. Die heiligen Stätten waren normalerweise die letzte Zuflucht für Verzweifelte, jene, die sich eine Wunderheilung für ihren Leib erhofften oder das Himmelslicht sehen wollten, um ihre Seelen zu retten, und Ethan war nicht verzweifelt. Er kam zu dem Schluss, dass ihm ein eigener Weg bestimmt worden war und sich mit der Zeit schon klären würde, wohin ihn dieser führen sollte. Solange er darauf wartete, gab er sich Mühe, so gut zu leben, wie er es vermochte. Er arbeitete als Bibliothekar, heiratete eine Frau namens Claire und zog mit ihr zwei Kinder groß. Dabei hielt er aufmerksam Ausschau nach Zeichen einer höheren Bestimmung.

Ethan war sich sicher, dass seine Zeit gekommen war, als er Zeuge einer Erscheinung von Rashiel wurde, derselben Erscheinung, bei der einige Kilometer weiter entfernt Janice ihre Beine erhielt. Ethan war alleine, als es geschah. Als der Boden zu beben anfing, ging er gerade über einen Parkplatz zu seinem Auto. Instinktiv wusste er, dass es sich um eine Erscheinung handelte. Er kniete nieder, wobei er keine Angst verspürte, sondern nur Verzückung und Ehrfurcht, da er hoffte, endlich seine Bestimmung zu erfahren.

Nach einer Weile beruhigte sich die Erde wieder, und Ethan sah sich um, blieb aber ansonsten reglos. Erst einige Minuten später stand er wieder auf. Genau vor ihm klaffte ein großer Riss im Asphalt und führte im Zickzack die Straße hinab. Der Riss schien Ethan eine bestimmte Richtung zu weisen, und so folgte er ihm einige Häuserblocks entlang, bis er auf andere Überlebende stieß, einen Mann und eine Frau, die aus einem kleineren Spalt herauskletterten, der sich unmittelbar unter ihnen aufgetan hatte. Ethan blieb bei den beiden, bis Rettungskräfte eintrafen, und begleitete sie, bis sie in Sicherheit waren.

Bei den Treffen der Selbsthilfegruppe, die nach Rashiels Erscheinung zusammenkam, lernte Ethan andere kennen, die Zeuge der Ereignisse gewesen waren. Nach einigen Gruppentreffen fiel ihm ein gewisses Muster im Verhalten der Besucher auf. Da gab es natürlich jene, die Verletzungen erlitten hatten oder mit Wunderheilungen gesegnet worden waren. Aber es gab auch solche, deren Leben sich auf andere Weise verändert hatte: Der Mann und die Frau, die er zuerst getroffen hatte, verliebten sich ineinander und verlobten sich bald; eine Frau, die unter einer zusammengestürzten Mauer eingeklemmt worden war, hatte sich nach ihrer Rettung entschlossen, selbst Sanitäterin zu werden. Ein Ladeneigentümer gründete eine Gemeinschaft, um die drohende Zahlungsunfähigkeit dieser Frau abzuwenden, während ein anderer, dessen

Laden zerstört worden war, die Erscheinung als Zeichen auffasste, dass er sein Leben ändern sollte. Alle außer Ethan hatten auf ihre Weise zu deuten verstanden, was ihnen zugestoßen war.

Er selbst war offensichtlich weder gesegnet noch bestraft worden, und er wusste nicht, was für eine Botschaft er empfangen hatte. Seine Frau Claire war der Meinung, die Erscheinung solle Ethan daran erinnern wertzuschätzen, was er besaß. Das aber stellte ihn nicht zufrieden, denn er war der Ansicht, dass *jede* Erscheinung – egal, wo sie geschah – diesen Zweck erfüllte, und dass seine unmittelbare Zeugenschaft eine tiefere Bedeutung haben musste. Seine Gedanken kreisten um die fixe Idee, dass er eine Gelegenheit verpasst hatte und es einen weiteren Zeugen gab, den er kennenlernen sollte, aber noch nicht getroffen hatte. Diese Erscheinung musste das Zeichen sein, auf das er gewartet hatte. Er konnte es nicht einfach missachten. Trotzdem wusste er nicht, was er tun sollte.

Ethan verfiel schließlich darauf, eine Möglichkeit nach der anderen abzuhaken. Er besorgte sich eine Liste aller Zeugen und strich alle durch, die ihre Erfahrung schlüssig zu deuten wussten. Von den verbliebenen Personen musste nach Ethans Überlegung eine irgendwie mit seinem Schicksal verstrickt sein. Von denen, die von der Erscheinung verunsichert worden oder sich über ihre Bedeutung unklar waren, musste eine die Person sein, die ihm zu treffen bestimmt war.

Als Ethan damit fertig war, die Namen auf seiner Liste durchzugehen, blieb nur noch einer übrig: JANICE REILLY.

Neil hatte sich so weit im Griff, um seine Trauer in der Öffentlichkeit hinter einer Maske zu verbergen, doch in der Abgeschiedenheit seiner Wohnung konnte er die Flut seiner Tränen nicht immer zurückhalten. Wenn ihn der Schmerz darüber überwältigte, dass Sarah nicht mehr bei ihm war, kauerte er sich auf den Boden und weinte. Er krümmte sich dann wie ein Fötus zusammen, sein Körper wurde von heftigem Schluchzen geschüttelt, Tränen und Rotz rannen ihm über das Gesicht, Welle um Welle wuchs seine Seelenqual, bis er sie nicht mehr ertragen konnte, bis sie schlimmer wurde, als er sich vorzustellen vermochte. Später, nach Minuten oder Stunden, war es vorbei und er schlief erschöpft ein. Am nächsten Morgen wachte er auf und hatte einen weiteren Tag ohne Sarah durchzustehen.

Eine ältere Frau in Neils Mietshaus versuchte ihn zu trösten, indem sie ihm versicherte, dass der Schmerz mit der Zeit nachlassen und er, auch wenn er seine Frau nicht vergessen könnte, zumindest darüber hinwegkommen würde. Neil würde eine andere Frau kennenlernen und mit ihr glücklich werden, und er würde lernen, Gott zu lieben, und in den Himmel aufsteigen, wenn seine Zeit gekommen sei.

Neil war nicht in der Lage, in den Worten dieser Frau Trost zu finden, auch wenn sie in bester Absicht gesprochen waren. Sarahs Abwesenheit war wie eine offene Wunde, und dass er den Schmerz ihres Verlustes eines Tages überwinden würde, schien ihm nicht nur unwahrscheinlich, sondern geradezu körperlich unmöglich. Wenn Selbstmord ein Weg gewesen wäre, seine Pein zu beenden, hätte er sich ihm ohne zu zögern hingegeben, doch das hätte nur zur Folge gehabt, dass er auf ewig von Sarah getrennt bleiben würde.

Bei den Selbsthilfegruppen wurde immer wieder über Selbstmord gesprochen, was unweigerlich dazu führte, dass jemand Robin Pearson erwähnte, eine Frau, die einige Monate, bevor Neil zur Gruppe gestoßen war, an den Treffen teilgenommen hatte. Robins Ehemann hatte durch die Erscheinung des Engels Makatiel Magenkrebs bekommen. Tagelang war sie im Krankenhaus an seiner Seite geblieben, bis er plötzlich unerwartet verschied, als sie sich gerade zu Hause um die Wäsche kümmerte. Eine Krankenschwester hatte Robin erzählt, die Seele ihres Mannes sei in den Himmel aufgestiegen, und Robin begann, die Treffen der Selbsthilfegruppe zu besuchen.

Monate später war Robin aufgebracht vor Zorn zu einem Treffen gekommen. In der Nähe ihres Hauses hatte es eine Höllenerscheinung gegeben, und sie hatte ihren Gatten unter den verlorenen Seelen erkannt. Sie stellte die Krankenschwester zur Rede, und diese gab zu, gelogen zu haben, in der Hoffnung, Robin würde dadurch ihre Liebe zu Gott entdecken und so wenigstens selbst erlöst werden. Zum nächsten Treffen war Robin nicht erschienen, und bei dem darauffolgenden Treffen hatte die Gruppe erfahren, dass Robin sich umgebracht hatte, um wieder bei ihrem Mann zu sein.

Niemand konnte sagen, wie es Robin und ihrem Mann im Nachleben erging, aber sie wussten, dass Paare durch Selbstmord tatsächlich wieder glücklich vereint wurden. Einige der Gruppenteilnehmer hatten Partner, die in die Hölle gekommen waren, und diese Teilnehmer erzählten davon, dass sie hin und her gerissen waren zwischen dem Wunsch, am Leben zu bleiben, und der Sehnsucht, wieder bei ihren Partnern zu sein. Auch wenn es Neil nicht so erging, überkam ihn Neid, wenn er diesen Berichten zuhörte. Wäre Sarah in die Hölle gekommen, würde Selbstmord die Lösung all seiner Probleme darstellen.

Für Neil führte das zu einer beschämenden Selbsterkenntnis. Vor die Wahl gestellt, alleine in der Hölle zu sein und Sarah im Himmel zu wissen, oder mit ihr gemeinsam in die Hölle zu kommen, würde er sich für Letzteres entscheiden. Er könnte es leichter ertragen, sie von Gott getrennt zu wissen als von ihm selbst. Ihm war klar, wie egoistisch das war, aber ändern konnte er seine Haltung nicht. Er war überzeugt davon, dass Sarah sowohl im Himmel als auch in der Hölle glücklich sein könnte, und wusste, dass er es selbst nur mit ihr zusammen wäre.

Neils frühere Erfahrungen mit Frauen waren nicht die besten. Zu oft hatte er in einer Bar angefangen, mit einer Frau zu flirten, und kaum stand er auf und sie sah sein verkürztes Bein, fiel ihr ein, dass sie anderswo zu einer Verabredung musste. Eine Frau hatte nach einigen Wochen die Beziehung beendet und erklärt, dass sein Bein sie selbst nicht störe. Aber wenn sie zusammen waren, gingen andere Leute automatisch davon aus, dass mit ihr etwas nicht in Ordnung sei, und Neil würde sicherlich einsehen, wie unfair das ihr gegenüber war.

Sarah war die erste Frau gewesen, deren Einstellung sich kein bisschen geändert hatte, deren Ausdruck keine Spur von Mitleid, Schrecken oder Überraschung gezeigt hatte, als sie zum ersten Mal sein Bein sah. Alleine schon deshalb war vorhersehbar, dass sich Neil in sie verlieben würde, und als er im Lauf der Zeit andere Seiten ihres Charakters kennenlernte, war alles zu spät. Und da seine besten Eigenschaften zum Vorschein kamen, wenn er mit ihr zusammen war, verliebte sie sich auch in ihn.

Neil reagierte erstaunt, als Sarah ihm sagte, dass sie fromm war. Viele Anzeichen für ihren Glauben gab es nicht. Wie Neil ging sie nicht in die Kirche, und wie er hegte sie eine Abneigung gegenüber den meisten, die es taten. Doch auf ihre eigene, stille Art und Weise war sie Gott für ihr Leben dankbar. Nie hatte sie versucht, Neil zu bekehren, denn sie war der Meinung, dass Glauben entweder von innen kam oder gar nicht. Für die beiden gab es kaum Anlässe, Gott zu erwähnen, und die meiste Zeit wäre es Neil ein Leichtes gewesen, sich auszumalen, dass Sarah die gleichen Ansichten über Gott hätte wie er.

Das heißt nicht, dass Sarahs Glaube gar keinen Einfluss auf Neil hatte. Ganz im Gegenteil – Sarah selbst war der bei Weitem überzeugendste Grund, Gott zu lieben, dem Neil je begegnet war. Wenn ihre Liebe zu Gott Sarah zu der Person gemacht hatte, die sie war, dann erschien es Neil sinnvoll, Gott zu lieben. In den Jahren, in denen Sarah und Neil verheiratet waren, wurde Neils Weltbild immer positiver, und es hätte sich, wenn sie zusammen alt geworden wären, wahrscheinlich so weiter entwickelt, bis er Gott dankbar gewesen wäre.

Diese Möglichkeit war durch Sarahs Tod zunichte gemacht worden, was aber nicht bedeuten musste, dass Neil Gott für immer undankbar blieb. Es hätte Neil daran erinnern können, dass niemand sich gewiss sein durfte, wie viele Jahrzehnte er oder sie noch vor sich hatte. Ihn hätte die Erkenntnis aufrütteln können, dass seine Seele, sofern er zusammen mit Sarah gestorben wäre, verloren gewesen wäre und sie beide für immer getrennt worden wären. Sarahs Tod hätte ein Warnruf für ihn sein können, der ihn dazu ermunterte, seine Liebe zu Gott zu finden, solange er dazu in der Lage war.

Stattdessen aber begann Neil Gott vorsätzlich zu hassen. Sarah war die größte Gnade seines Lebens gewesen, und Gott hatte sie ihm weggenommen. Sollte er Ihn nun dafür lieben? Das erschien Neil so, als würde ein Entführer als Gegenleistung dafür, seine Frau wieder freizulassen, von ihm Zuneigung erwarten. Vielleicht wäre es ihm eines Tages gelungen, Gehorsam gegenüber Gott aufzubringen, aber aufrichtige, von Herzen kommende Liebe? Das war ein Lösegeld, über das er nicht verfügte.

Für einige Besucher der Selbsthilfegruppe stellte dieses Paradox eine Herausforderung dar. Einer der Teilnehmer, ein Mann namens Phil Soames, wies ganz richtig darauf hin, dass man von vornherein zum Scheitern verurteilt war, wenn man davon als eine Bedingung dachte, die es zu erfüllen galt. Nicht als Mittel zum Zweck durfte man Gott lieben, sondern bedingungslos um Seiner selbst willen. Wenn der eigentliche Grund, Gott zu lieben, darin bestand, mit seinem Partner wiedervereint zu werden, dann bewies man keine wahrhaftige Frömmigkeit.

Eine Teilnehmerin der Gruppe namens Valerie Tommasino meinte, man solle es noch nicht einmal versuchen. Sie hatte ein Buch der Humanistischen Bewegung gelesen, deren Anhänger es für falsch hielten, einen Gott, der solches Leid verursachte, lieben zu wollen. Stattdessen traten die Autoren dafür ein, dass Menschen entsprechend ihrer eigenen moralischen Überlegungen handeln sollten, statt der Vorgabe von Zuckerbrot und Peitsche zu folgen. Wenn solche Leute starben, fuhren sie mit stolzem Trotz gegenüber Gott zur Hölle.

Neil hatte einmal eine Broschüre der Humanistischen Bewegung gelesen, und woran er sich am besten erinnern konnte, war, dass darin die gefallenen Engel zitiert wurden. Erscheinungen gefallener Engel waren selten und hatten weder gute noch schlechte Auswirkungen. Sie waren nicht Gottes Weisungen unterworfen, sondern durchquerten die Welt der Sterblichen lediglich, wenn sie in eigener Sache unterwegs waren.

Wenn sie denn erschienen, stellten die Menschen ihnen Fragen: Kannten sie die Absichten Gottes? Warum hatten sie aufbegehrt? Die Antwort der gefallenen Engel war immer dieselbe: *Entscheidet selbst. Das haben auch wir getan. Wir raten euch, unserem Beispiel zu folgen.*

Die Anhänger der Humanistischen Bewegung hatten sich entschieden, und wenn Sarah nicht gewesen wäre, hätte sich Neil ihrer Wahl angeschlossen. Aber er wollte zu Sarah zurück, und das konnte er nur, wenn er einen Grund fand, Gott zu lieben.

Auf der Suche nach irgendeinem Fundament, auf dem sie ihren Glauben gründen konnten, trösteten sich einige Teilnehmer der Selbsthilfegruppe damit, dass die von ihnen geliebten Menschen, als Gott sie zu sich rief, nicht gelitten hatten, sondern sofort gestorben waren. Doch damit konnte sich Neil nicht beruhigen. Die Glasscherben, von denen Sarah getroffen worden war, hatten ihr schreckliche Schnittwunden zugefügt. Es hätte natürlich auch noch schlimmer kommen können. Ein Ehepaar hatte einen Sohn im Teenageralter, der von einem Feuer eingeschlossen wurde, das durch eine Engelserscheinung verursacht worden war. Achtzig Prozent seines Körpers waren von Verbrennungen dritten Grades entstellt worden, bevor Rettungskräfte ihn herausholen konnten. Als er schließlich starb, war das letztlich eine Erlösung. Verglichen damit hatte Sarah noch Glück gehabt, aber nicht so viel Glück, dass es Neil gelungen wäre, Gott zu lieben.

Nur eine Sache fiel Neil ein, die es ihm ermöglichen würde, Gott dankbar zu sein – Gott sollte Sarah gestatten, ihm zu erscheinen. Allein schon, sie noch einmal lächeln zu sehen, hätte ihm unfassbaren Trost gespendet. Ihn hatte noch nie eine gerettete Seele aufgesucht, aber jetzt würde ihm eine Vision mehr bedeuten als irgendwann sonst in seinem Leben.

Eine Vision erscheint einem aber nicht einfach deshalb, weil man ihrer sehr bedarf, und so wurde Neil keine zuteil. Er musste selbst seinen Weg zu Gott finden.

Als Neil die Selbsthilfegruppe der Zeugen von Nathanaels Erscheinung das nächste Mal besuchte, ging er auf Benny Vasquez zu, den Mann, der durch das himmlische Licht geblendet worden war. Benny kam nicht immer zu den Treffen, denn er wurde inzwischen öfters von anderen Gruppen eingeladen. Nur wenige Erscheinungen ließen augenlose Menschen zurück, da das himmlische Licht die Welt der Sterblichen nur für einen kurzen Augenblick streifte, wenn ein Engel vom Himmel kam oder dorthin zurückkehrte. Augenlose Menschen waren fast schon so etwas wie Prominente und bei Kirchengruppen als Vortragende sehr gefragt.

Benny war so blind wie ein sich durch das Erdreich windender Wurm. Seine Augen und Augenhöhlen waren nicht einfach nur verschwunden, sein Schädelknochen bot keinerlei Hinweis mehr darauf, dass er jemals welche gehabt hatte, da seine Wangenknochen nahtlos in seine Stirn übergingen. Das Licht, das seine Seele der Vollkommenheit so nahe gebracht hatte, wie es in der Welt der Sterblichen nur möglich war, hatte auch seinen Körper verändert. Man nahm allgemein an, dass dies darauf hindeutete, wie überflüssig eine leibliche Gestalt im Himmel war. Mit der eingeschränkten mimischen Ausdrucksfähigkeit, die ihm geblieben war, zeigte Benny der Welt stets ein glückselig verzücktes Lächeln.

Neil hoffte, Benny könne ihm etwas erzählen, das ihm dabei helfen würde, Gott zu lieben. Benny beschrieb das himmlische Licht als unendlich schön, als einen derart überwältigenden, majestätischen Anblick, dass es jeglichen Zweifel auslöschte. So klar und schlüssig, wie eins plus eins gleich zwei ergibt, war es ein unumstößlicher Beweis dafür, dass man Gott lieben sollte. Benny konnte die Wirkung des himmlischen

Lichts zwar mit vielen Vergleichen beschreiben, aber leider mit seinen Worten nicht die Wirkung selbst hervorrufen. Für jene, die bereits gläubig waren, waren Bennys Beschreibungen ergreifend, aber für Neil klangen sie frustrierend undeutlich. Also suchte er anderswo Rat.

Bejahe das Mysterium, sagte der Pfarrer einer örtlichen Kirche. Wenn du Gott lieben kannst, auch wenn deine Fragen unbeantwortet bleiben, wird es zu deinem Besten sein.

Gestehe dir ein, dass du Ihn brauchst, erklärte der erfolgreiche spirituelle Ratgeber, den er gekauft hatte. Du wirst so weit sein, wenn du begriffen hast, dass Selbstgenügsamkeit eine Illusion ist.

Unterwerft euch vollständig und ohne Rückhalt Seinem Ratschlag, sagte der Fernsehprediger. Indem ihr Leid ertragt, zeigt ihr eure Liebe zu Ihm. Eure Qualen duldsam hinzunehmen ist keine Garantie für Linderung in diesem Leben, aber eure Strafen werden nur härter, wenn ihr euch Ihm widersetzt.

Für die unterschiedlichsten Menschen hat sich der eine oder andere dieser Ratschläge als sinnhaft erwiesen. Hatte jemand einen dieser Ratschläge verinnerlicht, konnte er diese Person zum wahren Glauben führen. Es ist aber nicht immer leicht, eine dieser Weisungen zu akzeptieren, und für Neil war es schlicht unmöglich.

Zuletzt wandte sich Neil an Sarahs Eltern, was deutlich machte, wie verzweifelt er war, denn seine Beziehung zu ihnen war von Beginn an angespannt gewesen. Auch wenn sie Sarah liebten, hatten sie sie oft dafür gerügt, dass sie ihren Glauben nicht energisch genug zeigte, und es hatte sie bestürzt, dass Sarah einen Mann geheiratet hatte, der überhaupt nicht gläubig war. Sarah wiederum hielt ihre Eltern für zu voreingenommen, und dass sie Neil ablehnten, bestätigte sie nur in ihrer Ansicht. Nun hatte Neil das Gefühl, dass ihn etwas mit Sarahs Eltern verband – immerhin betrauerten sie alle Sarahs Hinscheiden –, und so besuchte er sie in ihrem Vorstadtviertel, in der Hoffnung, dass sie ihm in seinem Leid beistehen würden.

Wie hatte er sich geirrt! Sarahs Eltern brachten Neil kein Mitgefühl entgegen, sondern gaben ihm stattdessen die Schuld an Sarahs Tod. In den Wochen nach ihrer Beerdigung waren sie zu der Auffassung gelangt, dass Sarah ihnen genommen worden war, um Neil seinen Unglauben vor Augen zu führen, und sie waren nun gezwungen, mit ihrem Verlust zu leben. All seinen früheren Erklärungsversuchen zum Trotz sei Neils missgebildetes Bein in der Tat das Werk Gottes, und wenn sich Neil angemessen demütig verhalten hätte, wäre Sarah vielleicht noch am Leben.

Diese Reaktion hätte Neil nicht überraschen dürfen. Sein ganzes Leben lang hatten diese Leute seinem Bein eine moralische Bedeutung beigemessen, obwohl Gott nicht dafür verantwortlich war. Jetzt, da Neil einen Schicksalsschlag erlitten hatte, dessen Ursache zweifelsohne göttlichen Ursprungs war, schien es unausweichlich, dass jemand annahm, Neil hätte es verdient. Wie es der Zufall wollte, kam Neil diese Auslegung zu Ohren, als er am verwundbarsten war, und so entfaltete sie die größtmögliche Wirkung.

Neil stimmte den Ansichten seiner Schwiegereltern nicht zu, aber er begann sich zu fragen, ob es für ihn nicht besser wäre, wenn er es denn täte. Vielleicht, so dachte er bei sich, würde es ihm leichter fallen, in einer Geschichte zu leben, in der die Rechtschaffenen belohnt und die Sünder bestraft wurden, selbst wenn ihm schleierhaft war, wie zwischen Rechtschaffenen und Sündern unterschieden wurde, statt in einer Geschichte, in der es überhaupt gar keine Gerechtigkeit gibt. Wenn er dem folgen wollte, musste Neil seine Rolle als Sünder akzeptieren, was kaum mehr als eine tröstliche Lüge war, aber eine Möglichkeit in Reichweite rückte, die Neils eigene moralische Ansichten nicht boten: den Glauben, dass dieses Vorgehen ihn und Sarah wieder zusammenführen würde.

Manchmal kann auch schlechter Rat einem Menschen den richtigen Weg weisen. Und so führten die Beschuldigungen seiner Schwiegereltern Neil letztendlich näher zu Gott.

Als Janice ihre frohe Botschaft verkündete hatte, wurde sie mehr als einmal gefragt, ob sie sich je gewünscht hatte, Beine zu haben, und stets hatte sie ehrlich geantwortet, dass dem nicht so sei. Sie sei zufrieden, wie sie war. Ab und zu hatte jemand das Argument vorgebracht, dass sie nicht vermissen konnte, was sie nicht kannte, und dass es ihr anders ergangen wäre, wenn sie mit Beinen geboren worden wäre und diese dann später eingebüßt hätte. Das bestritt Janice nicht. Allerdings hatte sie aufrichtig erwidern können, dass ihr keineswegs etwas fehlte und dass sie keinen Neid gegenüber Menschen mit Beinen empfand. Keine Beine zu haben, war Teil ihrer Persönlichkeit gewesen. Sie hatte nie einen Gedanken auf Prothesen verschwendet, und wenn es ein chirurgisches Verfahren gegeben hätte, um ihr Beine zu geben, hätte sie dieses abgelehnt. Die Möglichkeit, dass Gott ihr Beine schenken könnte, war ihr nie in den Sinn gekommen.

Dass sie nun Beine hatte, führte unter anderem dazu, dass ihr Männer mehr Aufmerksamkeit entgegenbrachten. Früher hatten sich meist nur Männer mit einem Fetisch für Amputierte oder solche mit einem Märtyrerkomplex für sie interessiert. Jetzt aber schienen alle möglichen Männer sie attraktiv zu finden. Als sie bemerkte, dass sich Ethan Mead für sie interessierte, dachte sie anfänglich, dass er romantische Gefühle für sie hegte, was sie ziemlich beunruhigend fand, da er offensichtlich verheiratet war.

Ethan hatte Janice bei einem Treffen der Selbsthilfegruppe angesprochen und danach begonnen, ihre Vorträge zu besuchen. Als er sie zu einem gemeinsamen Restaurantbesuch einlud, wollte sie Näheres über seine Absichten wissen, und er legte ihr seine Theorie dar. Er konnte nicht sagen, *wie* ihr Schicksal mit dem seinen verbunden war, er wusste nur, *dass* es das war.

Sie blieb zwar skeptisch, lehnte aber seine Theorie nicht vollständig ab. Ethan gestand, dass er keine Antworten auf ihre Fragen hatte, aber bestrebt war, ihr zu helfen, welche zu finden. Vorsichtig willigte Janice ein, ihm bei seiner Sinnsuche zu helfen, und er versprach, ihr nicht zur Last zu fallen. Sie verabredeten sich regelmäßig, um sich über die Bedeutung von Engelserscheinungen auszutauschen.

Inzwischen machte sich Ethans Frau Claire immer mehr Sorgen. Ethan versicherte ihr, dass er gegenüber Janice keine romantischen Gefühle hegte, was Claire jedoch keineswegs beruhigte. Ihr war klar, dass außergewöhnliche Umstände zwei Personen einander näher bringen konnten, und sie befürchtete, dass Ethans Beziehung zu Janice – sei sie nun romantisch oder nicht – ihre Ehe gefährden würde.

Ethan bot Janice an, ihr mit seiner Erfahrung als Bibliothekar zu helfen. Beide hatten noch nie davon gehört, dass Gott etwas, das er einem Menschen bei einer Erscheinung geschenkt hatte, bei einer zweiten Erscheinung wieder genommen hatte. Ethan suchte nach früheren Vorkommnissen dieser Art, in der Hoffnung, dadurch besser verstehen zu können, was Janice widerfahren war. In einigen Fällen waren Personen im Laufe ihres Lebens mehrmals Wunderheilungen beschieden worden, doch deren Krankheiten oder Behinderungen waren immer natürlichen Ursprungs gewesen und nicht Folge einer Erscheinung. Sie stießen nur auf eine unbestätigte Anekdote über einen Mann, der wegen seiner Sünden mit Blindheit geschlagen worden war, und dem, nachdem er sein Leben geändert hatte, sein Augenlicht wieder geschenkt worden war.

Selbst wenn dieser Bericht ein Fünkchen Wahrheit enthielt, stellte er keinen brauchbaren Präzedenzfall dar, denn Janices Beine waren ihr vor ihrer Geburt genommen worden, es konnte sich dabei also nicht um eine Strafe für etwas handeln, das sie getan hatte. War es möglich, dass Janices Zustand eine Strafe für etwas war, das ihre Mutter oder ihr Vater getan hatte? Und konnte es sein, dass die Wiederherstellung ihrer Beine ein Zeichen dafür war, dass ihre Eltern ihre Heilung schließlich verdient hatten? Dieser Gedanke überzeugte Janice nicht.

Eine Vision ihrer verstorbenen Verwandten hätte Janice Gewissheit über die Wiederherstellung ihrer Beine bringen können. Aber es gab keine Vision, und so vermutete sie, dass etwas nicht stimmte, obwohl sie nicht glauben mochte, dass sie bestraft worden war. Vielleicht war alles nur ein Irrtum, und ihr war ein Wunder widerfahren, das für jemand anderen bestimmt gewesen war. Vielleicht war es auch nur eine Prüfung, um herauszufinden, wie sie reagieren würde, wenn ihr zu viel zuteil wurde. Jedenfalls schien es nur einen Ausweg zu geben: Sie würde mit größtmöglicher Dankbarkeit und Demut anbieten, das Geschenk zurückzugeben. Um das zu tun, würde sie sich auf eine Wallfahrt begeben.

Wallfahrer reisten weite Strecken, um heilige Stätten aufzusuchen und dort auf eine Erscheinung zu warten, in der Hoffnung, durch ein Wunder geheilt zu werden. Während man fast überall auf der Welt ein Leben lang vergeblich auf eine Erscheinung warten konnte, dauerte es an einem heiligen Ort vielleicht nur Monate, manchmal nur Wochen. Die Pilger wussten, dass die Chancen auf eine Wunderheilung trotzdem gering waren. Von denen, die lange genug an einer heiligen Stätte ausharrten, um Zeuge einer Erscheinung zu werden, wurden die meisten dennoch nicht geheilt. Doch allein schon einen Engel gesehen zu haben, machte sie glücklicher. Gestärkt kehrten sie nach Hause zurück und traten gefasst ihrem Schicksal entgegen, gleichgültig, ob es sich dabei um ihren bevorstehenden Tod oder um das Leben mit einer Behinderung handelte. Da bei jeder Engelserscheinung unweigerlich einige Wallfahrer verunglückten, wussten die Überlebenden fürderhin ihr Leben mehr zu schätzen.

Janice war bereit zu akzeptieren, was auch immer geschehen mochte. Wenn Gott meinte, es sei für sie an der Zeit zu sterben, dann sollte es so sein. Wenn Gott ihr die Beine wieder nahm, dann würde sie wie zuvor ihrer Mission nachgehen. Und falls Gott ihr ihre Beine ließ, erhoffte sie sich eine Eingebung, damit sie mit Überzeugung von dem Wunder berichten konnte, das ihr widerfahren war.

Janice wünschte sich jedoch, dass ihre Wunderheilung rückgängig gemacht und jemand mit ihr bedacht würde, der ihrer wirklich bedurfte. Allerdings bat sie auch niemanden, sie zu begleiten, damit das Wunder, das sie rückgängig machen wollte, auf diese Person übergehen würde, denn das hielt sie für vermessen. Aber im Stillen betrachtete sie ihre Wallfahrt als Bitte im Namen derer, die Hilfe dringend nötig hatten.

Janices Entscheidung verstörte ihre Freunde und ihre Familie, denn sie hatten den Eindruck, Janice würde Gott infrage stellen. Als sich herumsprach, was sie vorhatte, erhielt sie viele Briefe von Zuhörern, die ihrer Bestürzung, Verblüffung und Bewunderung darüber Ausdruck verliehen, dass sie Willens war, solch ein Opfer zu bringen.

Ethan stand voll und ganz hinter Janices Entscheidung und war deshalb selbst ganz aufgeregt. Er verstand nun, was für eine Bedeutung Rashiels Erscheinung für ihn hatte: Für ihn war nun die Zeit gekommen zu handeln. Sein Frau Claire war vehement dagegen, dass er sich auf den Weg machte, vor allem, weil sie keine Ahnung hatte, wie lange er fortbleiben würde, und weil sie und die Kinder ihn ebenfalls brauchten. Doch auch wenn es ihn schmerzte, ohne ihre Zustimmung aufzubrechen, blieb ihm keine andere Wahl. Ethan wollte eine Pilgerfahrt antreten, und die nächste Erscheinung würde ihm offenbaren, was Gott mit ihm vorhatte.

Der Besuch bei Sarahs Eltern veranlasste Neil, noch einmal über seine Unterhaltung mit Benny Vasquez nachzudenken. Obwohl er nicht viel mit Bennys Worten anzufangen wusste, hatte ihn Bennys unerschütterlicher Glaube beeindruckt. Egal, welches Missgeschick ihm auch in Zukunft zustoßen mochte, Bennys Liebe zu Gott würde niemals wanken, und wenn er sterben sollte, würde er in den Himmel aufsteigen. Dieser Umstand lenkte Neils Aufmerksamkeit auf eine Möglichkeit, die er bisher nicht in Betracht gezogen hatte, weil sie ihm zu riskant erschien, die er aber nun, da seine Verzweiflung immer schlimmer wurde, für zweckmäßig hielt.

An jeder heiligen Stätte gab es Wallfahrer, die nicht auf der Suche nach einer Wunderheilung waren, sondern die es vielmehr zum himmlischen Licht drängte. Alle, die es geschaut hatten, kamen, wenn sie starben, in den Himmel, ganz gleich, wie egoistisch ihre Motive sein mochten. Manche wollten auf diese Weise ihre Zweifel ausmerzen und wieder mit ihrem geliebten Partner zusammenkommen, andere hatten ein sündhaftes Leben geführt und trachteten danach, den Konsequenzen aus dem Weg zu gehen.

Früher hatte es einige Zweifel daran gegeben, ob das Himmelslicht tatsächlich *alle* spirituellen Hindernisse zu beseitigen und somit eine Seele zu retten vermochte. Der Fall des Vergewaltigers und Serienmörders Barry Larsen wischte jedoch alle Einwände hinfort. Barry war gerade dabei gewesen, die Leiche seines jüngsten Opfers zu beseitigen, als er Zeuge einer Engelserscheinung wurde und das himmlische Licht erblickte. Es versetzte die Hinterbliebenen seiner Opfer in maßlose Wut, als man bei Barrys Hinrichtung beobachtete, wie seine Seele in den Himmel aufstieg. Priester bemühten sich, die Angehörigen zu beruhigen, indem sie ihnen – obwohl sie dafür keinerlei Beweise vorbringen konnten – versicherten, dass das himmlische Licht Barry in der kurzen Zeit, in der er es sah, die Schmerzen der Buße abverlangt haben musste, die für mehrere Lebensspannen gereicht hätten. Doch die Worte der Priester spendeten kaum Trost.

Neil bot das himmlische Licht ein Schlupfloch, mit dem er Phil Soames Einwand außer Kraft setzen konnte. So konnte er Sarah mehr lieben als Gott und dennoch mit ihr wiedervereint werden. Nur so durfte er eigennützig handeln und trotzdem in den Himmel kommen. Andere vor ihm hatten es geschafft, und vielleicht würde es auch ihm gelingen. Gerecht mochte das nicht sein, aber immerhin vorhersehbar.

Innerlich aber sträubte sich Neil gegen diese Idee, denn sie klang für ihn wie der Vorschlag, sich bei Depressionen einer Gehirnwäsche zu unterziehen. Er stellte sich vor, dass es seine Persönlichkeit so drastisch verändern würde, dass er aufhören würde, er selbst zu sein. Dann fiel ihm ein, dass jeder Mensch, der in den Himmel gekommen war, sich derart verwandelt hatte; die Geretteten waren wie die Augenlosen, nur dass sie keine Körper mehr hatten. Das ließ Neil klarer erkennen, welches Ziel er eigentlich anstrebte: Egal, ob er seinen Glauben fand, indem er das himmlische Licht sah oder indem er sich den Rest seines Lebens abmühte – letztlich würde keine Wiedervereinigung mit Sarah das zurückbringen, was sie in der Welt der Sterblichen miteinander geteilt hatten. Sie beide würden im Himmel jemand anderer werden, und ihre Liebe füreinander würde aufgehen in der Liebe, die alle Erretteten für alles empfanden.

Diese Erkenntnis minderte Neils Sehnsucht nach einer Wiedervereinigung mit Sarah nicht, sondern spornte ihn sogar noch an, das himmlische Licht zu sehen. Seine Belohnung wäre dieselbe, ganz gleich, auf welchem Weg er sie erreichte. Die Abkürzung führte zu dem gleichen Ziel wie der übliche Weg.

Das himmlische Licht sehen zu wollen war andererseits um einiges schwieriger und auch gefährlicher als eine gewöhnliche Wallfahrt. Das Licht erschien nur, wenn ein Engel auf die Erde herabstieg oder wieder in den Himmel zurückkehrte, und da niemand wissen konnte, wo und wann ein Engel auftauchen würde, mussten Lichtsucher sich nach der Ankunft eines Engels um diesen scharen und ihm folgen, bis er die Sterblichen wieder verließ. Um ihre Chancen zu erhöhen, blieben die Lichtsucher einem Engel so dicht auf den Fersen wie nur möglich, was je nach Engel bedeutete, sich in der Nähe eines Tornados, einer Flutwelle oder eines sich auftuenden Abgrunds aufzuhalten. Den wenigsten Lichtsuchern glückte ihr Vorhaben, die meisten kamen dabei ums Leben.

Da es den Umständen entsprechend nur wenige Zeugen von solchen Expeditionen gab, waren die Statistiken darüber, was den gescheiterten

Suchern widerfuhr, nur dürftig, aber ernüchternd waren die Zahlen dennoch. Im Gegensatz zu den gewöhnlichen Wallfahrern, deren Versuch, eine Wunderheilung zu empfangen, fehlgeschlagen war, und von denen etwa die Hälfte in den Himmel aufstieg, kamen alle Lichtsucher, die scheiterten, in die Hölle. Gut möglich, dass nur Menschen, die bereits verloren waren, überhaupt in Betracht zogen, das himmlische Licht zu suchen. Vielleicht galt der Tod unter diesen Umständen aber auch als Selbstmord. Neil war auf jeden Fall klar, dass er sich darauf einstellen musste, die Folgen eines solchen Vorgehens zu tragen.

Dass es bei diesem Vorhaben um alles oder nichts ging, gefiel Neil ebenso, wie es ihm Furcht einflößte. Die Vorstellung aber, dass er einfach weiterleben und versuchen sollte, seine Liebe zu Gott zu finden, trieb ihn zunehmend in den Wahnsinn. Es konnte durchaus sein, dass ihm das auch nach Jahrzehnten nicht gelingen würde, wenn ihm denn überhaupt so viel Zeit blieb, denn wie ihm immer wieder vor Augen geführt worden war, dienten Erscheinungen als Ermahnung, sich seelisch darauf vorzubereiten, dass der Tod einen schon im nächsten Moment ereilen mochte. Schon morgen konnte er sterben, und es bestand keine Chance, dass es ihm in absehbarer Zeit gelingen würde, auf herkömmliche Weise gläubig zu werden.

Angesichts von Neils früherer Weigerung, Janices Beispiel zu folgen, mag es paradox erscheinen, dass er aufhorchte, als sie ihre Ansichten revidierte. Er frühstückte gerade, als er eine Zeitungsmeldung über Janices Wallfahrtspläne las, und seine erste Reaktion war Wut: Wie viele Segnungen waren nötig, um diese Frau zufriedenzustellen? Nach einigem Nachdenken kam er zu dem Ergebnis, dass es, wenn Janice es für angemessen hielt, Gottes Beistand zu erbitten, um mit ihrem Schicksal zurande zu kommen, nur recht und billig wäre, wenn er selbst, an den Folgen eines Unglücks leidend, ebenso handelte. Das reichte aus, um ihn dazu zu bringen, seinen Entschluss in die Tat umzusetzen.

Heilige Stätten befanden sich ausnahmslos in unwirtlichen Gegenden, zum Beispiel mitten im Ozean auf einem Atoll oder auf gut 6000 Meter Höhe im Gebirge. Neil reiste zu einer, die in der Wüste lag, einer weiten Fläche rissiger Erde, die sich meilenweit in alle Richtungen erstreckte; zwar lag sie weitab vom Schuss, war aber noch verhältnismäßig zugänglich, weshalb diese Stätte unter Pilgern vergleichsweise beliebt war. Das Gelände um die heilige Stätte herum konnte als Anschauungsunterricht dazu dienen, was geschah, wenn sich die himmlische und die irdische Sphäre zu nahe kamen: Die Landschaft war auf vielerlei Weise von erkalteten Lavaströmen, klaffenden Rissen und Einschlagskratern gezeichnet. Vegetation war hier eine Seltenheit und überdauerte nicht lange, denn ihr Wachstum war auf den Zeitraum beschränkt, nachdem fruchtbare Erde von Flutwassern und Sturmwinden zurückgelassen und bevor sie wieder hinfortgeschwemmt oder verweht wurde.

Pilger errichteten hier überall ihr Lager und bildeten mit ihren Zelten und Wohnwägen provisorische Dörfer. Sie alle mutmaßten, wo genau die Wahrscheinlichkeit, einen Engel zu sehen, am höchsten, und wo die Gefahr, schwer oder tödlich zu verunglücken, am niedrigsten wäre. Halbrunde Wälle aus Sandsäcken, die es hier seit Jahren gab und die immer wieder ausgebessert wurden, boten ein wenig Schutz. Ortseigene Sanitäts- und Feuerwehrkräfte kümmerten sich darum, dass die wichtigsten Wege freigehalten wurden, damit Rettungsfahrzeuge im Ernstfall schnell dorthin gelangen konnten, wo sie gebraucht wurden. Die Wallfahrer brachten entweder ihr eigenes Essen und Wasser mit oder versorgten sich bei Händlern, die unverschämt hohe Preise verlangten. Alle mussten eine Gebühr für die Abfallbeseitigung entrichten.

Lichtsucher fuhren prinzipiell Geländewagen, um besser querfeldein rasen zu können, wenn sie einem Engel folgten. Wer es sich leisten konnte, war allein unterwegs, die anderen bildeten Teams aus zwei bis vier Leuten. Neil wollte sich weder auf jemand anderen verlassen, noch als Fahrer für andere verantwortlich sein. Er hielt es für besser, seine letzte Unternehmung auf Erden alleine zu bestreiten. Sarahs Beerdigung hatte seine und ihre Ersparnisse aufgebraucht, sodass Neil seine Besitztümer verkaufte, um sich ein geeignetes Fahrzeug anzuschaffen: einen Pick-up mit starkem Reifenprofil und Hochleistungsstoßdämpfern.

Kaum angekommen, tat Neil das, was auch alle anderen Lichtsucher machten: Er fuhr mit seinem Fahrzeug in der Gegend umher, um ein Gespür für die Beschaffenheit des Geländes zu bekommen. Bei einer seiner Rundfahrten traf er auf Ethan, der ihm signalisierte anzuhalten, weil sein eigener Wagen auf dem Rückweg vom achtzig Meilen entfernten nächsten Lebensmittelladen liegen geblieben war. Neil half ihm, seinen Wagen wieder zum Laufen zu bringen, und Ethan bestand darauf, dass Neil ihm anschließend zu seinem Lager folgte, und lud ihn zum Abendessen ein. Als sie eintrafen, war Janice gerade nicht da – sie besuchte andere Wallfahrer, die ein paar Zelte weiter weg wohnten. Während Ethan auf einem Propangaskocher Fertiggerichte aufwärmte, lauschte Neil höflich, wie Ethan erzählte, was ihn zu der heiligen Stätte geführt hatte.

Neil konnte seine Überraschung nicht verbergen, als Ethan Janice Reilly erwähnte. Neil war nicht danach, ihr noch einmal zu begegnen, und er wollte unverzüglich wieder aufbrechen. Gerade, als er dem verwunderten Ethan erklärte, dass er noch eine andere Verabredung hatte, kehrte Janice zurück.

Sie war überrascht, Neil hier anzutreffen, bat ihn jedoch zu bleiben. Ethan erzählte ihr, warum er Neil eingeladen hatte, und sie schilderte Neil, wie sie und Ethan einander begegnet waren. Dann fragte sie Neil, was ihn zur heiligen Stätte geführt hatte. Als er ihnen erklärte, dass er ein Lichtsucher war, versuchten sie sofort, ihn von seinem Vorhaben abzubringen. Ethan hielt Neils Plan für Selbstmord und war der Meinung, dass es immer Besseres gab, als Selbstmord zu begehen. Und Janice meinte, dass die Lösung des Problems nicht darin lag, das himmlische Licht zu sehen, denn das konnte nicht Gottes Wille sein. Neil bedankte sich steif für ihre Anteilnahme und ging.

Während des wochenlangen Wartens fuhr Neil jeden Tag in der Gegend umher. Zwar gab es Karten, die nach jeder Erscheinung aktualisiert wurden, aber sie waren kein wirklicher Ersatz dafür, sich selbst ein Bild zu machen. Ab und zu begegnete er einem Lichtsucher – die meisten Lichtsucher waren Männer –, der offensichtlich mehr Erfahrung hatte, und er bat ihn um Rat, wie man in einem bestimmten Gelände am besten vorankam. Manche waren bereits seit mehreren Erscheinungen vor Ort, und ihre Versuche waren bisher weder von Erfolg gekrönt worden, noch waren sie gescheitert. Gerne teilten sie ihre Erfahrungen, wie man einem Engel am besten auf der Spur blieb; niemals aber erzählten sie etwas Persönliches. Neil fand die Art und Weise, wie sie sprachen, sonderbar, zugleich hoffnungsvoll und hoffnungslos, und fragte sich, ob er selbst auch so klang.

Ethan und Janice verbrachten die Zeit damit, andere Pilger kennenzulernen. Die Reaktionen auf das, was Janice vorhatte, waren geteilt: Einige hielten sie für undankbar, andere für selbstlos. Die meisten fanden Ethans Geschichte interessant, denn er gehörte zu den seltenen Wallfahrern, die nicht auf der Suche nach einer Wunderheilung hier waren. In erster Linie einte sie alle jedoch ein Gefühl der Kameradschaft, das ihnen während der langen Wartezeit Kraft verlieh.

Neil war gerade mit seinem Pickup unterwegs, als sich im Südosten Wolken zusammenzuziehen begannen, und über den CB-Funk verbreitete sich die Nachricht, dies sei der Beginn einer Erscheinung. Er hielt an, um Ohrstöpsel ein- und einen Helm aufzusetzen. Als er damit fertig war, waren bereits Blitze zu sehen, und ein Lichtsucher, der sich in der Nähe des Engels aufhielt, meldete, dass es sich um Barakiel handelte, der sich offenbar in Richtung Norden bewegte. Neil lenkte seinen Wagen in Richtung Osten, um den Engel einzuholen, und gab Vollgas.

Es war windstill und regnete auch nicht, nur dunkle Wolken, aus denen Blitze hervorzuckten, hingen am Himmel. Andere Lichtsucher tauschten via Funk ihre Vermutungen über Richtung und Geschwindigkeit des Engels aus, und Neil fuhr nach Nordosten, um ihn abzufangen. Anfangs konnte er seine Entfernung zu dem Gewitter noch abschätzen, indem er den Zeitraum zwischen Blitz und Donner abzählte, aber schon bald blitzte es zu oft und zu regelmäßig, um den Donner noch irgendeinem Blitz zuzuordnen.

Er sah, wie sich die Fahrzeuge zweier weiterer Lichtsucher näherten. Sie schwenkten auf einen gemeinsamen Kurs nach Norden ein, der über eine kraterzerfurchte Strecke führte. Die Fahrzeuge wurden von den kleineren Kratern heftig durchgeschüttelt, und den größeren wichen sie in Schlangenlinien aus. Blitze gingen jetzt überall nieder, aber ihr Ursprung schien sich südlich von Neils Standort zu befinden. Der Engel war unmittelbar hinter ihm und kam immer näher.

Obwohl er Ohrstöpsel trug, war das Getöse ohrenbetäubend. Neil spürte, wie sich ihm die Haare aufstellten, je stärker die elektrische Spannung in seiner Umgebung wurde. Er behielt den Rückspiegel im Blick, um zu sehen, wo genau der Engel war, und versuchte abzuschätzen, wie nahe er ihm kommen musste.

Vor seinen Augen flimmerten inzwischen so viele Nachbilder von Blitzen, dass er kaum noch die eigentlichen Blitze erkennen konnte. Als er mit zusammengekniffenen Augen in das blendende Geflacker seines Spiegels blickte, erkannte er, dass sich hinter ihm ein Blitzstrahl befand, der Himmel und Erde ohne Unterbrechung miteinander verband. Er kippte den Rückspiegel nach oben, um einen besseren Blick auf ihn erhaschen zu können, und sah den Ursprung dieses Blitzes, einen brodelnden, sich windenden Flammenkörper, der sich silbern vor den dunklen Wolken abzeichnete: der Engel Barakiel.

Neil war von diesem Anblick so gelähmt, dass sein Pickup einen steilen Felsvorsprung hinaufraste und in die Luft geschleudert wurde.

Der Wagen krachte gegen einen Felsen, wobei sich die Wucht des Aufpralls auf die vordere linke Seite des Fahrzeugs konzentrierte und diese wie Aluminiumfolie zusammenknüllte. Die Deformation der Fahrgastzelle brach ihm beide Beine und ritzte seine linke Oberschenkelschlagader. Langsam, aber unausweichlich verblutete er.

Er versuchte nicht, sich zu bewegen. Noch hatte er keine körperlichen Schmerzen, ahnte jedoch, dass die geringste Bewegung schreckliche Folgen haben würde. Er war in dem Pickup eingeklemmt, so viel stand fest, und selbst wenn es anders gewesen wäre, hätte Neil Barakiel unmöglich folgen können. Hilflos sah er zu, wie sich das Blitzgetöse immer weiter von ihm entfernte.

Neil begann zu weinen. Reue und Selbstverachtung drohten ihn zu überwältigen, und er verfluchte sich dafür, geglaubt zu haben, dass so ein Plan jemals Erfolg haben könnte. Wenn ihm nicht klar gewesen wäre, dass es zu spät war, Gott anzuflehen, und er sich nur selbst die Schuld geben konnte, hätte er alles dafür getan, sich anders entschieden zu haben, und sein restliches Leben dem Versuch gewidmet, seine Liebe zu Gott zu finden. Er bat Sarah um Verzeihung, dass er sein Leben vertan hatte, dass er alles auf eine Karte gesetzt hatte, anstatt einem sichereren Pfad zu folgen, und jetzt keine Möglichkeit mehr hatte, je wieder mit ihr zusammenzukommen. Er betete, sie möge ihm vergeben und verstehen, dass es seine Liebe zu ihr war, die ihn geleitet hatte.

Durch seine Tränen sah er, dass eine Frau auf ihn zulief, und er erkannte, dass es Janice Reilly war. Ihm wurde klar, dass sein Wagen keine hundert Meter von Janices und Ethans Lager entfernt verunglückt war. Trotzdem gab es nichts, was Janice unternehmen konnte. Neil spürte, wie das Blut aus ihm herausrann – er würde nicht mehr lange genug am Leben bleiben, bis ein Rettungsfahrzeug bei ihm eintraf. Er meinte zu hören, wie Janice nach ihm rief, aber in seinen Ohren rauschte und pfiff es zu heftig, als dass er irgendetwas verstanden hätte. Hinter Janice bemerkte er Ethan, der ebenfalls in seine Richtung rannte.

Ein helles Licht erstrahlte, und Janice wurde von den Füßen gerissen, als hätte ein Vorschlaghammer sie getroffen. Einen Moment lang dachte Neil, ein Blitz hätte sie getroffen, sah aber dann, dass das Gewitter bereits vorübergezogen war. Als Janice sich wieder aufrichtete, sah er, wie Dampf von ihrer jetzt völlig glatten Haut aufstieg, und da begriff er, dass sie vom himmlischen Licht getroffen worden war.

Neil blickte nach oben, doch er konnte nur Wolken sehen. Der Lichtstrahl war fort. Es schien ihm, als wollte Gott ihn verhöhnen, nicht nur, indem er ihm das zeigte und doch vorenthielt, was ihn sein Leben gekostet hatte, sondern indem er es jemandem gewährte, der es weder brauchte noch wollte. Gott hatte bereits einmal ein Wunder an Janice verschwendet und tat es nun wieder.

In diesem Augenblick durchbrach ein weiterer Strahl des himmlischen Lichts die Wolken und traf Neil, der reglos in seinem Wagen lag.

Wie tausend Nadeln durchbohrte das Licht sein Fleisch und schrammte über seine Knochen. Das Licht tilgte seine Augen, verwandelte ihn nicht etwa in ein Wesen, das früher hatte sehen können, sondern in eines, das niemals dafür gemacht gewesen war zu sehen. Und indem es das tat, offenbarte das Licht Neil alle Gründe dafür, warum er Gott lieben sollte.

Er liebte Ihn mit einer Hingabe, die alles übertraf, was Menschen füreinander empfinden können. Diese Liebe als uneingeschränkt zu bezeichnen, wäre unzureichend, denn das Wort »uneingeschränkt« verweist auf eine Beschränkung, und diese Vorstellung hatte für Neil seine Bedeutung verloren: Alles, was innerhalb des Universums geschah, war für ihn nun nicht weniger als ein unzweideutiger Grund dafür, Ihn zu lieben. Nichts konnte mehr ein Hindernis oder auch nur eine Unerheblichkeit sein, sondern lediglich ein weiterer Anlass, dankbar zu sein, eine weitere Ermunterung, Gott zu lieben. Neil gedachte seiner Trauer, die ihn zu diesem selbstmörderischen Draufgängertum getrieben hatte, und an die Qualen und Schrecken, die Sarah erduldet hatte, als sie starb, und dennoch liebte er Gott, nicht trotz ihrer Leiden, sondern wegen ihnen.

Er schwor all seinem früheren Ärger, seiner Unentschlossenheit und seinem Verlangen nach Antworten ab. Er war dankbar für all die Schmerzen, die er ertragen hatte, voller Reue, dass er sie nicht schon früher als die Gnade verstanden hatte, die sie waren, und jubelte innerlich, dass ihm nun Einsicht in Gottes wahren Willen gewährt worden war. Er begriff, dass das Leben ein unverdientes Geschenk war, und dass auch die Tugendhaftesten es nicht verdienten, die Herrlichkeit des sterblichen Lebens genießen zu dürfen.

Für Neil waren alle Geheimnisse gelüftet, denn er verstand nun, dass alles im Leben eigentlich Liebe war, auch Schmerzen – vor allen Dingen Schmerzen.

Einige Minuten später, als Neil schließlich verblutete und starb, hatte er es wahrhaftig verdient, errettet zu werden.

Und Gott ließ ihn trotzdem zur Hölle fahren.

Ethan hatte all das beobachtet. Er sah, wie Neil und Janice durch das himmlische Licht neu erschaffen wurden, sah die gottesfürchtige Liebe auf ihren augenlosen Gesichtern. Er sah, wie der Himmel sich klärte und das Licht der Sonne zurückkehrte. Er hielt Neils Hand und wartete auf die Sanitäter, bis Neil starb, und er sah, wie Neils Seele seinen Körper verließ und anfänglich gen Himmel aufstieg, nur um dann doch zur Hölle hinabzugleiten.

Janice sah nichts von alledem, denn zu dem Zeitpunkt hatte sie bereits keine Augen mehr. Ethan war der einzige Zeuge, und er begriff nun, dass es diese Rolle war, die Gott ihm zugedacht hatte: Janice Reilly bis zu diesem Ereignis zu begleiten und für sie zu sehen, was sie nicht mehr schauen konnte.

Nachdem die Statistiken von Barakiels Erscheinung zusammengetragen worden waren, lautete das Ergebnis, dass es insgesamt zehn Opfer gegeben hatte, sechs davon Lichtsucher, die anderen gewöhnliche

Pilger. Neun Wallfahrer hatten Wunderheilungen erfahren. Neil und Janice waren die Einzigen, die das himmlische Licht gesehen hatten. Es gab keine Zahlen darüber, wie viele Pilger gespürt hatten, dass die Erscheinung ihr Leben für immer verändert hatte, aber Ethan rechnete sich dieser Gruppe zu.

Seit ihrer Rückkehr nach Hause verbreitete Janice weiter ihre frohe Botschaft, doch das Thema ihrer Reden hat sich gewandelt. Sie spricht nicht mehr davon, dass die körperlich Behinderten über die Mittel verfügen, ihre Beeinträchtigungen zu überwinden. Wie die anderen Augenlosen predigt sie stattdessen über die unfassbare Schönheit von Gottes Schöpfung. Von jenen, für die sie einst eine Quelle der Inspiration gewesen war, wenden sich viele enttäuscht von ihr ab, denn sie haben das Gefühl, eine spirituelle Führerin verloren zu haben. Die Janice von einst, die als Behinderte von der ihr eigentümlichen inneren Kraft gesprochen hatte, war etwas Besonderes, etwas Seltenes gewesen. Nun aber, als Augenlose, klingt ihre Botschaft banal. Es bekümmert sie nicht, dass ihr Publikum schrumpft, denn nun ist sie vollkommen überzeugt von dem, was sie predigt.

Ethan hat seinen Beruf als Bibliothekar aufgegeben und ist Prediger geworden, um ebenfalls von seinen Erfahrungen berichten zu können. Seine Frau Claire konnte sich mit seiner neuen Sendung nicht abfinden und hat sich schließlich von ihm getrennt und die Kinder mitgenommen. Ethan aber war gewillt, seinen Weg alleine zu gehen. Indem er den Menschen berichtet, wie es Neil Fisk ergangen ist, versammelt er eine beträchtliche Gefolgschaft um sich. Ethan predigt den Menschen, dass man sich für das Leben nach dem Tode genauso wenig Gerechtigkeit erhoffen kann wie für die Welt der Sterblichen, aber er predigt das nicht, um irgendjemanden davon abzubringen, Gott zu verehren. Ganz im Gegenteil – er ermuntert seine Zuhörer, genau das zu tun. Eindringlich warnt er sie davor, sich bei ihrer Gottesliebe von irrigen Vorstellungen leiten zu lassen, denn sie müssten sich darauf gefasst machen,

Ihn zu lieben, ohne Rücksicht darauf, was Sein Wille ist. Gott ist nicht gütig. Gott ist nicht gnädig. Und das ist ein grundlegender Bestandteil jedes wahren Glaubens.

Obwohl Neil Ethans Predigten nicht mehr zur Kenntnis nehmen kann, hätte er ihnen vorbehaltlos zugestimmt. Neils verlorene Seele ist die Verkörperung von Ethans Lehre.

Für die meisten ihrer Bewohner unterscheidet sich die Hölle nicht wesentlich von der Erde. Die hauptsächliche Strafe besteht darin zu bereuen, Gott nicht innig genug geliebt zu haben, als man noch am Leben war, und für viele ließ sich das leicht ertragen. Für Neil allerdings gleicht die Hölle in keiner Weise seinem vergangenen Dasein in der Welt der Sterblichen. Sein unsterblicher Körper hat wohlgeformte Beine, was er aber kaum bemerkt, und er hat seine Augen wiedererhalten, erträgt es aber nicht, sie zu öffnen. Der Anblick des himmlischen Lichts hat ihm ein Bewusstsein für die Allgegenwart Gottes in der Welt der Sterblichen verliehen, und ebenso hat es ihm vor Augen geführt, dass Gott in der Hölle völlig abwesend ist. Alles, was Neil sieht, hört oder berührt, erfüllt ihn mit Verzweiflung, und anders als auf der Erde ist dieses Leid keine Folge von Gottes Liebe, sondern beruht auf Seiner Abwesenheit. Neil erduldet nun größere Qualen, als es Sterblichen wie ihm je möglich gewesen war, doch seine einzige Reaktion besteht darin, Gott zu lieben.

Neil liebt Sarah noch immer, und er vermisst sie wie eh und je. Sein Wissen, dass er es fast geschafft hätte, wieder bei ihr zu sein, macht alles nur noch schlimmer. Er weiß, dass nicht seine eigenen Taten schuld daran sind, dass er in die Hölle gekommen ist – dass es keinen Grund dafür gibt und dass es keinem höheren Ziel dient. Doch das alles kann seine Liebe zu Gott nicht schmälern. Wenn es für ihn eine Möglichkeit gäbe, doch noch in den Himmel zu kommen und sein Leiden zu beenden, so würde er sich das nicht erhoffen. Solche Sehnsüchte suchen ihn nicht mehr heim.

Neil ist sich auch darüber im Klaren, dass seine Liebe zu Gott von Ihm nicht erwidert wird, denn Gott nimmt ihn gar nicht wahr. Auch das beeinträchtigt seine Gefühle für Gott nicht, denn uneingeschränkte Liebe verlangt nichts, auch nicht, dass sie erwidert wird.

Und so kommt es, dass Neil, obwohl er seit vielen Jahren von Gott vergessen in der Hölle darbt, Gott immer noch liebt. Das ist das wahre Wesen echter Frömmigkeit.

DER KAUFMANN AM PORTAL DES ALCHEMISTEN

O mächtiger Kalif und Herrscher über die Gläubigen, demütigst verneige ich mich vor dem Glanz Eurer Gegenwart; einen größeren Segen kann sich ein Mann in seinem Leben nicht erhoffen. Eine wahrhaft seltsame Geschichte habe ich Euch zu erzählen, und selbst wenn man sie in ihrer ganzen Länge auf einen Augapfel tätowieren würde, so könnte das Wunder ihrer Darbietung das ihres Inhaltes nicht übertreffen, denn sie ist jenen eine Warnung, die gewarnt sein, und jenen eine Lehre, die lernen wollen.

Mein Name ist Fuwaad ibn Abbas, und ich wurde hier in Bagdad, der Stadt des Friedens, geboren. Mein Vater war ein Getreidehändler, doch ich selbst habe die meiste Zeit meines Lebens als Lieferant feiner Stoffe gearbeitet. Ich habe mit Seide aus Damaskus und Leinen aus Ägypten gehandelt und mit von Gold durchwirkten Tüchern aus Marokko. Ich war wohlhabend, doch Sorge erfüllte mein Herz, und weder das Schwelgen in Luxus, noch das Spenden von Almosen konnten es besänftigen. Nun stehe ich zwar ohne einen einzigen Dirham in meiner Tasche vor Euch, doch habe ich Frieden gefunden.

Allah ist aller Dinge Anfang, doch mit der Erlaubnis Eurer Majestät lasse ich meine Geschichte mit jenem Tag beginnen, an dem ich durch das Viertel der Metallschmiede spazierte. Ich wollte für einen Mann, mit dem ich Geschäfte machte, ein Geschenk kaufen, und hatte gehört, dass er an einer Silberdose Gefallen finden würde. Nachdem ich mich eine halbe Stunde lang umgesehen hatte, bemerkte ich, dass eines der größten Geschäfte des Marktes von einem neuen Inhaber übernommen worden war. Das Ladenlokal war hoch angesehen, und sein Erwerb musste teuer gewesen sein, also ging ich hinein, um mir sein Angebot anzusehen.

Noch nie zuvor hatte ich so eine herrliche Auswahl an Waren gesehen. In der Nähe des Eingangs befand sich ein Astrolabium mit sieben silberverzierten Scheiben, eine Wasseruhr, die zu jeder Stunde schlug, und eine Nachtigall aus Messing, die sang, wenn der Wind wehte. Weiter im Ladeninneren harrten noch mehr ausgeklügelte Mechanismen ihrer Käufer, und wie ein Kind einen Jongleur anstarrte, starrte ich diese an, als aus einem Durchgang im hinteren Teil des Ladens ein alter Mann hervortrat.

»Willkommen in meinem bescheidenen Geschäft, mein Herr«, sagte er. »Mein Name ist Bashaarat. Wie kann ich Euch dienen?«

»Das sind erstaunliche Dinge, die Ihr hier feilbietet. Ich stehe im Kontakt mit Kaufleuten aus allen Weltgegenden und habe doch niemals dergleichen gesehen. Woher, wenn ich fragen darf, bezieht Ihr eure Waren?«

»Ich danke Euch für die lobenden Worte«, sagte er. »Alles, was Ihr hier seht, wurde in meiner Werkstatt hergestellt, von mir selbst oder unter meiner Anleitung von meinen Gehilfen.«

Ich war beeindruckt, dass dieser Mann in derart vielen Künsten so wohlbewandert war. So befragte ich ihn zu den verschiedenen Instrumenten in seinem Laden und lauschte seinen gelehrten Ausführungen über Astrologie, Mathematik, Geomantik und Medizin. Über eine Stunde lang unterhielten wir uns, und wie eine Blume im Morgengrauen erblühten meine Faszination und mein Respekt für ihn, bis er seine alchemistischen Experimente erwähnte.

»Alchemie?«, sagte ich. Ich war überrascht, denn er schien mir nicht zu den Menschen zu gehören, die derart betrügerischen Unternehmungen nachgingen. »Ihr meint, Ihr könnt unedles Metall in Gold verwandeln?«

»Das kann ich, mein Herr, doch das ist es nicht, was die meisten sich von der Alchemie erhoffen.«

»Was erhoffen sich die meisten denn davon?«

»Sie trachten nach einem billigeren Weg, Gold zu gewinnen, als Erz aus der Erde zu schürfen. Die Alchemie kennt einen Weg, Gold herzustellen, doch die Prozedur ist so beschwerlich, dass das Graben im Berg im Vergleich dazu so einfach erscheint wie das Pflücken eines Pfirsichs.«

Ich schmunzelte. »Eine kluge Erwiderung. Niemand könnte bezweifeln, dass Ihr ein gelehrter Mann seid, doch bin ich nicht so unklug, die Alchemie ernst zu nehmen.«

Bashaarat sah mich an und dachte einen Moment nach. »Erst kürzlich habe ich etwas gebaut, das Eure Meinung vielleicht zu ändern vermag. Ihr wäret der Erste, dem ich es zeigen würde. Möchtet Ihr es sehen?«

»Das wäre mir eine große Freude.«

»Bitte folgt mir.«

Er führte mich durch die Tür in den hinteren Teil des Ladens. Der sich anschließende Raum war eine Werkstatt, in der sich Vorrichtungen befanden, deren Sinn und Zweck ich nicht zu erraten vermochte – Metallstangen, die mit so viel Kupferdraht umwickelt waren, dass er abgerollt bis zum Horizont gereicht hätte, kreisrunde Spiegel mit Granitrahmen, die in Quecksilber schwammen –, doch Bashaarat ging an alldem vorbei, ohne einen Blick darauf zu werfen.

Stattdessen führte er mich zu einem massiven brusthohen Sockel, auf dem hochkant ein breiter Metallreif aufgestellt war. Die Öffnung des Reifs war so breit wie zwei ausgestreckte Hände und sein Rand so dick, dass es dem stärksten Mann große Mühe bereitet hätte, ihn zu tragen.

Das Metall war schwarz wie die Nacht, doch so sorgfältig poliert, dass es als Spiegel hätte dienen können, wäre es von anderer Farbe gewesen. Bashaarat forderte mich auf, mich so hinzustellen, dass ich den Reif von der Seite betrachtete, während er sich zur Öffnung begab.

»Bitte passt genau auf«, sagte er.

Bashaarat streckte den Arm von rechts durch den Reif, doch er ragte auf der linken Seite nicht heraus. Stattdessen sah es so aus, als wäre sein Arm am Ellenbogen abgeschnitten worden, und er hob und senkte den Stumpf – und zog seinen Arm unversehrt wieder heraus.

Ich hatte nicht erwartet, dass ein derart gelehrter Mann einen Zaubertrick zum Besten geben würde, aber die Darbietung war gut ausgeführt gewesen, und so applaudierte ich höflich.

»Nun wartet einen Augenblick«, sagte er und trat einen Schritt zurück.

Ich wartete, und siehe da, aus der linken Seite des Reifs streckte sich ein körperloser Arm, dessen Ärmel zu dem Gewand, das Bashaarat trug, passte. Der Arm hob und senkte sich ebenfalls und zog sich dann in den Reif zurück, bis er ganz verschwunden war.

Den ersten Trick hatte ich noch für eine raffinierte Täuschung gehalten, doch diese Darbietung übertraf sie bei Weitem, denn Sockel und Reif waren zu schmal, als dass sich jemand hätte darin verbergen können. »Sehr raffiniert!«, rief ich begeistert.

»Ich danke Euch, aber was Ihr gesehen habt, war kein einfacher Taschenspielertrick. Die rechte Seite des Reifs ist der linken um einige Sekunden voraus. Durch den Reif zu greifen bedeutet, dass man diese Zeitspanne unverzüglich überspringt.«

»Ich verstehe nicht ganz«, sagte ich.

»Lasst mich die Demonstration wiederholen.« Wieder streckte er seinen Arm durch den Reif, und der Arm verschwand. Er lächelte und bewegte seinen Arm vor und zurück, als zöge er an einem Seil. Dann ließ er den Arm wieder aus dem Reif auftauchen und zeigte mir seine offene Handfläche. In ihr lag ein Ring, den ich gut kannte.

»Das ist mein Ring!« Ich sah auf meine Hand und stellte fest, dass sich mein Ring immer noch an meinem Finger befand. »Ihr habt ein Duplikat herbeigezaubert.«

»Nein, das ist wirklich Euer Ring. Wartet.«

Wiederum streckte sich ein Arm aus der linken Seite des Reifs. In dem Wunsch, dem Mechanismus auf die Schliche zu kommen, eilte ich hinüber und packte die Hand. Es war keine künstliche Hand, sondern sie war so warm und lebendig wie meine. Ich zog an der Hand, und sie widersetzte sich mir. Mit der Geschicklichkeit eines Taschendiebs streifte die Hand mir den Ring vom Finger, und der Arm verschwand wieder im Reif, bis er nicht mehr zu sehen war.

»Mein Ring ist weg!«, rief ich.

»Nein, mein Herr«, sagte er. »Hier ist Euer Ring.« Und er gab mir den Ring, den er in der Hand hielt. »Verzeiht mir diese Spielerei.«

Ich steckte mir den Ring an den Finger. »Ihr hattet diesen Ring, bevor er mir genommen wurde.«

In diesem Augenblick streckte sich ein Arm aus dem Reif, diesmal auf der rechten Seite. »Was ist das!«, rief ich aus. Wiederum erkannte ich, bevor sich der Arm zurückzog, am Ärmel, dass es Bashaarats Arm war, aber ich hatte nicht gesehen, dass er ihn durch den Reif gestreckt hatte.

»Erinnert euch«, sagte er, »die rechte Seite des Ringes ist der linken voraus.« Und er ging auf die linke Seite des Reifs und streckte seinen Arm von dort aus hindurch, und wieder verschwand der Arm.

Eure Majestät hat es zweifellos längst begriffen, doch mir wurde es damals erst in diesem Moment klar: Was auch immer auf der rechten Seite des Reifs geschah, wurde einige Sekunden später durch ein Ereignis auf der linken Seite ergänzt. »Ist das Zauberei?«, fragte ich.

»Nein, mein Herr. Ich bin niemals einem Dschinn begegnet, und wenn, würde ich nicht darauf vertrauen, dass er tut, was ich ihm auftrage. Was Ihr hier seht, ist eine Form von Alchemie.«

Er erklärte es mir, erzählte davon, wie er nach winzigen Poren in der Haut der Wirklichkeit gesucht hatte, den Löchern gleich, welche Würmer in das Holz fressen, und wie er, nachdem er ein solches Loch gefunden hatte, es vergrößert hatte, so wie ein Glasbläser einen Klumpen geschmolzenen Glases zu einer langhalsigen Röhre zu formen vermag, und wie er darin die Zeit auf der einen Seite wie Wasser fließen und sich auf der anderen Seite wie Sirup verdicken lassen konnte. Ich muss gestehen, dass ich seine Worte nicht ganz verstand und für ihre Glaubwürdigkeit nicht bürgen kann. Alles, was ich zu antworten wusste, war: »Ihr habt fürwahr etwas wirklich Erstaunliches geschaffen.«

»Ich danke Euch«, sagte er. »Doch das ist nur ein Vorspiel zu dem, was ich Euch eigentlich vorführen will.« Er bat mich, ihm nach hinten zu folgen. Dort stand, aufgerichtet in der Mitte eines Raumes, ein kreisförmiges Portal, dessen massiver Rahmen aus dem gleichen glänzenden schwarzen Metall gemacht war wie der des Reifs.

»Eben habe ich Euch das ›Tor der Sekunden‹ gezeigt«, sagte er. »Dies hier ist das ›Tor der Jahre‹. Die beiden Seiten der Öffnung trennt eine Zeitspanne von zwanzig Jahren.«

Ich muss gestehen, dass ich diese Bemerkung nicht sogleich verstand. Ich stellte mir vor, wie er seinen Arm auf der rechten Seite des Tors hineinstreckte und zwanzig Jahre wartete, bis er links wieder erschien. Das schien mir ein sehr eigenartiger Zaubertrick zu sein. Das sagte ich ihm, und er lachte. »Das wäre eine Möglichkeit, sich des Tores zu bedienen«, sagte er, »aber bedenkt, was geschehen würde, wenn Ihr durch das Portal hindurchginget.« Er stand auf der rechten Seite, bedeutete mir näherzutreten und zeigte dann auf die Portalöffnung. »Schaut.«

Ich blickte hindurch und sah, dass sich auf der anderen Seite offenbar andere Teppiche und Kissen befanden, als ich beim Betreten des Raumes gesehen hatte. Ich bewegte meinen Kopf hin und her und stellte fest, dass ich, wenn ich durch das Portal blickte, einen anderen Raum sah als den, in dem ich gerade stand.

»Ihr seht den Raum, wie er in zwanzig Jahren sein wird«, sagte Bashaarat.

Ich blinzelte, so wie jemand, der ein Trugbild in der Wüste sieht, doch das, was ich sah, veränderte sich nicht. »Und Ihr sagt, ich könnte hindurchgehen?«, fragte ich.

»Das könntet Ihr. Und mit diesem Schritt würdet Ihr das Bagdad von in zwanzig Jahren besuchen. Ihr könntet Euer älteres Selbst ausfindig machen und Euch mit ihm unterhalten. Danach könntet Ihr durch das ›Tor der Jahre‹ in die heutige Zeit zurückkehren.«

Als ich Bashaarats Worte vernahm, war mir, als würde ich das

Gleichgewicht verlieren. »Ihr habt das getan?«, fragte ich ihn. »Ihr seid hindurchgegangen?«

»Das bin ich, wie auch viele meiner Kunden.«

»Vorhin habt Ihr mir gesagt, ich wäre der Erste, dem Ihr dieses Portal zeigt.«

»Dieses Tor hier, ja. Aber ich habe viele Jahre lang ein Geschäft in Kairo betrieben, wo ich erstmals ein ›Tor der Jahre‹ gebaut habe. Dort gab es viele, denen ich das Tor zeigte und die es benutzt haben.«

»Was haben diese Leute erfahren, als sie mit ihrem älteren Ich gesprochen haben?«

»Jeder Mensch erfährt etwas anderes. Wenn Ihr es wünscht, dann erzähle ich Euch von einem solchen Zeitreisenden.« Bashaarat begann, mir eine Geschichte zu erzählen, und wenn es Eurer Majestät gefällt, will ich sie hier wiedergeben.

Die Geschichte des glücklichen Seilers

Es war einmal ein junger Mann mit Namen Hassan, ein Seiler. Er trat durch das ›Tor der Jahre‹, um Kairo in zwanzig Jahren zu sehen, und wie er dort ankam, staunte er, wie prächtig die Stadt gediehen war. Es kam ihm so vor, als hätte er die Szenerie eines gestickten Wandteppichs betreten, und obwohl die Stadt nicht mehr und nicht weniger als Kairo war, bestaunte er die gewöhnlichsten Dinge wie Wunder.

Er kam am Zuweyla-Tor vorbei, wo die Schwerttänzer und Schlangenbeschwörer auftreten, als ein Astrologe ihn ansprach: »Junger Mann! Wollt Ihr Eure Zukunft erfahren?«

Hassan lachte. »Die kenne ich bereits«, sagte er.

»Ich wollt doch sicherlich wissen, ob Euch Wohlstand erwartet, oder?«

»Ich bin Seiler. Ich weiß, dass ich nicht reich werde.«

»Könnt Ihr Euch da so sicher sein? Was ist mit dem angesehenen Kaufmann Hassan al-Hubbaul, der einst ein Seiler war?«

Da seine Wissbegier geweckt war, fragte Hassan auf dem Markt nach anderen, die von diesem reichen Kaufmann gehört hatten, und fand heraus, dass sein Name allseits bekannt war. Man sagte ihm, dieser Kaufmann wohne im vornehmen Habbaniya-Viertel der Stadt, und so ging Hassan dorthin und fragte die Menschen nach dem Haus des Kaufmanns, und wie sich herausstellte, war es das größte Gebäude des Viertels.

Er klopfte an die Tür, und ein Diener führte ihn in einen großen und schön eingerichteten Vorraum mit einem Brunnen in seiner Mitte. Während der Diener den Herrn des Hauses holte, wartete Hassan, doch als er all das polierte Elfenbein und den Marmor um sich sah, fühlte er sich in dieser prächtigen Umgebung fehl am Platze und wollte das Haus schon verlassen, als sein älteres Ich eintrat.

»Endlich bist du da!«, sagte der Mann. »Ich habe dich erwartet.«

»Habt Ihr das?«, sagte Hassan erstaunt.

»Selbstverständlich, denn ich habe mein älteres Ich besucht, so wie du mich besuchst. Das ist schon so lange her, dass ich den genauen Tag vergessen habe. Komm, speise mit mir.«

Die beiden gingen in das Esszimmer, wo ihnen Diener mit Pistazien gefüllte Hühnchen, in Honig getränktes Schmalzgebäck und geröstetes Lamm mit Granatäpfeln servierten. Der ältere Hassan erzählte nur wenige Einzelheiten aus seinem Leben: Er erwähnte seine vielfältigen Geschäftsinteressen, sagte aber nichts darüber, wie er Kaufmann geworden war; er erwähnte seine Frau, sagte aber, dass es noch nicht an der Zeit für den jüngeren Hassan sei, sie kennenzulernen. Stattdessen bat er den jungen Hassan, ihm von den Streichen zu erzählen, die er als Kind angestellt hatte, und lachte über die Geschichten, die in seinem Gedächtnis verblasst waren.

Schließlich fragte der jüngere Hassan den älteren: »Wie habt Ihr es vollbracht, das Schicksal zu Euren Gunsten zu wenden und so vermögend zu werden?«

»Alles, was ich dir im Augenblick erzählen will, ist dies: Wenn du auf den Markt gehst, um Hanf zu kaufen, und dabei der Straße der Schwarzen Hunde folgst, dann gehe nicht die Südseite der Straße entlang, wie du es sonst zu tun pflegst. Gehe die Nordseite entlang.«

»Und das wird mir ermöglichen, mich über meinen Stand zu erheben?«

»Tue einfach, was ich dir sage. Geh jetzt nach Hause zurück, du musst Seile machen. Du wirst wissen, wann du mich wieder besuchen sollst.«

Der junge Hassan kehrte in seine Zeit zurück und tat, wie ihm geheißen, und er blieb auf der Nordseite der Straße, auch wenn es dort keinen Schatten gab. Einige Tage später wurde er Zeuge, wie ein wild gewordenes Pferd auf der Südseite der Straße, ihm genau gegenüber, durchging, mehrere Leute trat, einen Mann verwundete, indem es einen schweren Krug mit Palmöl umstieß, und einen weiteren sogar unter seinen Hufen zertrampelte. Nachdem die Unruhe sich gelegt hatte, betete Hassan zu Allah, er möge die Verwundeten heilen und den Toten in Frieden ruhen lassen, und er dankte Allah dafür, dass er ihn verschont hatte.

Am nächsten Tag trat Hassan abermals durch das ›Tor der Jahre‹ und besuchte sein älteres Ich. »Wurdet Ihr durch das Pferd verletzt, als Ihr ihm begegnet seid?«, fragte er.

»Nein, denn ich habe die Warnung meines älteren Ichs beachtet. Vergiss nicht, dass du und ich dieselbe Person sind; alles, was dir zustößt, ist einst auch mir geschehen.«

Und so gab der ältere Hassan dem jüngeren Weisungen, und der jüngere befolgte sie. Er kaufte keine Eier bei seinem gewohnten Händler und wurde so von einer Krankheit verschont, die alle Kunden befiel, welche Eier aus dem verdorbenen Korb gekauft hatten. Er besorgte sich Hanf auf Vorrat und hatte somit Material für seine Arbeit, während andere wegen einer verspäteten Karawane einen Engpass hinnehmen mussten.

Hassan vermied so manches Ungemach, indem er die Anweisungen seines älteren Ichs befolgte, doch er fragte sich, warum sein älteres Ich ihm nicht mehr offenbarte. Wen würde er heiraten? Wie würde er reich werden?

Eines Tages dann, nachdem er all seine Seile verkauft und sich einer ungewöhnlich vollen Börse erfreute, stieß Hassan auf der Straße mit einem Jungen zusammen. Er tastete nach seiner Börse, merkte, dass sie fort war, und wandte sich rufend um, um nach dem Taschendieb zu suchen.

Der Junge vernahm Hassans Rufe und floh sofort durch die Menge. Hassan sah noch, dass die Tunika des Jungen am Ellbogen zerrissen war, verlor ihn aber dann bald aus den Augen.

Einen Moment lang war Hassan fassungslos, dass ihm so etwas widerfahren konnte, ohne dass ihn sein älteres Ich gewarnt hatte. Seine Überraschung aber wich bald seinem Zorn, und er nahm die Verfolgung auf. Er rannte durch die Menge, begutachtete die Ellbogen der Tuniken vieler Jungen, bis er den Taschendieb durch Zufall unter einem Obstkarren entdeckte. Hassan packte ihn und rief laut, dass er einen Dieb gefasst habe und jemand die Stadtwache verständigen solle. Aus Angst, verhaftet zu werden, ließ der Junge Hassans Börse fallen und begann zu weinen. Hassan schaute den Jungen lange an, und als sein Ärger schließlich verflogen war, ließ er ihn gehen.

Als er sein älteres Ich das nächste Mal traf, fragte Hassan: »Warum habt Ihr mich nicht vor dem Taschendieb gewarnt?«

»Hat dich dieses Erlebnis etwa nicht mit Freude erfüllt?«, fragte sein älteres Ich.

Hassen wollte schon verneinen, doch dann hielt er inne. »Das hat es«, gab er zu.

Die Jagd auf den Jungen hatte, ohne die Gewissheit, ob er Erfolg haben würde oder nicht, sein Blut in Wallung gebracht wie schon seit vielen Wochen nicht mehr. Und die Tränen des Knaben erinnerten ihn an die Lehren des Propheten über den Wert der Barmherzigkeit, und dass er den Knaben hatte ziehen lassen, erfüllte Hassan mit dem Gefühl, tugendhaft zu sein.

»Wäre es dir lieber gewesen, ich hätte dir dieses Erlebnis verwehrt?«

So, wie wir im Laufe der Jahre den Wert von Sitten und Bräuchen verstehen, die uns als Jugendliche unnütz erscheinen, begriff Hassan nun, dass das Zurückhalten von Wissen ebenso sinnvoll sein konnte wie dessen Weitergabe. »Nein«, sagte er, »es war durchaus richtig von Euch, mich nicht zu warnen.«

Der ältere Hassan sah, dass er verstanden hatte. »Nun werde ich dir etwas sehr Wichtiges sagen. Miete ein Pferd. Ich werde dir den Weg zu einem Ort im Vorgebirge westlich der Stadt beschreiben. Dort wirst du in einem Hain einen Baum finden, der vom Blitz getroffen wurde. Suche am Fuße des Baumes nach dem größten Stein, den du bewegen kannst, und grabe dann unter ihm.«

»Wonach soll ich suchen?«

»Das wirst du wissen, wenn du es findest.«

Am darauffolgenden Tag ritt Hassan hinaus ins Vorgebirge und suchte, bis er den Baum gefunden hatte. Die Erde um den Baum herum war mit Steinen bedeckt, und Hassan wälzte einen großen Stein zur Seite, um darunter zu graben, dann noch einen, und noch einen. Schließlich traf sein Spaten auf etwas anderes als Erde und Stein. Er schaufelte die Erde beiseite und stieß auf eine Bronzekiste, die mit Golddinaren und verschiedenen Edelsteinen gefüllt war. In seinem ganzen Leben hatte Hassan noch nichts dergleichen gesehen. Er lud die Kiste auf das Pferd und ritt zurück nach Kairo.

Als er das nächste Mal mit seinem älteren Ich sprach, fragte er: »Woher habt Ihr gewusst, wo der Schatz versteckt war?«

»Das habe ich von mir selbst erfahren«, sagte der ältere Hassan, »genau so wie du. Aber wie wir überhaupt von dem Versteck Kenntnis erlangt haben, kann auch ich nicht erklären, abgesehen davon, dass es dem Willen Allahs entsprach, und was für eine andere Erklärung könnte es sonst für irgendetwas auf der Welt geben?«

»Ich gelobe, dass ich mich dieser Reichtümer, mit denen Allah mich gesegnet hat, mit Bedacht bedienen werde«, sagte der jüngere Hassan.

»Und ich erneuere dieses Gelöbnis«, sagte der ältere. »Es ist dies das letzte Mal, dass wir miteinander reden. Du wirst nun deinen eigenen Weg gehen. Friede sei mit dir.«

Also kehrte Hassan nach Hause zurück. Mit dem Gold konnte er große Hanfvorräte erwerben, Arbeiter anstellen und ihnen einen gerechten Lohn zahlen und Seile mit Gewinn an alle verkaufen, die welche benötigten. Er heiratete eine schöne und kluge Frau, auf deren Rat hin er damit begann, auch mit anderen Gütern zu handeln, bis er ein wohlhabender und angesehener Kaufmann war. Während all dieser Zeit spendete er großzügig den Armen und lebte als ehrenwerter Mann. Auf diese Weise lebte Hassan ein glückliches Leben, bis der Tod, der Zerstörer aller Bande und Freuden, ihn heimsuchte.

»Das ist eine bemerkenswerte Geschichte«, sagte ich. »Einen überzeugenderen Anreiz für jemanden, der sich nicht sicher ist, ob er das Tor benutzen soll oder nicht, kann ich mir nicht vorstellen.«

»Es ist weise von euch, skeptisch zu sein«, sagte Bashaarat. »Allah belohnt jene, die er zu belohnen wünscht, und straft, wen er zu strafen wünscht. Das Tor ändert nichts daran, was er von Euch hält.«

Ich nickte, in dem Glauben, verstanden zu haben. »Selbst wenn es jemandem gelingt, Unglück abzuwenden, das einem älteren Selbst widerfahren ist, gibt es keine Gewissheit, dass einem kein anderes Unglück widerfährt.«

»Nein, verzeiht einem alten Mann die Dunkelheit seiner Worte. Durch das Tor zu gehen, ist nicht dasselbe, wie ein Los zu ziehen, wo man jedes Mal eine neue Chance bekommt. Durch das Tor zu gehen, ist vielmehr so, wie wenn man einen Geheimgang in einem Palast benutzt, einen Weg, der einen schneller zu einem Zimmer führt als der Weg über die Flure. Das Zimmer aber bleibt dasselbe, ganz gleich, durch welche Tür man hineingelangt.«

Das überraschte mich. »Die Zukunft ist also unabänderlich? So wie die Vergangenheit?«

»Es heißt, dass Reue und Sühne die Vergangenheit ungeschehen machen können.«

»Das habe ich auch vernommen, aber meiner Erfahrung nach ist das nicht wahr.«

»Es tut mir leid, das zu hören«, sagte Bashaarat. »Alles, was ich Euch sagen kann, ist, dass die Zukunft sich nicht ändern lässt.«

Darüber dachte ich eine Zeit lang nach. »Wenn man also erfährt, dass man in zwanzig Jahren tot sein wird, dann kann man nichts unternehmen, um seinen Tod abzuwenden?« Er nickte. Zuerst erschien mir das sehr entmutigend, doch dann fragte ich mich, ob es nicht auch eine gewisse Sicherheit verhieß. Ich sagte: »Nehmen wir an, man erfährt, dass man in zwanzig Jahren noch leben wird. Nichts könnte einen also in den nächsten zwanzig Jahren umbringen. Man könnte an den waghalsigsten Kämpfen teilnehmen, denn es ist sicher, dass man überlebt.«

»Das ist möglich«, sagte er. »Es ist aber auch möglich, dass jemand, der sich auf diese Gewissheit verlassen würde, sein älteres Ich nicht mehr lebend vorfindet, wenn er das Tor zum ersten Mal durchschreitet.«

»Aha«, sagte ich. »Dann begegnen also nur die Besonnenen ihrem älteren Ich.«

»Ich will Euch die Geschichte eines anderen Mannes erzählen, der durch das Tor gegangen ist, und Ihr selbst mögt entscheiden, ob er weise war oder nicht.« Bashaarat begann, mir die Geschichte zu erzählen, und wenn es Eurer Majestät gefällt, will ich sie hier wiedergeben.

Die Geschichte des Webers, der sich selbst bestahl

Es war einmal ein junger Weber, der Ajib hieß und ein bescheidenes Leben als Teppichweber führte, sich jedoch danach sehnte, die Annehmlichkeiten der Reichen zu genießen. Nachdem er die Geschichte von Hassan gehört hatte, schritt Ajib ohne zu zögern durch das ›Tor der Jahre‹, um sein älteres Ich aufzusuchen, das, so war er sich sicher, genauso reich und selbstlos sein würde wie Hassan.

Als er das Kairo in zwanzig Jahren betrat, begab er sich in das vornehme Habbaniya-Viertel der Stadt und fragte die Leute nach dem Haus von Ajib ibn Taher. Er hatte vor, sich als gerade aus Damaskus eingetroffener Sohn von Ajib auszugeben, falls ihn jemand auf die Ähnlichkeit mit dem reichen Händler ansprechen sollte. Doch es ergab sich keine Gelegenheit, diese Geschichte zu erzählen, denn niemandem, den er fragte, sagte der Name etwas.

Schließlich beschloss er, in seine alte Nachbarschaft zurückzukehren, um sich umzuhören, ob dort jemand wusste, wohin er umgezogen war. Als er in seine alte Straße gelangte, hielt er einen Jungen an und fragte ihn, ob er wisse, wo er einen Mann mit Namen Ajib finden könne. Der Junge wies ihm den Weg zu seinem alten Haus.

»Dort hat er einmal gewohnt«, sagte Ajib. »Wo aber wohnt er heute?«

»Falls er seit gestern woandershin gezogen ist, weiß ich das nicht«, sagte der Junge.

Ajib konnte es nicht glauben. War es möglich, dass sein älteres Ich nach zwanzig Jahren immer noch im selben Haus wohnte? Das würde ja bedeuten, dass er niemals reich geworden war und ihm sein älteres Ich keinen Rat würde geben können, zumindest keinen, von dem Ajib profitieren würde. Wie war es möglich, dass sein Schicksal sich so sehr von dem des glücklichen Seilers unterschied? In der Hoffnung, dass sich der Junge irrte, wartete Ajib vor dem Haus und beobachtete es.

Nach einiger Zeit sah er, wie ein Mann aus dem Haus kam, und mit wachsendem Entsetzen erkannte er in ihm sein älteres Ich. Eine Frau, die wahrscheinlich seine Frau war, folgte dem älteren Ajib, doch der jüngere Ajib gab kaum Acht auf sie, denn alles, was er wahrnahm, war sein eigenes Scheitern. Bestürzt starrte er die einfachen Kleider an, die das alte Ehepaar trug, bis er sie nicht mehr sehen konnte.

Getrieben von jener Art Neugier, die so manchen dazu verleitet, sich die Köpfe von Hingerichteten anzusehen, wandte sich Ajib der Tür seines Hauses zu. Sein eigener Schlüssel passte noch immer in das Schloss, und so trat er ein. Die Einrichtung mochte nicht mehr dieselbe sein, doch sie war schlicht und abgenutzt, und Ajib schämte sich bei ihrem Anblick. Nach zwanzig Jahren konnte er sich immer noch keine besseren Kissen leisten?

Einer plötzlichen Regung folgend ging er zu einer Holzkiste, in der er für gewöhnlich seine Ersparnisse aufbewahrte, und sperrte sie auf. Er öffnete den Deckel und sah, dass die Kiste mit Golddinaren gefüllt war.

Ajib war bass erstaunt. Sein älteres Ich besaß eine Kiste voll Gold, und dennoch trug es so einfache Kleidung und lebte immer noch in demselben kleinen Haus wie vor zwanzig Jahren. Was musste sein älteres Ich für ein geiziger, freudloser Mensch sein, dachte Ajib bei sich, so reich zu sein und es nicht zu genießen! Ajib wusste schon seit Langem, dass man seinen Reichtum nicht mit ins Grab nehmen konnte. War es möglich, dass er dies vergessen hatte, als er älter wurde?

Ajib gelangte zu der Auffassung, dass dieser Reichtum jemandem gehören sollte, der ihn zu schätzen wusste, und das war er selbst. Die Ersparnisse seines älteren Ichs an sich zu nehmen, wäre kein Diebstahl, so redete er sich ein, denn er selbst wäre ja der Nutznießer des Diebstahls. Er wuchtete sich die Kiste auf die Schulter, und mit großer Mühe brachte er sie zurück durch das ›Tor der Jahre‹ in das Kairo, das er kannte.

Einen Teil seines neu gefundenen Reichtums hinterlegte er bei einem Bankier, trug aber immer eine schwere Börse mit Gold bei sich. Künftig trug er ein Damaszener Gewand und Schuhe aus Korduanleder und einen Chorasan-Turban, den ein Edelstein schmückte. Er mietete ein Haus im Viertel der Reichen, stattete es mit den feinsten Teppichen und Sitzmöbeln aus und stellte einen Koch an, der ihm opulente Gerichte zubereitete.

Schließlich suchte er den Bruder einer Frau auf, die er seit Langem aus der Ferne begehrte, einer Frau mit dem Namen Taahira. Ihr Bruder war ein Apotheker, und Taahira half ihm im Laden. Ajib kam ab und zu vorbei und kaufte ein Heilmittel, um einen Vorwand zu haben, mit ihr zu sprechen. Einmal hatte er gesehen, wie ihr Schleier zur Seite glitt, und ihre Augen waren dunkel und schön wie die einer Gazelle. Taahiras Bruder hätte einer Heirat mit einem einfachen Weber niemals zugestimmt, doch nun konnte Ajib sich als ausgezeichnete Partie präsentieren.

Taahiras Bruder erteilte seinen Segen, und Taahira selbst stimmte bereitwillig zu, denn auch sie begehrte Ajib. Ajib scheute keine Kosten für die Hochzeit. Er mietete einen der Lustprahme, die auf den Kanälen südlich der Stadt schwammen, veranstaltete ein Fest mit Musikanten und Tänzern und beschenkte Taahira mit einer wunderschönen Perlenkette. Im ganzen Viertel sprach man angeregt über diese Festlichkeiten.

Ajib schwelgte in der Freude, die ihm das Geld und Taahira bereiteten, und eine Woche lang verbrachten die beiden die schönste Zeit ihres Lebens. Eines Tages dann kam Ajib nach Hause und fand die Tür zu seinem Haus aufgebrochen und seinen Hausrat um alle Silber- und Goldgegenstände erleichtert. Der verängstigte Koch wagte sich aus seinem Versteck hervor und berichtete ihm, dass Räuber Taahira entführt hätten.

Ajib betete zu Allah, bis er erschöpft vor Sorge in den Schlaf sank. Am nächsten Morgen wurde er von einem Klopfen an der Tür geweckt. Ein Fremder sprach ihn an: »Ich habe eine Botschaft für dich.«

»Was für eine Botschaft?«, fragte Ajib.

»Deine Frau ist in Sicherheit.«

Ajib spürte, wie Angst und Wut in seinem Magen gleich schwarzer Galle schäumten. »Wie lautet die Lösegeldforderung?«, fragte er.

»Zehntausend Dinare.«

»Das ist mehr als alles, was ich besitze!«, rief Ajib aus.

»Feilsch nicht mit mir«, sagte der Räuber. »Ich habe gesehen, dass du Geld ausgibst, wie andere Wasser verschütten.«

Ajib sank auf die Knie. »Ich war verschwenderisch. Ich schwöre beim Namen des Propheten, dass ich nicht so viel Geld besitze«, sagte er.

Der Räuber musterte ihn eindringlich. »Trage alles Geld zusammen, das du hast«, sagte er, »und bringe es morgen zur gleichen Stunde hierher. Wenn ich den Eindruck habe, dass du uns etwas vorenthältst, wird deine Frau sterben. Wenn ich glaube, dass du ehrlich bist, werden meine Männer sie dir zurückbringen.«

Ajib sah keine andere Möglichkeit. »Einverstanden«, sagte er, und der Räuber ging davon.

Am nächsten Tag ging Ajib zu seinem Bankier und ließ sich von ihm alles noch vorhandene Geld aushändigen. Er gab es dem Räuber, der die Verzweiflung in Ajibs Augen sah und sich mit dem begnügte, was er bekommen hatte. Der Räuber hielt sein Wort, und am Abend wurde Taahira freigelassen.

Nachdem sie sich umarmt hatten, sagte Taahira: »Ich habe nicht geglaubt, dass du so viel Geld für mich bezahlen würdest.«

»Ohne dich hätte ich keine Freude daran gehabt«, sagte Ajib, und zu seiner Überraschung wurde ihm bewusst, das es die Wahrheit war. »Nun aber bedauere ich, dass ich dir nicht zu kaufen vermag, was dir zusteht.«

»Du brauchst mir nie wieder etwas zu kaufen«, sagte sie.

Ajib beugte sein Haupt. »Mir scheint, ich bin für meine Missetaten bestraft worden.«

»Was für Missetaten?«, fragte Taahira, doch Ajib antwortete nicht. »Bisher habe ich dich nie gefragt«, fuhr sie fort. »Aber ich weiß, dass du all das Geld nicht geerbt hast. Sage mir: Hast du es gestohlen?«

»Nein«, sagte Ajib, nicht Willens, ihr oder sich selbst die Wahrheit einzugestehen. »Man hat es mir gegeben.«

»Also ein Kredit?«

»Nein, ich muss es nicht zurückzahlen.«

»Und du willst es auch nicht zurückzahlen?«, fragte Taahira bestürzt. »Du gibst dich also zufrieden damit, dass ein anderer für unsere Hochzeit bezahlt hat? Dass ein anderer mein Lösegeld gezahlt hat?« Sie schien den Tränen nahe zu sein. »Bin ich deine Frau, Ajib, oder die eines anderen Mannes?«

»Du bist meine Frau«, sagte er.

»Wie kann das sein, wenn ich mein Leben einem anderen verdanke?«

»Ich möchte nicht, dass du an meiner Liebe zweifelst«, sagte Ajib. »Ich schwöre dir, dass ich das Geld zurückzahlen werde, alles bis auf den letzten Dirham.«

Und so zogen Ajib und Taahira wieder in Ajibs altes Haus und begannen zu sparen. Beide arbeiteten für Taahiras Bruder, den Apotheker, und als dieser schließlich als Parfümhändler für die Reichen erfolgreich wurde, übernahmen sie sein Geschäft und verkauften Heilmittel an Kranke. Es ging ihnen gut, doch sie gaben so wenig wie möglich aus, lebten bescheiden und ließen ihre Möbel reparieren, statt sich neue zu kaufen. Jahrelang lächelte Ajib, wann immer er eine Münze in seine Kiste fallen ließ, und erzählte Taahira, dass dies ein Zeugnis dafür sei, wie viel sie ihm wert war. Er sagte, dass er selbst dann, wenn er die Kiste bis zum Rand füllte, immer noch ein gutes Geschäft gemacht hätte.

Aber es ist nicht leicht, eine Kiste mit Gold zu füllen, wenn man nur ab und zu ein paar Münzen übrig hat, und was als Sparsamkeit begonnen hatte, wandelte sich zu Geiz, und bedachte Entscheidungen wurden zu knauserigen. Schlimmer noch war, dass Ajibs und Taahiras Zuneigung füreinander im Lauf der Zeit verblasste und sie wegen dem Geld, das sie nicht ausgeben konnten, anfingen, einander mit Groll zu behandeln.

Auf diese Weise vergingen die Jahre, und Ajib wurde älter und wartete darauf, dass ihm das Gold zum zweiten Mal gestohlen wurde.

»Was für eine seltsame und traurige Geschichte«, sagte ich.

»In der Tat«, entgegnete Bashaarat. »Würdest du sagen, dass Ajib weise gehandelt hat?«

Ich zögerte, bevor ich antwortete. »Es steht mir nicht zu, über ihn zu richten«, sagte ich. »Er muss mit den Folgen seiner Taten leben, so wie ich mit den meinen.« Ich schwieg für einen Moment und sagte dann: »Ich bewundere Ajibs Aufrichtigkeit, dass er dir alles erzählt hat, was er getan hat.«

»Ah, aber Ajib hat mir seine Geschichte nicht erzählt, als er ein junger Mann war«, sagte Bashaarat. »Nachdem er mit der Kiste aus dem ›Tor der Jahre‹ trat, habe ich ihn zwanzig Jahre lang nicht mehr gesehen. Ajib war ein weit älterer Mann, als er zurückkam, um mich zu besuchen. Er war nach Hause gekommen und bemerkte, dass jemand die Kiste gestohlen hatte, und aufgrund des Wissens, dass er seine Schuld beglichen hatte, sah er sich in der Lage, mir alles, was sich zugetragen hatte, zu erzählen.«

»Tatsächlich? Ist auch der alte Hassan aus deiner ersten Geschichte zu dir gekommen, um dir alles zu erzählen?«

»Nein. Hassans Geschichte hat mir sein jüngeres Ich erzählt. Der ältere Hassan ist nie wieder in mein Geschäft zurückgekehrt, aber an seiner statt hatte ich einen anderen Besucher, jemand, der mir eine Geschichte über Hassan erzählte, die er mir selbst niemals hätte erzählen können.« Bashaarat begann, mir die Geschichte dieses Besuchers zu erzählen, und wenn es Eurer Majestät gefällt, will ich sie hier wiedergeben.

Die Geschichte der Ehefrau und ihres Geliebten

Raniya war seit vielen Jahren mit Hassan verheiratet, und sie waren äußerst glücklich miteinander. Eines Tages sah sie, wie ihr Gatte mit einem jungen Mann speiste, der dem jungen Hassan, den sie geheiratet hatte, wie aus dem Gesicht geschnitten war. So groß war ihre Verwunderung, dass sie sich kaum beherrschen konnte, das Gespräch der beiden zu stören. Nachdem der junge Mann gegangen war, bedrängte sie Hassan, ihr zu erklären, wer das gewesen war, und Hassan erzählte ihr seine unglaubliche Geschichte.

»Hast du ihm von mir berichtet?«, fragte sie. »Wusstest du damals, was dir bevorstand, als wir uns das erste Mal begegnet sind?«

»Von dem Augenblick an, da ich dich sah, wusste ich, dass ich dich heiraten würde«, sagte Hassan lächelnd. »Aber nicht etwa, weil mir das jemand gesagt hätte. Weib, sicherlich würdest du ihm diesen Augenblick doch nicht verderben wollen?«

Raniya sprach also nicht mit dem jüngeren Ich ihres Gatten, sondern belauschte nur die Unterhaltung der beiden und warf verstohlene Blicke auf den jüngeren Hassan. Ihr Puls beschleunigte sich beim Anblick seiner jugendlichen Gestalt; unsere Erinnerungen täuschen uns zuweilen mit ihrer Süße, doch wie sie die beiden Männer einander gegenübersitzen sah, wurde ihr die ganze Schönheit des jüngeren Ichs ohne Übertreibung gewahr. Des Nachts lag sie wach und dachte an ihn.

Einige Tage nachdem Hassan sein jüngeres Ich verabschiedet hatte, brach er nach Damaskus auf, um einige Geschäfte mit einem Kaufmann zu tätigen. Während seiner Abwesenheit suchte Raniya das Geschäft auf, welches Hassan ihr beschrieben hatte, und schritt durch das ›Tor der Jahre‹ in das Kairo ihrer Jugend.

Sie erinnerte sich, wo der junge Hassan damals gelebt hatte, und machte ihn so ausfindig und folgte ihm. Bei seinem Anblick fühlte sie, wie ihr Verlangen für ihn mächtiger war als alles, was sie seit Jahren für den alten Hassan empfunden hatte, so lebhaft waren ihre Erinnerungen an ihre jugendlichen Liebesspiele. Sie war immer eine ergebene und treue Ehefrau gewesen, doch hier bot sich eine Gelegenheit wie keine zweite. Entschlossen, ihrem Verlangen nachzugeben, mietete Raniya ein Haus und begann es in den folgenden Tagen einzurichten.

Als das Haus hergerichtet war, folgte sie Hassan unauffällig und versuchte dabei Mut zu schöpfen, um ihn anzusprechen. Im Bezirk der Juweliere beobachtete sie, wie er zu einem Juwelier ging, dem er eine Halskette mit zehn Schmucksteinen zeigte, und wie er den Händler fragte, was er dafür bekommen könnte. Raniya erkannte die Kette wieder. Er hatte sie ihr in den Tagen nach der Hochzeit geschenkt; sie hatte nicht gewusst, dass er einst versucht hatte, sie zu verkaufen. Sie stand ein wenig abseits und lauschte, wobei sie vorgab, einige Ringe zu begutachten.

»Bring mir die Kette morgen, und ich werde dir tausend Dinare dafür zahlen«, sagte der Juwelier. Der junge Hassan akzeptierte den Preis und ging.

Wie sie ihm nachblickte, hörte Raniya, wie zwei Männer sich nahebei unterhielten.

»Hast du diese Halskette gesehen? Das ist eine von unseren.«

»Bist du da sicher?«, sagte der andere Mann.

»Das bin ich. Das ist der Lump, der unsere Kiste ausgegraben hat.«

»Lass uns das dem Hauptmann berichten. Wenn dieser Kerl die Kette verkauft hat, erleichtern wir ihn um sein Geld und noch mehr.«

Die beiden Männer gingen davon, ohne Raniya zu bemerken, die mit rasendem Herzen und reglos dastand wie ein Reh, an dem ein Tiger vorbeistreunte. Sie begriff, dass der Schatz, den Hassan gehoben hatte, einer Räuberbande gehört haben musste, und dass diese beiden Männer Mitglieder der Bande waren. Diese Bande behielt die Juweliere von Kairo im Auge, um denjenigen ausfindig zu machen, der ihre Beute entwendet hatte.

Raniya wusste, dass der junge Hassan die Halskette nicht verkauft haben konnte, denn sie befand sich in ihrem Besitz. Auch wusste sie, dass die Räuber den jungen Hassan nicht getötet hatten. Doch es konnte nicht Allahs Wille sein, dass sie nichts unternahm. Allah hatte sie gewiss hierhergeführt, um sich ihrer in seiner Weisheit zu bedienen.

Raniya kehrte zum ›Tor der Jahre‹ zurück, schritt hindurch in ihre eigene Zeit und holte in ihrem Haus die Halskette aus der Schmuckschatulle. Wieder nutzte sie das ›Tor der Jahre‹, doch statt durch die linke Seite zu gehen, ging sie durch die rechte, sodass sie das zwanzig Jahre in der Zukunft liegende Kairo betrat. Dort suchte sie ihr älteres Ich auf, nun eine gealterte Frau. Die ältere Raniya begrüßte sie herzlich und holte aus ihrer eigenen Schatulle die Halskette. Dann besprachen sich die beiden Frauen, wie sie dem jungen Hassan zur Seite stehen konnten.

Die beiden Räuber kehrten am nächsten Tag mit einem dritten Mann zurück, von dem Raniya annahm, dass er der Hauptmann der Banditen war. Sie alle beobachteten, wie Hassan dem Juwelier die Halskette zeigte.

Der Juwelier untersuchte die Halskette, als Raniya zu ihnen trat und sprach: »Was für ein Zufall! Juwelier, ich möchte eine Halskette verkaufen, die genauso aussieht wie diese hier.« Aus dem Beutel, den sie trug, holte sie ihre Kette hervor.

»Das ist unglaublich«, sagte der Juwelier. »Niemals habe ich zwei Halsketten gesehen, die sich derart gleichen.«

Dann trat die alte Raniya zu ihnen. »Was sehe ich da? Meine Augen täuschen mich sicherlich!« Und mit diesen Worten zog sie eine dritte Halskette hervor, die den beiden anderen glich. »Der Mann, der mir diese Kette verkaufte, versicherte mir, dass sie einzigartig sei. Das hier beweist wohl, dass er ein Lügner war.«

»Ihr solltet sie vielleicht umtauschen«, sagte Raniya.

»Das kommt darauf an«, sagte die ältere Raniya. Sie fragte Hassan: »Wie viel will der Juwelier Euch für Eure Kette bezahlen?«

»Eintausend Dinare«, sagte Hassan verwirrt.

»Wirklich? Juwelier, würdet Ihr diese hier auch kaufen wollen?«

»Ich muss mein Angebot überdenken«, sagte der Juwelier.

Während Hassan und die ältere Raniya mit dem Juwelier feilschten, entfernte sich Raniya weit genug von ihnen, um zu hören, wie der Räuberhauptmann die beiden Diebe schalt. »Ihr Narren«, sagte er. »Das ist eine gewöhnliche Halskette. Fast hätten wir wegen euch die Hälfte der Juweliere Kairos gemeuchelt und die Stadtwache auf uns aufmerksam gemacht.« Er gab den beiden eine Backpfeife und führte sie weg.

Raniya wandte ihre Aufmerksamkeit wieder dem Juwelier zu, der sein Angebot, Hassans Halskette zu kaufen, zurückzog. Die ältere Raniya sagte: »Also gut. Ich werde versuchen, die Kette dem Mann zurückzugeben, von dem ich sie gekauft habe.« Als die alte Frau den Laden verließ, konnte Raniya sehen, dass sie unter ihrem Schleier lächelte.

Raniya sprach Hassan an. »Mir scheint, heute wird keiner von uns beiden eine Halskette verkaufen.«

»Vielleicht ein anderes Mal«, sagte Hassan.

»Ich werde meine Kette wieder nach Hause bringen und aufbewahren«, sagte Raniya. »Wollt Ihr mich begleiten?«

Hassan erklärte sich einverstanden und ging mit Raniya zu dem Haus, das sie gemietet hatte. Sie bat ihn herein, bot ihm Wein an, und nachdem sie beide getrunken hatten, führte sie ihn in ihr Schlafgemach. Sie zog die schweren Vorhänge vor die Fenster und löschte alle Lampen, sodass es in dem Raum so finster war wie die Nacht. Erst dann lüftete sie ihren Schleier und nahm Hassan zu sich ins Bett.

Raniya war wie berauscht, so sehr hatte sie sich nach diesem Augenblick gesehnt, und entsprechend überrascht war sie, als sie bemerkte, wie plump und ungeschickt Hassan sich anstellte. Nur zu gut erinnerte sie sich an ihre Hochzeitsnacht; da war er selbstsicher gewesen, und seine Berührungen hatten ihr den Atem geraubt. Sie wusste, dass Hassan der jungen Raniya bald begegnen würde, und für einen Augenblick war es ihr ein Rätsel, wie dieser linkische Junge sich so schnell ändern konnte. Doch natürlich kam sie bald auf des Rätsels Lösung.

So also traf Raniya Hassan viele Tage lang in ihrem gemieteten Haus und unterwies ihn in der Kunst der Liebe; sie offenbarte ihm, dass, wie man sagt, die Frauen die wunderbarste Schöpfung Allahs sind. Sie sprach zu ihm: »Das Vergnügen, das du gibst, wird belohnt durch das Vergnügen, das du empfängst«, und bei sich lächelte sie, als sie daran dachte, wie wahr ihre Worte tatsächlich waren. Es dauerte nicht lange, und er verfügte über das Geschick, an das sie sich erinnerte, und sie selbst erfreute sich dabei größeren Entzückens, als sie es als junge Frau empfunden hatte.

Allzu bald schon brach der Tag an, an dem Raniya dem jüngeren Hassan sagen musste, dass es für sie an der Zeit sei, ihn zu verlassen. Er war so klug, sie nicht nach ihren Gründen zu fragen, wollte aber von ihr wissen, ob sie sich jemals wiedersehen würden. Nein, antwortete sie ihm sanft. Dann verkaufte sie die Einrichtung an den Besitzer des Hauses und kehrte durch das ›Tor der Jahre‹ zurück in das Kairo ihrer eigenen Zeit.

Als der ältere Hassan von seiner Reise nach Damaskus zurückkehrte, erwartete Raniya ihn bereits. Sie begrüßte ihn herzlich, behielt aber ihr Geheimnis für sich.

Als Bashaarat diese Geschichte beendet hatte, hing ich meinen eigenen Gedanken nach, bis er sprach: »Ich merke, dass diese Geschichte Euch auf eine Weise fasziniert, wie es die anderen nicht taten.«

»Da habt Ihr wohl recht«, gab ich zu. »Ich begreife nun, dass man dem Unvorhergesehenen begegnen kann, wenn man die Vergangenheit aufsucht, auch wenn sie unabänderlich ist.«

»So ist es. Versteht Ihr jetzt, warum ich sagte, dass Vergangenheit und Zukunft einander gleichen? Beides können wir nicht ändern, aber beides können wir besser verstehen.«

»Das begreife ich; Ihr habt mir die Augen geöffnet, und ich möchte nun durch das ›Tor der Jahre‹ treten. Welchen Preis verlangt ihr?«

Er winkte ab. »Die Reise durch das Tor ist nicht käuflich«, sagte er. »Allah führt in meinen Laden, wen er wünscht, und ich bin es zufrieden, ein Werkzeug seines Willens zu sein.«

Von jedem anderen Mann hätte ich angenommen, dass diese Worte der Auftakt zu längerem Feilschen wären, aber nach allem, was mir Bashaarat erzählt hatte, wusste ich, dass er es ernst meinte. »Eure Großzügigkeit ist so grenzenlos wie Eure Weisheit«, sagte ich und verbeugte mich. »Wenn es jemals etwas gibt, wobei Euch ein Stoffhändler zu Diensten sein kann, dann lasst es mich bitte wissen.«

»Ich danke Euch. Sprechen wir nun über Eure Reise. Es gibt einige Dinge, die wir klären müssen, bevor Ihr das Bagdad von in zwanzig Jahren besucht.«

»Ich möchte nicht in die Zukunft«, erklärte ich ihm. »Ich möchte durch die andere Seite treten, um meine Jugendzeit wiederzusehen.«

»Ah, ich bitte vielmals um Entschuldigung. Dorthin kann Euch dieses Portal nicht bringen. Ich habe es erst vor einer Woche gebaut. Vor zwanzig Jahren gab es hier kein Tor, aus dem Ihr herauskommen könntet.«

Meine Bestürzung war so groß, dass ich wie ein verzweifeltes Kind geklungen haben muss. Ich sprach: »Aber wohin führt dann die andere Seite des Portals?«, und ging um das kreisrunde Portal, um mir die gegenüberliegende Seite anzusehen.

Bashaarat trat zu mir und blieb neben mir stehen. Der Blick durch das Portal schien dasselbe zu zeigen wie außerhalb des Rahmens, doch als er seine Hand hindurchstrecken wollte, wurde sie aufgehalten, als stieße sie gegen eine unsichtbare Wand. Ich sah genauer hin und bemerkte, dass auf dem Tisch eine Messinglampe stand. Ihre Flamme flackerte nicht, sondern stand still und bewegungslos, als wäre der Raum in durchsichtigem Bernstein eingeschlossen.

»Was Ihr hier seht, ist dieser Raum, wie er vor einer Woche war«, sagte Bashaarat. »In zwanzig Jahren wird diese Seite des Portals Menschen Einlass gewähren und ihnen erlauben, so in die Vergangenheit zu gelangen. Oder«, sagte er und führte mich zurück auf die Seite des Portals, die er mir zuerst gezeigt hatte, »wir gehen durch die rechte Seite und besuchen diese Menschen selbst. Aber ich muss leider sagen, dass dieses Portal niemals genutzt werden kann, damit Ihr die Tage Eurer Jugend wiederseht.«

»Was ist mit dem ›Tor der Jahre‹, das Ihr in Kairo hattet?«, fragte ich.

Er nickte. »Das steht noch. Mein Sohn führt den Laden dort für mich.«

»Ich könnte also nach Kairo reisen, dort das Portal benutzen, um in das zwanzig Jahre in der Vergangenheit liegende Kairo zu gelangen. Von dort könnte ich dann zurück nach Bagdad reisen.«

»Ja, diesen Weg könntet Ihr gehen, wenn Ihr es wünscht.«

»Von ganzem Herzen«, erwiderte ich. »Werdet Ihr mir den Weg zu Eurem Geschäft in Kairo weisen?«

»Zuerst müssen wir einige Dinge besprechen«, sagte Bashaarat. »Ich frage nicht nach Euren Beweggründen, sondern warte damit gerne, bis Ihr bereit seid, sie mir anzuvertrauen. Ich möchte Euch aber daran erinnern, dass Ihr das, was geschehen ist, nicht rückgängig machen könnt.«

»Das weiß ich«, sagte ich.

»Und Ihr könnt den Euch zugewiesenen Prüfungen nicht aus dem Weg gehen. Ihr müsst akzeptieren, was Allah Euch gegeben hat.«

»Dessen erinnere ich mich an jedem Tag meines Lebens.«

»Dann ist es mir eine Ehre, Euch, soweit ich es vermag, zu helfen«, sagte er.

Er legte sich etwas Papier, einen Stift und Tinte zurecht und begann zu schreiben. »Ich gebe Euch einen Brief mit, der Euch auf Eurer Reise hilfreich sein wird.« Er faltete den Brief, tropfte etwas Wachs auf den Rand und drückte seinen Ring hinein. »Gebt ihn meinem Sohn, wenn

Ihr Kairo erreicht, und er wird Euch durch das ›Tor der Jahre‹ treten lassen.«

Ein Kaufmann wie ich musste wohlbewandert sein in der Kunst, seinem Dank Ausdruck zu verleihen, doch noch niemals zuvor habe ich jemandem so überschwänglich gedankt, wie ich nun Bashaarat dankte, und jedes meiner Worte kam von Herzen. Er erklärte mir den Weg zu seinem Geschäft in Kairo, und ich beteuerte, ihm alles zu erzählen, sobald ich zurückkehren würde. Ich war gerade dabei, seinen Laden zu verlassen, als mir etwas einfiel. »Das ›Tor der Jahre‹ hier führt in die Zukunft. Seid Ihr Euch denn sicher, dass dieser Laden in zwanzig Jahren und darüber hinaus noch vorhanden sein wird?«

»Ja, das wird er«, sagte Bashaarat.

Ich wollte ihn schon fragen, ob er seinem älteren Ich begegnet sei, hielt aber dann meine Worte zurück. Wäre seine Antwort nein gewesen, hätte das sicherlich bedeutet, dass sein älteres Ich bereits gestorben war, was mich zu der Frage geführt hätte, ob er wüsste, wann er sterben würde. Wer war ich, ihm so eine Frage zu stellen, wenn dieser Mann mir einen Gefallen tat, ohne meine Absichten wissen zu wollen? An seinem Gesichtsausdruck konnte ich erkennen, dass er wusste, was für eine Frage mir auf der Zunge lag, und ich senkte in demütiger Entschuldigung das Haupt. Mit einem Nicken deutete er mir seine Vergebung an, und ich kehrte nach Hause zurück, um Vorbereitungen zu treffen.

Die Reise der Karavane nach Kairo würde zwei Monate dauern. Was mir in dieser Zeit durch den Kopf ging? Nun, ich erzähle Eurer Majestät jetzt, was ich Bashaarat verschwiegen habe. Zwanzig Jahre vor alledem war ich mit einer Frau namens Najya verheiratet gewesen. So anmutig, wie die Äste des Weidenbaumes sich wiegen, bewegte sie ihren Körper, und ihr Antlitz war so liebreizend wie der Mond, doch war es ihr freundliches und sanftes Wesen, mit dem sie mein Herz für sich einnahm. Wir hatten geheiratet, als ich gerade mit meiner Laufbahn als

Kaufmann begonnen hatte, und so waren wir zwar nicht wohlhabend, doch fehlte es uns auch an nichts.

Erst ein Jahr lang waren wir Mann und Frau, als ich nach Basra reiste, um mich mit einem Schiffskapitän zu treffen. Er bot mir eine Gelegenheit, mit dem Handel von Sklaven reichlich Gewinn zu machen, doch Najya hieß mein Vorhaben nicht gut. Ich rief ihr ins Gedächtnis, dass der Koran den Besitz von Sklaven nicht verbot, solange man sie gut behandelte – ja, dass sogar der Prophet selbst Sklaven sein Eigen genannt hatte. Sie erwiderte jedoch, dass ich unmöglich wissen konnte, wie die künftigen Besitzer mit ihren Sklaven umgehen würden, und dass es besser sei, mit Waren statt mit Sklaven Handel zu treiben.

Am Morgen meiner Abreise stritten Najya und ich miteinander. Ich sprach ungehalten mit ihr, und ich bitte Eure Majestät um Vergebung dafür, dass ich mich meiner groben Worte von damals so sehr schäme, dass ich sie hier nicht wiedergeben mag. Zornerfüllt reiste ich ab – und sah sie nie wieder. Ein paar Tage, nachdem ich aufgebrochen war, wurde sie beim Einsturz der Mauer einer Moschee schwer verletzt. Man brachte sie in das Bimaristan, doch die Ärzte dort konnten nichts für sie tun, und so verstarb sie bald darauf. Erst eine Woche später, bei meiner Rückkehr, erfuhr ich von ihrem Hinscheiden, und mir war, als hätte ich sie mit meinen eigenen Händen umgebracht.

Können die Qualen der Hölle schlimmer sein als das, was ich in den folgenden Tagen durchlitten habe? Fast schien es, als würde ich das bald herausfinden, so nahe brachte mich meine Seelenpein dem Tod. Diese Erfahrungen gleichen sich gewiss sehr, denn wie das Höllenfeuer brennt auch die Trauer, ohne zu verzehren; stattdessen macht sie das Herz nur noch verletzlicher für weiteres Leid.

Die Zeit meiner Trauer verging schließlich und ließ mich innerlich leer zurück, ein Hautsack ohne Eingeweide. Die Sklaven, die ich gekauft hatte, entließ ich in die Freiheit und wandte mich dem Handel mit Stoffen zu. Im Laufe der Jahre kam ich zu Wohlstand, heiratete aber nicht wieder. Einige der Männer, mit denen ich Geschäfte machte, versuchten mich mit ihren Töchtern oder Schwestern zu verkuppeln, und erklärten, die Liebe einer Gattin ließe einen den Schmerz der Vergangenheit vergessen. Vielleicht hatten sie recht damit, aber den Schmerz, den man anderen zugefügt hat, kann nichts vergessen machen. Wann immer ich mir vorstellte, mich wieder mit einer Frau zu vermählen, erinnerte ich mich des verletzten Ausdrucks in Najyas Augen, als ich sie zuletzt gesehen hatte, und mein Herz verschloss sich gegenüber allen anderen Frauen.

Ich sprach mit einem Mullah über meine Taten, und er war es, der mir sagte, dass Reue und Sühne die Vergangenheit auslöschen könnten. Ich bereute und tat Buße nach bestem Wissen und Gewissen; zwanzig Jahre führte ich das Leben eines aufrechten Mannes, betete und fastete, spendete den Unglückseligen Almosen und pilgerte nach Mekka, und dennoch wurde ich von Schuldgefühlen heimgesucht. Da Allahs Barmherzigkeit keine Grenzen kennt, musste der Grund dafür bei mir liegen.

Hätte mich Bashaarat gefragt, was ich mir erhoffte, hätte ich ihm keine Antwort geben können. Die Geschichten, die er erzählte, legten unmissverständlich dar, dass ich nicht würde ändern können, was, wie ich wusste, geschehen war. Niemand hatte mein jüngeres Ich davon abgehalten, sich bei unserem letzten Gespräch mit Najya zu streiten. Doch die Geschichte von Raniya, die sich in der Geschichte vom Leben Hassans verbarg, ohne dass er davon wusste, beflügelte mich mit vager Hoffnung: Vielleicht würde ich in die Geschehnisse eingreifen können, während mein jüngeres Ich unterwegs war, um Handel zu treiben.

War es nicht möglich, dass jemand einen Fehler begangen und meine Najya überlebt hatte? Vielleicht war es der Leichnam einer anderen Frau gewesen, den man während meiner Abwesenheit in ein Leichentuch gewickelt und begraben hatte. Vielleicht konnte ich Najya retten und in das Bagdad meiner eigenen Zeit mitnehmen. Mir war klar, dass ich mich töricht verhielt. Weise Männer sagen: »Vier Dinge gibt es, die nicht wiederkehren: das gesprochene Wort, der verschossene Pfeil, das vergangene Leben und die verschmähte Gelegenheit«, und niemand begreift besser als ich, wie wahr diese Worte sind. Dennoch wagte ich zu hoffen, dass Allah meine zwanzigjährige Reue und Buße für hinreichend erachtete, um mir die Gelegenheit zu gewähren, das wiederzuerlangen, was ich verloren hatte.

Die Reise mit der Karawane verlief ereignislos, und nach sechzig Sonnenaufgängen und dreihundert Gebeten erreichte ich Kairo. Dort musste ich mich im Gewirr der Straßen zurechtfinden, verglichen mit dem harmonischen Grundriss der Stadt des Friedens ein verwirrendes Labyrinth. Ich begab mich zur Bayn al-Qadrayn, der Hauptstraße, die durch das Fatmid-Viertel Kairos verläuft. Von dort aus fand ich die Straße, in der sich Bashaarats Geschäft befand.

Dem Ladenbesitzer erzählte ich, dass ich mit seinem Vater in Bagdad gesprochen hatte, und ich überreichte ihm Bashaarats Brief. Nachdem er diesen gelesen hatte, führte er mich in einen Raum im Inneren des Hauses, in dessen Mitte ein weiteres ›Tor der Jahre‹ stand, und er bedeutete mir, es von seiner linken Seite zu betreten.

Als ich vor dem wuchtigen Metallkreis stand, überlief mich ein kalter Schauer, und ich schalt mich für meine Nervosität. Mit einem tiefen Atemzug trat ich hindurch und fand mich in demselben Raum wieder, dessen Möbel nun aber andere waren. Ohne diesen Unterschied hätte ich das Tor für einen gewöhnlichen Durchgang gehalten. Dann bemerkte ich, dass der Schauer, den ich verspürt hatte, daher rührte, dass es in diesem Raum merklich kühler war, denn der Tag hier war nicht so heiß wie der Tag, den ich hinter mir gelassen hatte. Ich spürte den warmen Luftzug des zurückliegenden Tages, der wie ein Seufzen durch das Tor strömte.

Der Ladeninhaber folgte mir und rief: »Vater, du hast einen Besucher.«

Ein Mann betrat den Raum, und es war niemand anderer als Bashaarat, allerdings zwanzig Jahre jünger, als ich ihn zuletzt in Bagdad gesehen hatte. »Willkommen, mein Herr«, sagte er. »Ich bin Bashaarat.«

»Ihr erkennt mich nicht wieder?«, fragte ich.

»Nein. Ihr müsst meinem älteren Ich begegnet sein. Für mich ist dies unser erstes Treffen, doch ist es mir eine Ehre, Euch zu Diensten zu sein.«

Eure Majestät, wie es dieser Chronik meiner Unzulänglichkeiten geziemt, muss ich Euch nun gestehen, dass ich mich auf meiner Reise von Bagdad her allzu sehr meinem Kummer hingegeben hatte und folglich erst jetzt begriff, dass Bashaarat mich von dem Augenblick an, da ich seinen Laden zum ersten Mal betrat, wohl wiedererkannt haben musste. Als ich einst seine Wasseruhr und seinen Singvogel aus Messing bewunderte, muss er bereits gewusst haben, dass ich nach Kairo reisen würde … und ob ich mein Ziel erreichen würde oder nicht.

Der Bashaarat, mit dem ich nun sprach, wusste jedoch nichts von diesen Dingen. »Ich bin für Eure Höflichkeit doppelt dankbar«, sagte ich. »Mein Name ist Fuwaad ibn Abbas, und ich bin soeben aus Bagdad eingetroffen.«

Bashaarats Sohn verabschiedete sich, und Bashaarat und ich berieten uns. Ich fragte ihn nach Tag und Monat und stellte fest, dass ich noch reichlich Zeit hatte, um wieder in die Stadt des Friedens zu reisen, und ich versprach, ihm bei meiner Rückkehr alles zu erzählen. Sein jüngeres Ich war ebenso liebenswürdig wie sein älteres. »Ich freue mich darauf, Euch wiederzusehen, und darauf, Euch in zwanzig Jahren helfen zu können«, sagte er.

Seine Worte ließen mich innehalten. »Hattet Ihr vor dem heutigen Tag schon die Absicht, ein Geschäft in Bagdad zu eröffnen?«

»Warum fragt Ihr?«

»Ich wundere mich nur über den Zufall, dass wir uns in Bagdad gerade rechtzeitig begegnet sind, damit ich die Reise hierher antreten, das Tor durchschreiten und wieder zurück nach Bagdad reisen kann. Nun frage ich mich, ob das womöglich überhaupt gar kein Zufall war. Ist meine heutige Ankunft hier der Grund, warum Ihr euch in zwanzig Jahren nach Bagdad aufmachen werdet, um einen Laden zu eröffnen?«

Bashaarat lächelte. »Zufall und Bestimmung sind wie die beiden Seiten eines Wandteppichs. Eine Seite mag für das Auge schöner zu betrachten sein, aber Ihr könnt nicht sagen, ob die andere Seite wahr oder falsch ist.«

»Wieder einmal eröffnet Ihr mir etwas, über das ich gründlich nachdenken muss«, erwiderte ich.

Ich dankte ihm und verabschiedete mich. Als ich das Geschäft verließ, eilte eine Frau an mir vorbei. Ich vernahm, wie Bashaarat sie als Raniya begrüßte, und hielt überrascht inne.

Von direkt vor der Schwelle konnte ich hören, wie die Frau sagte: »Ich habe die Halskette. Ich hoffe, mein älteres Ich hat sie nicht verloren.«

»Ich bin sicher, dass Ihr gut darauf aufgepasst habt, denn Ihr wusstet, dass Ihr kommen würdet«, sagte Bashaarat.

Ich begriff, dass dies Raniya aus der Geschichte war, die Bashaarat mir erzählt hatte. Sie war dabei, sich mit ihrem älteren Ich zu treffen, um mit ihr in die Tage ihrer Jugend aufzubrechen, dort die Diebe mit der doppelten Halskette zu verwirren und so ihren Ehemann zu retten. Das Gefühl, in eine Erzählung eingedrungen zu sein, ließ mich einen Augenblick lang zweifeln, ob ich wach war oder träumte. Die Vorstellung, mit den Figuren der Erzählung zu reden und an den Ereignissen teilnehmen zu können, war schwindelerregend. Ich geriet in Versuchung zu sprechen, um herauszufinden, ob ich eine versteckte Rolle in dieser Erzählung spielen konnte, doch dann besann ich mich und erinnerte mich daran, dass ich in meiner eigenen Geschichte eine verborgene Rolle spielen wollte. So ging ich also wortlos davon und suchte mir eine Karawane, der ich mich anschließen konnte.

Es heißt, Eure Majestät, dass das Schicksal über die Pläne der Sterblichen lacht. Zuerst schien es, dass mir das Glück hold war, denn noch innerhalb eines Monats brach eine Karawane in Richtung Bagdad auf. In den darauffolgenden Wochen begann ich jedoch, meinem Glück zu zürnen, denn die Reise dieser Karawane war von Hemmnissen geplagt. Die Quellen einer Stadt unweit von Kairo waren ausgetrocknet, und ein Trupp musste zurückgeschickt werden, um Wasser zu holen. In einem anderen Dorf erkrankten die Soldaten, welche die Karawane bewachten, an der Ruhr, und wir mussten Wochen warten, bis sie wieder genesen waren. Mit jeder Verzögerung musste ich neue Berechnungen anstellen, wann wir in Bagdad eintreffen würden, und allmählich wurde ich immer nervöser.

Die Sandstürme, die uns alsbald heimsuchten, schienen mir wie eine Warnung Allahs und ließen mich wahrlich die Weisheit meines Handelns bezweifeln. Wir hatten das Glück, bei einer Karawanserei westlich von Kufa zu rasten, als die Stürme zum ersten Mal über uns hereinbrachen. Doch unser Aufenthalt zog sich hin, zuerst tage-, dann wochenlang, als ein ums andere Mal der Himmel sich aufklarte, nur um sich wieder zu verfinstern, sobald unsere Kamele beladen waren. Der Tag von Najyas Unglück rückte näher und näher, und ich wurde immer verzweifelter.

Ich wandte mich an jeden einzelnen der Kamelführer mit der dringlichen Bitte, mit mir alleine vorauszureisen, aber ich konnte keinen von ihnen überzeugen. Schließlich fand ich einen, der bereit war, mir ein Kamel für einen Preis zu verkaufen, der unter anderen Umständen unverschämt hoch gewesen wäre, den ich aber nur zu bereitwillig zahlte. Dann machte ich mich alleine auf den Weg.

Es ist wohl kaum erstaunlich, dass ich während des Sturmes nur langsam vorankam, doch sobald der Wind nachließ, gelang es mir, ein rasches Tempo einzuschlagen. Allerdings war ich ohne die Wächter der Karawane ein leichtes Opfer für Räuber, und natürlich wurde ich nach zwei Tagen aufgehalten. Sie nahmen mir mein Geld und mein Kamel, verschonten jedoch mein Leben. Ob aus Mitleid, oder weil ich ihnen gleichgültig war, vermag ich nicht zu sagen. Ich kehrte zurück, um mich wieder der Karawane anzuschließen, doch quälte mich nun ein wolkenloser Himmel, und ich litt entsetzlich unter der Hitze. Als die Karawane mich fand, war meine Zunge geschwollen, und meine Lippen waren so rissig wie in der Sonne gebackener Lehm. Von da an hatte ich keine andere Wahl, als bei der Karawane zu bleiben.

Wie eine welke Rose, deren Blütenblätter eines nach dem anderen abfallen, schwand mit jedem Tag meine Hoffnung. Als die Karawane die Stadt des Friedens erreichte, wusste ich, dass es zu spät war, doch als wir durch das Stadttor einritten, fragte ich die Torwachen, ob sie von einer Moschee gehört hatten, die eingestürzt sei. Der erste Wachmann, den ich fragte, wusste nichts, und einen Herzschlag lang wagte ich zu hoffen, dass ich den Tag des Unglücks falsch in Erinnerung hatte und in der Tat noch rechtzeitig angekommen war.

Ein anderer Wächter sagte mir dann, dass tatsächlich erst gestern im Karkh-Viertel eine Moschee eingestürzt sei. Seine Worte trafen mich mit der Wucht eines Henkersbeils. So weit war ich gereist, nur um die schlimmste Nachricht meines Lebens ein zweites Mal zu hören!

Ich ging zu der Moschee und sah den Steinhaufen, wo einst eine Mauer gestanden hatte. Es war ein Anblick, der meine Träume seit zwanzig Jahren heimsuchte, doch dieses Mal verging das Bild auch dann nicht, als ich meine Augen aufschlug, sondern bot sich mir deutlicher dar, als ich zu ertragen vermochte. Ich wandte mich ab und irrte ziellos umher, bis ich mich vor meinem alten Haus wiederfand, dem Haus, in dem Najya und ich einst gelebt hatten. Verzweifelt und von Erinnerungen erfüllt stand ich auf der Straße.

Ich weiß nicht, wie viel Zeit vergangen war, als eine junge Frau zu mir trat und mich ansprach. »Mein Herr«, sagte sie, »ich suche nach dem Haus von Fuwaad ibn Abbas.«

»Ihr habt es gefunden«, sagte ich.

»Seid Ihr Fuwaad ibn Abbas, mein Herr?«

»Der bin ich, und ich bitte Euch, lasst mich allein.«

»Verzeiht mir, mein Herr. Mein Name ist Maimuna, und ich bin die Gehilfin eines Arztes im Bimaristan. Ich habe mich um Eure Frau gekümmert, bevor sie starb.«

Ich wandte mich ihr zu und sah sie an. »Ich habt Najya behandelt?«

»Das tat ich, mein Herr. Ich habe geschworen, Euch eine Mitteilung von ihr zu überbringen.«

»Was für eine Mitteilung?«

»Sie sagte, ich solle Euch wissen lassen, dass ihre letzten Gedanken bei Euch waren. Sie wollte, dass ich Euch ausrichte, dass ihr Leben zwar nur kurz gewesen sei, sie in der Zeit mit Euch jedoch glücklich war.«

Sie sah, wie mir Tränen über die Wangen rannen, und sagte: »Vergebt mir bitte, wenn meine Worte Euch Kummer bereiten, mein Herr.«

»Da gibt es nichts zu vergeben, mein Kind. Hätte ich nur die Mittel, Euch für diese Nachricht das zu geben, was sie mir wert ist. Ich könnte Euch ein ganzes Leben lang danken und stünde immer noch in Eurer Schuld.«

»Für Trauer schuldet man niemandem etwas«, sagte sie. »Friede sei mit Euch, mein Herr.«

»Friede sei mit Euch.«

Sie verließ mich, und ich irrte stundenlang durch die Straßen und weinte Tränen der Erlösung. Dabei dachte ich die ganze Zeit daran, wie wahr Bashaarats Worte doch gewesen waren: Die Vergangenheit und die Zukunft gleichen einander, und beides können wir nicht ändern, nur besser verstehen. Meine Reise in die Vergangenheit hatte nichts verändert, doch was ich erfahren hatte, veränderte alles, und nun begriff ich, dass es nicht anders hatte sein können. Wenn unsere Leben Geschichten sind, die Allah erzählt, dann sind wir gleichzeitig Zuhörer und Figuren, und indem wir diese Geschichten leben, werden wir belehrt.

Die Nacht brach herein, und die Stadtwache fand mich, wie ich in staubiger Kleidung nach der Sperrstunde durch die Straßen irrte, und sie fragte mich, wer ich sei. Ich sagte ihnen meinen Namen und wo ich wohnte, und die Wachleute brachten mich zu meinen Nachbarn, um zu prüfen, ob diese meinen Namen kannten, doch sie erkannten mich nicht, und so wurde ich ins Gefängnis gebracht.

Ich erzählte dem Hauptmann der Wache meine Geschichte, und er fand sie kurzweilig, auch wenn er mir keinen Glauben schenkte. Wer würde das schon? Dann erinnerte ich mich an etwas aus der Zeit meiner Trauer vor zwanzig Jahren und erzählte dem Hauptmann, dass der Sohn Eurer Majestät als Albino auf die Welt kommen würde. Als den Hauptmann einige Tage später die Kunde vom Zustand des Kindes erreichte, brachte er mich zum Statthalter des Viertels. Als der Statthalter wiederum meine Geschichte hörte, brachte er mich hierher in den Palast, und als der Colonele Kammerherr meine Geschichte vernahm, brachte er mich wiederum hier in den Thronsaal, damit mir die unermessliche Ehre zuteil werde, sie Eurer Majestät zu erzählen.

Meine Geschichte und mein Leben sind nun, ineinander verschlungen, am selben Punkt angelangt, und wie sie beide weitergehen, hängt von der Entscheidung Eurer Majestät ab. Ich weiß von vielen Dingen, die in den nächsten zwanzig Jahren hier in Bagdad geschehen werden, aber nichts über das, was vor mir liegt. Ich habe kein Geld mehr, um zurück nach Kairo und dem ›Tor der Jahre‹ dort zu reisen, und doch schätze ich mich grenzenlos glücklich, denn mir wurde die Gnade zuteil, mich den Fehlern meiner Vergangenheit zu stellen, und ich habe erfahren, welchen Trost Allah gewährt. Es wäre mir eine Ehre, alles mitzuteilen, was ich von der Zukunft weiß, falls Eure Majestät geneigt ist, danach zu fragen, doch für mich ist das kostbarste Wissen dieses:

Nichts kann die Vergangenheit auslöschen. Wir kennen Reue, wir kennen Sühne, und wir kennen Vergebung. Das ist alles. Aber es ist genug.

AUSATMUNG

Seit Langem herrscht die Meinung vor, dass die Luft (von manchen auch Argon genannt) der Quell des Lebens sei. Tatsächlich ist das aber nicht der Fall, und so graviere ich diese Worte, um zu berichten, wie ich herausfand, was der wahre Quell des Lebens ist und – was damit zusammenhängt – auf welche Weise das Leben eines Tages enden wird.

Die Ansicht, dass die Luft unser Leben ermöglicht, galt im Laufe der Geschichte als so selbstverständlich, dass es nicht einmal nötig war, sie zu erklären. Jeden Tag verbrauchen wir zwei mit Luft gefüllte Lungen; jeden Tag entfernen wir die leeren Lungen aus unserer Brust und ersetzen sie durch volle. Jemand, der so unbedacht ist, seinen Luftpegel zu weit absinken zu lassen, spürt, wie seine Glieder allmählich schwer werden und sich der Drang verstärkt, die Lungen wieder aufzufüllen. Äußerst selten kommt es vor, dass jemand nicht wenigstens eine Lunge rechtzeitig auswechseln kann, bevor das ihm eingesetzte Paar völlig leer ist. Geschieht so ein Unglück einmal – wenn jemand irgendwo feststeckt, sich nicht bewegen kann und niemand in der Nähe ist, der ihm hilft –, stirbt er, sobald sein Luftvorrat zur Neige gegangen ist.

Im normalen Verlauf des Lebens verschwenden wir kaum einen Gedanken darauf, dass wir Luft benötigen, und viele würden sogar sagen, dass dieses Bedürfnis der unerheblichste Grund dafür ist, warum wir die Füllstationen aufsuchen. Diese Füllstationen sind der wichtigste Treffpunkt für den tagtäglichen gesellschaftlichen Austausch – hier stillen wir sowohl unsere emotionalen als auch unsere körperlichen Bedürfnisse. Jeder hat Ersatzlungen zu Hause, doch alleine die eigene Brust zu öffnen und seine Lungen auszuwechseln, wird schnell zur lästigen Pflicht. Im Beisein anderer wird aus dieser Notwendigkeit allerdings eine gemeinschaftsstiftende Aktivität, eine geteilte Freude.

Ist man gerade sehr beschäftigt oder ungesellig, kann man einfach ein volles Paar Lungen mitnehmen, sie einsetzen und die leeren Lungen auf der gegenüberliegenden Seite des Raumes abstellen. Hat man jedoch ein wenig Zeit übrig, gebietet es die Höflichkeit, die leeren Lungen an den Luftspender anzuschließen, um sie für den nächsten aufzufüllen. Für gewöhnlich bleibt man aber eine Weile, erfreut sich der Gesellschaft anderer, tauscht Neuigkeiten mit Freunden und Bekannten aus und reicht seinen Gesprächspartnern beiläufig frisch gefüllte Lungen. Auch wenn diese Praxis keine Luftgemeinschaft im strengen Sinn des Wortes darstellt, stiftet sie eine gewisse Kameradschaft, die auf dem Wissen aller beruht, dass die Luft aus derselben Quelle stammt, denn die Luftspender sind nur die sichtbaren Endpunkte der Leitungen, die zum Vorratsspeicher tief unter der Erde führen, der großen Lunge der Welt, dem Quell all unserer Nahrung.

Viele Lungen werden am nächsten Tag zum selben Luftspender zurückgebracht, doch genauso viele gelangen zu anderen Stationen, wenn die Leute einen benachbarten Bezirk besuchen. Die Lungen sehen alle gleich aus – glatte Zylinder aus Aluminium –, sodass sich nicht sagen lässt, ob eine bestimmte Lunge stets in der Nähe geblieben ist, oder ob sie eine lange Reise hinter sich hat. Und ganz so, wie die Lungen von einer Person zur nächsten, von einem Bezirk zum anderen wandern, verbreiten sich auch Nachrichten und Tratsch. Auf diese Weise erfährt man Neuigkeiten aus den entlegensten Bezirken, selbst aus jenen vom Rand der Welt, ohne dass man sich von zu Hause fortbegeben muss, allerdings reise ich selbst gerne. Ich habe den ganzen weiten Weg bis zum Rand der Welt zurückgelegt und die massive Chromwand gesehen, die sich vom Boden aufwärts in die Unendlichkeit des Himmels erstreckt.

Bei einer der Füllstationen hörte ich zum ersten Mal von jenen Gerüchten, die mich zu meinen Untersuchungen anregten, welche schließlich zu meiner Erleuchtung führten. Es begann durchaus harmlos mit einer Bemerkung des Ausrufers unseres Bezirks. Wie es Brauch ist, rezitiert der Ausrufer an jedem Mittag des ersten Tages eines Jahres Verse – eine Ode, die vor langer Zeit für dieses jährliche Fest verfasst wurde und die vorzutragen genau eine Stunde dauert. Der Ausrufer erwähnte, dass die Turmuhr bei seiner jüngsten Darbietung der Verse bereits zur vollen Stunde schlug, bevor er seine Rezitation beendet hatte. Dergleichen war noch nie geschehen. Ein anderer, der sich in der Füllstation aufhielt, meinte, das sei aber ein Zufall gewesen, denn er sei gerade aus einem nahegelegenen Bezirk zurückgekehrt, und dort hätte sich der Ausrufer über dasselbe Missverhältnis beklagt.

Niemand machte sich allzu viele Gedanken über diese Vorfälle, außer sie zur Kenntnis zu nehmen. Erst einige Tage später, als man von einer ähnlichen Abweichung zwischen den Versen des Ausrufers und dem Lauf der Turmuhr in einem dritten Bezirk erfuhr, vermutete man, diese Unstimmigkeiten könnten auf einen Defekt im Mechanismus der Turmuhren zurückzuführen sein, auch wenn es seltsam erschien, dass die Uhren schneller gingen und nicht langsamer. Horologen untersuchten die drei Turmuhren, aber sie konnten keinen Fehler entdecken. Als man die Turmuhren mit den für solche Eichungen verwendeten Uhren verglich, zeigte es sich sogar, dass sie die Zeit weiterhin akkurat maßen.

Ich selbst fand diese Probleme äußerst faszinierend, war aber zu sehr in meine eigenen Studien vertieft, um diesen Vorgängen meine Aufmerksamkeit zu widmen. Ich forsche auf dem Gebiet der Anatomie, und damit der größere Zusammenhang meines weiteren Vorgehens verständlich ist, will ich kurz von meiner Beziehung zu meinem Forschungsfeld erzählen.

Da wir sehr langlebig und tödliche Unglücksfälle die Ausnahme sind, stirbt glücklicherweise nur selten jemand, was jedoch die Erforschung der Anatomie erschwert, insbesondere da viele Unfälle, die so schwer sind, dass dabei jemand stirbt, die Überreste der Verunglückten zu sehr beschädigen, als dass sie noch für Studienzwecke brauchbar wären. Platzt eine volle Lunge, zerfetzt die Wucht ihrer Explosion den Körper und reißt das Titan wie Blech in Stücke. Anatomieforscher widmeten sich deshalb früher vor allem den Gliedmaßen, da diese noch am ehesten unversehrt blieben. In der ersten Anatomiestunde, der ich vor hundert Jahren beiwohnte, zeigte uns der Dozent einen abgetrennten Arm, dessen Verkleidung entfernt worden war, um die eng beieinander liegenden Stangen und Kolben freizulegen. Ich kann mich noch lebhaft daran erinnern, wie der Dozent, nachdem er die Arterienschläuche mit einer an der Wand des Labors angebrachten Lunge verbunden hatte, die Stangen am Stumpf des Armes bewegen konnte, sodass die Hand daraufhin ruckartig eine Faust bildete und sich wieder öffnete.

In den darauffolgenden Jahren entwickelte sich die Anatomieforschung so weit, dass Anatomen beschädigte Gliedmaßen reparieren, gelegentlich sogar abgetrennte Glieder wieder anbringen konnten. Zudem haben wir es geschafft, die Physiologie lebender Subjekte zu studieren. Für meine Studenten habe ich die erste Lektion, die ich selbst besucht hatte, dahingehend abgeändert, dass ich die Verkleidung meines eigenes Armes freilegte, um den Erstsemestern zu zeigen, wie sich die Stangen dehnten und zusammenzogen, wenn ich meine Finger bewegte.

Trotz dieser Fortschritte konnte eines der größten Geheimnisse von der Anatomieforschung bisher nicht gelöst werden – nämlich die Frage, wie unser Gedächtnis funktioniert. Zwar wissen wir ein wenig über die Beschaffenheit unserer Gehirne, doch die Physiologie des Gehirns lässt sich wegen seiner großen Empfindlichkeit weiterhin kaum untersuchen. Wird bei tödlichen Unfällen der Schädel verletzt, tritt das Gehirn explosionsartig in Gestalt einer goldenen Wolke aus, und außer zerfetzten Drähten und Plättchen, aus deren Untersuchung sich keine Erkenntnisse gewinnen lassen, bleibt nichts übrig. Die jahrzehntelang vorherrschende Theorie des Gedächtnisses besagte, dass die Erfahrungen einer Person auf feine Goldplättchen graviert werden; jene Goldplättchen eben, die nach einem Unglück von der Kraft der Explosion zerrissen werden und als kleine Flöckchen zurückbleiben. Anatomieforscher haben diese Goldplättchenfragmente – die so fein und dünn sind, dass Licht grünlich durch sie hindurchschimmert – früher gesammelt und Jahre damit zugebracht, ihre ursprüngliche Anordnung zu rekonstruieren, alles in dem Glauben, irgendwann die Symbole entziffern zu können, mit denen die letzten Erinnerungen der Verstorbenen aufgezeichnet wurden.

Ich bin kein Anhänger dieser sogenannten »Einschreibungs-Hypothese«, und zwar deshalb, weil sie nicht begründet, warum unsere Erinnerungen unvollständig sind, obwohl sie der Theorie zufolge lückenlos aufgezeichnet werden. Fürsprecher der Einschreibungs-Hypothese erklären das Vergessen damit, dass sich im Laufe der Zeit die Position der Goldplättchen zum Gedächtnis-Lesestift verschiebt und die ältesten Plättchen schließlich gar keinen Kontakt mehr zu diesem Stift haben. Mich hat das aber nie überzeugt, obwohl ich nachvollziehen kann, was an dieser Theorie so verlockend ist. Ich habe ebenfalls viele Stunden damit verbracht, Goldplättchenfragmente durch das Mikroskop zu betrachten, und kann mir denken, wie befriedigend es wäre, am Rädchen der Schärferegulierung zu drehen und plötzlich lesbare Symbole erkennen zu können.

Und wie wunderbar wäre es erst, wenn sich die ältesten Erinnerungen eines Verstorbenen entziffern ließen – Erinnerungen, deren er sich selbst nicht mehr zu entsinnen vermag! Keiner von uns kann sich weiter als etwa hundert Jahre zurückerinnern, und unsere schriftlichen Zeugnisse – die wir selbst geschrieben, aber längst vergessen haben – reichen nur einige Jahrhunderte weiter in die Vergangenheit zurück. Wie viele Jahre lebten wir bereits vor dem Beginn der schriftlichen Aufzeichnungen? Woher stammen wir? Es ist die Aussicht, in unseren eigenen Gehirnen Antworten auf diese Fragen zu finden, die die Einschreibungs-Hypothese so verführerisch macht.

Ich selbst war Verfechter einer konkurrierenden Denkschule, der zufolge unsere Erinnerungen mittels einer Methode gespeichert werden, bei der es ebenso einfach ist, Erinnerungen zu löschen, wie sie aufzuzeichnen: möglicherweise durch die Rotation eines Getriebes oder die Stellung einer Reihe von Schaltern. Gemäß dieser Theorie war alles, was wir vergessen hatten, ein für alle Mal verloren, und unsere Gehirne bargen keine Erinnerungen an die Vergangenheit, die weiter zurückreichten als unsere Bibliotheken. Für diese Theorie sprach unter anderem, dass sie zu erklären vermochte, warum Verstorbene, wenn man sie durch das Einsetzen einer neuen Lunge wiederbelebt, keine Erinnerungen haben, sondern völlig gedächtnislos sind, da der Schock des Todes alle Getrieberäder oder Schalter zurückgesetzt hat. Die Vertreter der Einschreibungs-Hypothese behaupteten, dass durch den Todesschock lediglich die Anordnung der Plättchen durcheinandergebracht würde. Niemand aber wagte es, eine lebende Person zu töten, auch keinen Schwachsinnigen, um diesen strittigen Punkt zu klären. Ich hatte ein Experiment ersonnen, mit dem sich die Wahrheit endgültig ermitteln ließ, aber es war ein gefährliches Experiment, das sorgfältiger Erörterung bedurfte, bevor ich es wagen konnte. Ich war sehr lange unentschlossen, bis ich schließlich erneut von den ungenau laufenden Uhren hörte.

Ich erfuhr, dass auch in einem entfernteren Bezirk der Ausrufer festgestellt hatte, dass die Turmuhr zur vollen Stunde schlug, bevor er seinen Neujahrsvortrag beendet hatte. Bemerkenswert daran war, dass die Uhr dieses Bezirks mit einem anderen Mechanismus betrieben wurde, bei dem die Stunden durch das Fließen von Quecksilber in einen Behälter gemessen wurden. Hier konnte die Abweichung nicht auf einem einfachen mechanischen Fehler beruhen. Die meisten Leute vermuteten, dass ein Schabernack die Ursache war, ein schlechter Scherz, den Unruhestifter verbrochen hatten. Ich hegte einen anderen Verdacht, einen beunruhigenderen, den ich nicht auszusprechen wagte, der aber mein weiteres Vorgehen bestimmte. Nun hielt ich es für zwingend notwendig, mein Experiment durchführen.

Das erste Gerät, das ich baute, war äußerst einfach. In meinem Labor montierte ich vier Prismen auf Haltebügeln und positionierte sie mit großer Sorgfalt so, dass ihre Spitzen die Ecken eines Rechtecks bildeten. In dieser Anordnung lenkten sie einen Lichtstrahl zu einem der unteren Prismen, welches das Licht in einer vierseitigen Schleife zuerst aufwärts reflektierte, dann zurück, dann nach unten und zuletzt wieder nach vorne. Somit konnte ich, wenn ich mich mit den Augen auf gleicher Höhe mit dem ersten Prisma befand, meinen eigenen Hinterkopf betrachten. Dieses solipsistische Periskop war die Grundlage für alles Weitere.

Eine ähnliche, zu meinem erweiterten Gesichtsfeld passende rechteckige Anordnung aus Schaltstangen ermöglichte es mir, auch meine Reichweite zu vergrößern. Die aus Schaltstangen bestehende Vorrichtung war weit umfangreicher als das Periskop, aber immer noch vergleichsweise simpel. Um einiges ausgefeilter allerdings waren die Instrumente, die ich am Ende der jeweiligen Mechanismen anbrachte. An das Periskop montierte ich ein Binokularmikroskop auf einer Armatur, die sich horizontal und vertikal bewegen ließ. Das Ende der Schaltstangen versah ich mit einer Reihe von Präzisionsinstrumenten, auch wenn diese Bezeichnung eine grobe Untertreibung für diese Meisterwerke der Mechanik ist. Dank des Erfindungsreichtums der Anatomen und der durch das Studium körperlicher Strukturen gewonnenen Anregungen ließen sich mit diesen Werkzeugen Bewegungen vollziehen, die man sonst mit den eigenen Händen ausführte, jedoch in einem viel kleineren Maßstab.

Da ich so sorgfältig wie möglich vorgehen musste, dauerte es Monate, bis ich diese Vorrichtung zusammengebaut hatte. Als die Vorbereitungen abgeschlossen waren, konnte ich mit meinen Händen eine Reihe von Knöpfen und Hebeln vor mir bedienen, mit denen ich die beiden Werkzeugarme steuerte, die hinter meinem Kopf endeten, und dabei durch das Periskop mein Werk beobachten. So war ich in der Lage, mein eigenes Gehirn zu sezieren.

Mir ist klar, dass sich diese Idee äußerst verrückt anhört, und ich wäre von meinen Kollegen an der Umsetzung meines Vorhabens gehindert worden, hätte ich ihnen davon erzählt. Jemand anderen zu bitten, sein Leben für diese anatomische Untersuchung zu riskieren, kam für mich nicht infrage, und lediglich das passive Objekt einer solchen Operation zu sein, hätte mich ebenso wenig zufriedengestellt. So blieb mir keine andere Möglichkeit, als mich selbst zu sezieren.

Ich besorgte mir ein Dutzend gefüllter Lungen und schloss sie an ein Verteilerrohr an. Diese Lungenbatterie platzierte ich unter dem Tisch, an dem ich arbeiten würde, und verband sie mit dem Bronchialstutzen in meiner Brust. So war ich sechs Tage lang mit Luft versorgt. Für den Fall, dass ich mein Experiment nicht innerhalb dieses Zeitraums zum Abschluss bringen konnte, hatte ich einen Kollegen gebeten, mir am Ende der sechstägigen Frist einen Besuch abzustatten. Aber ich ging davon aus, dass es mir nur dann nicht gelingen würde, die Operation rechtzeitig zu beenden, wenn ich dabei versehentlich meinen eigenen Tod herbeiführte.

Ich begann damit, die gewölbte Platte, die meinen Scheitel bis zur Kopfrückseite bedeckt, sowie die flacheren Seitenplatten links und rechts zu entfernen. Lediglich meine Gesichtsplatte blieb in ihrer Halterung verankert, und ihre Innenseite konnte ich durch mein Periskop nicht sehen. Was ich dagegen sah, war mein nun offenliegendes Gehirn. Es bestand aus etwa einem Dutzend kleinerer Komponenten, deren Äußeres aus kompliziert geformten Schalen bestand. Als ich das Periskop auf die feinen Fugen ausrichtete, die diese Schalen trennten, konnte ich einen ersten Blick auf die wundersamen Mechanismen in ihrem Innern werfen. Obwohl ich nicht viele Einzelheiten erkennen konnte, war dies doch die schönste und komplexeste Maschine, die ich je gesehen hatte; sie war jeder von Menschen gemachten Apparatur derart weit überlegen, dass sich ihr göttlicher Ursprung nicht anzweifeln ließ. Was ich sah, war sowohl aufregend, als auch verwirrend, und mit einem leichten Schwindelgefühl gab ich mich einige Minuten lang dem reinen ästhetischen Genuss dieses Anblicks hin, bevor ich mit meiner Erkundung fortfuhr.

Im Allgemeinen wurde angenommen, dass das Gehirn aus einem zentralen Apparat bestand, in dem die eigentlichen Denkvorgänge stattfanden, der wiederum von mehreren Komponenten umgeben war, in denen die Erinnerungen gespeichert wurden. Was ich sehen konnte, schien diese Theorie zu bestätigen, denn die außen liegenden Komponentencluster schienen einander zu gleichen, während die Komponenten im Inneren unterschiedlicher aussahen, heterogener waren und aus mehreren beweglichen Teilen bestanden. Allerdings lagen diese Komponenten zu dicht beieinander, sodass ich die Vorgänge in ihnen nicht genauer beobachten konnte. Wollte ich mehr herausfinden, musste ich näher herangelangen.

Die peripheren Komponentencluster verfügten über einen eigenen Luftspeicher, der aus einer Leitung gespeist wurde, die von einem Regler an der Basis meines Gehirns dorthin führte. Ich richtete mein Periskop auf den hintersten Komponentencluster aus und ersetzte mithilfe meiner Präzisionsinstrumente die zuführende Luftleitung durch ein längeres Verbindungsstück. Diese Prozedur hatte ich unzählige Male geübt, sodass ich in der Lage war, sie in wenigen Augenblicken durchzuführen. Trotzdem war ich unsicher, ob ich den Leitungswechsel schnell genug vornehmen konnte, bevor der Luftspeicher der Komponentencluster erschöpft war. Erst als ich beruhigt feststellte, dass die Tätigkeit der Komponentencluster nicht ausgesetzt hatte, wagte ich es, meine Arbeit fortzusetzen. Die längere Luftleitung richtete ich so aus, dass ich das, was in der Fuge hinter dem Komponentencluster lag, genauer in Augenschein nehmen konnte. Dort fand ich weitere Leitungen, welche den Komponentencluster mit seinen Nachbarn verbanden. Mit den feingliedrigsten Präzisionsinstrumenten wagte ich mich in den Spalt hinein und tauschte eine Leitung nach der anderen gegen längere aus. Schließlich hatte ich mich um den ganzen Komponentencluster herumgearbeitet und alle Leitungen ausgewechselt, die ihn mit dem Rest meines Gehirns verbanden. Nun konnte ich den Komponentencluster von dem Rahmen, an dem er befestigt war, lösen und die ganze Einheit aus dem hinteren Teil meines Kopfes herausnehmen.

Natürlich war es möglich, dass ich mit diesem Eingriff meine Denkfähigkeit beeinträchtigt hatte, doch einige einfache mathematische Probeaufgaben bestätigten, dass ich unverletzt geblieben war. Nun, da einer der Komponentencluster an einem Gerüst oberhalb meines Kopfes befestigt war, hatte ich freie Sicht auf den Denkapparat im Zentrum meines Gehirns, aber immer noch nicht genug Platz, um die Mikroskoperweiterung für eine nähere Inspektion auszurichten. Um die Vorgänge in meinem Gehirn genauer zu untersuchen, musste ich mindestens ein halbes Dutzend weiterer Unterkomponenten entfernen.

Mit mühseliger Sorgfalt wiederholte ich die Prozedur, die Leitungen anderer Komponentencluster auszuwechseln, und verlegte eine Komponente weiter nach hinten, zwei andere nach oben und zwei weitere zur Seite hin, und befestigte schließlich alle an dem Gerüst, das meinen Kopf umgab. Als ich damit fertig war, sah mein Gehirn aus wie eine Explosion einen Sekundenbruchteil nach der Detonation, und als mir das bewusst wurde, überkam mich erneut ein Schwindelgefühl. Immerhin lag nun mein Denkapparat frei auf einer Säule aus Luftleitungen und Schaltstangen, die in meinen Torso hinabführten. Nun hatte ich genug Platz, um mein Mikroskop in Stellung zu bringen und es um dreihundertsechzig Grad zu drehen, um das Innere der Komponentencluster, die ich entfernt hatte, zu begutachten. Was ich da sah, war ein Mikrokosmos goldener Mechanismen, eine Landschaft aus kleinsten sich drehenden Walzen und sich auf- und abbewegender Zylinder.

Als ich über diesen Anblick nachdachte, fragte ich mich, wo denn nun eigentlich mein Körper war. Die Verbindungsstücke, die es mir gestatteten, alles zu betrachten und daran zu arbeiten, unterschieden sich nicht von den Komponenten, die meine Augen und Hände mit meinem Gehirn verbanden. Ersetzten die Präzisionsinstrumente für die Dauer des Experiments nicht meine Hände? Und waren die Vergrößerungslinsen am Ende des Periskops nun nicht meine Augen? Ich war eine umgestülpte Person, und mein kleiner, fragmentierter Körper befand sich in der Mitte meines eigenen Gehirns. In dieser unwahrscheinlichen Anordnung begann ich damit, mich selbst zu erforschen.

Ich wandte mein Mikroskop einem der Komponentencluster zu, die meine Erinnerungen enthielten, und studierte seine Gestalt. Ich erwartete nicht, meine Erinnerungen entziffern zu können, sondern wollte lediglich in Erfahrung bringen, wie sie aufgezeichnet wurden. Wie ich angenommen hatte, fand ich keine Anordnung unzähliger Blattmetallseiten vor, konnte aber zu meiner Überraschung auch keine Zahnräder oder Schalter erkennen. Stattdessen schien der Komponentencluster fast vollständig aus einer Reihe von Luftröhrchen zu bestehen. In den Zwischenräumen zwischen den Röhrchen erhaschte ich einen Blick auf Wellen, die sich durch das Innere fortbewegten.

Bei stärkerer Vergrößerung und sorgfältiger Betrachtung sah ich, wie sich die Röhrchen zu Kapillaren verzweigten, die mit einem engen Drahtgeflecht verwoben waren, an welchem Goldplättchen hingen. Die aus den Kapillaren austretende Luft hielt diese Plättchen in unterschiedlicher Position. Das waren keine Schalter im herkömmlichen Sinn, denn ohne den steten Luftstrom verharrten sie nicht in ihrer Stellung, aber ich vermutete, dass dies die Vorrichtung war, nach der ich gesucht hatte – das Medium, das Erinnerungen aufzeichnete. Die Wellenbewegungen, die ich sehen konnte, mussten Erinnerungsvorgängen entsprechen, bei dem das Arrangement der Plättchen ausgelesen und zurück an den Denkapparat übermittelt wurde.

Mit diesen neuen Erkenntnissen gewappnet, richtete ich das Mikroskop nun auf den Denkapparat selbst. Hier konnte ich ebenfalls ein Drahtgeflecht erkennen, das aber keine in einer bestimmten Position gehaltenen Plättchen trug; stattdessen bewegten sich die Plättchen hier ständig vor und zurück, fast zu schnell, um den Bewegungen folgen zu können. Tatsächlich schien das Innere des Denkapparates in ständiger Bewegung zu sein und mehr aus Plättchen denn aus Luftkapillaren zu bestehen, und ich fragte mich, wie die Luft auf sinnfällige Weise zwischen all den Goldplättchen verteilt wurde. Viele Stunden lang untersuchte ich die Plättchen, bis ich begriff, dass sie selbst die Rolle von Luftkapillaren spielten. Die Plättchen bildeten temporäre Leitungen und Ventile, die lange genug bestanden, um Luftströme auf andere Plättchen zu übertragen, bis sie sich wieder auflösten. Das hier war eine Maschine, die sich im ständigen Wandel befand, ja, die sich während ihrer Operationen sogar selbst modifizierte. Das Drahtgeflecht war nicht so sehr eine Maschine, sondern eher eine Seite, auf der die Maschine geschrieben wurde und auf die sich die Maschine selbst unablässig schrieb.

Mein Bewusstsein wurde sozusagen durch die Positionierung der feinen Plättchen bestimmt, aber noch präziser wäre es zu sagen, dass mein Bewusstsein auf dem sich stetig wandelnden Muster der diese Plättchen bewegenden Luft beruhte. Während ich die oszillierenden Goldplättchen längere Zeit beobachtete, stellte ich fest, dass die Luft, anders, als vermutet wurde, nicht einfach nur der Antrieb unserer Gedanken ist. Die Luft ist vielmehr selbst das Medium unserer Gedanken. Alles, was uns ausmacht, gründet auf einem Muster aus Luftströmungen. Meine Erinnerungen wurden weder durch Riefen auf Folien, noch durch die Ausrichtung von Schaltern bestimmt, sondern durch ununterbrochene Argonströme.

Nachdem ich die Funktionsweise des Geflechts begriffen hatte, suchte eine rasche Folge von Erkenntnissen mein Bewusstsein heim. Die erste und banalste war die Antwort auf die Frage, warum Gold, das formbarste und biegsamste Metall überhaupt, das einzige Material war, aus dem unsere Gehirne bestehen konnten. Nur die feinsten Folienplättchen konnten sich schnell genug bewegen, um einen solchen Mechanismus zu bilden, und nur die filigransten Drähte konnten als Aufhängung für sie dienen. Besser und schneller als mit jeder denkbaren Anordnung von Schaltern oder Rädchen ließen sich in diesem Medium Informationen aufzeichnen oder löschen. Verglichen mit den Goldplättchen sind die Kupferspäne, die entstehen, während ich mit meinem Stift diese Worte graviere, so grob und schwer wie Schrott.

Als Nächstes wurde mir klar, warum jemand, der gestorben war, durch das Einsetzen neuer Lungen nicht wiederbelebt werden konnte. Die Plättchen innerhalb des Drahtgeflechts blieben im Gleichgewicht, weil zahllose Luftpolster sie dort hielten. Auf diese Weise wurden die Plättchen rasch vor und zurück bewegt, was aber auch bedeutete, dass alles gelöscht wurde, wenn der Luftstrom ausblieb. Alle Plättchen fielen dann in die gleiche Ruhestellung, und das Muster, welches das Bewusstsein hervorbrachte, war unwiederbringlich verloren. Eine Wiederherstellung des Luftstromes konnte das nicht rückgängig machen. Das war der Preis für die Schnelligkeit, mit der sie ihren Zweck erfüllten. Ein stabileres Medium für die Speicherung von Mustern hätte zur Folge, dass unser Bewusstsein weit langsamer wäre.

Nun konnte ich mir auch erklären, woher die Unstimmigkeiten mit den Turmuhren rührten. Ich begriff, dass die Geschwindigkeit, mit der sich die Goldplättchen bewegten, davon abhing, dass sie von Luftströmen getragen wurden. Bei ausreichender Luftströmung konnten die Plättchen fast reibungslos ihre Position wechseln. Wenn sie sich nun langsamer bewegten, lag das daran, dass sie einer erhöhten Reibung ausgesetzt waren, und die Ursache dafür konnte nur sein, dass die Luftpolster dünner wurden und die durch das Drahtgeflecht strömende Luft sich mit geringerer Kraft bewegte.

Nicht die Turmuhren liefen schneller. Unsere Gehirne arbeiteten langsamer. Die Turmuhren wurden durch Pendel oder das Fließen von Quecksilber angetrieben, und weder der Takt der Pendel, noch die Fließgeschwindigkeit des Quecksilbers konnte sich verändern. Unsere Gehirne allerdings hängen ganz von Luftströmungen ab, und wenn diese sich langsamer bewegen, verlangsamen sich auch unsere Gedanken, wodurch die Uhren schneller zu laufen scheinen.

Ich hatte schon befürchtet, dass unsere Gehirne langsamer gehen könnten, und das war auch der Grund, weshalb ich meine Selbstsezierung gewagt hatte. Doch ich war davon ausgegangen, dass unsere Denkapparate zwar von Luft angetrieben würden, letztendlich aber mechanischer Art waren, und dass die Verminderung ihrer Geschwindigkeit darauf beruhte, dass sich einige Bestandteile dieses Mechanismus durch Abnutzungserscheinungen verformt hätten. Zwar wäre das furchtbar gewesen, aber zumindest hätten wir hoffen dürfen, dass es uns gelingen könnte, den Mechanismus zu reparieren und die ursprüngliche Arbeitsgeschwindigkeit unserer Gehirne wiederherzustellen.

Beruhten unsere Gedanken allerdings lediglich auf Luftmustern, und nicht auf der Bewegung von Zahnrädern, war das Problem um einiges schwerwiegender, denn was konnte die Ursache dafür sein, dass die Geschwindigkeit der Luftströmungen in unseren Gehirnen abnahm? Es konnte unmöglich daran liegen, dass der Luftdruck in unseren Füllstationen gesunken war, denn der Druck in unseren Lungen ist so stark, dass er von einer Reihe von Regulatoren abgemindert werden muss, bevor die Luft unsere Gehirne erreicht. Meine Vermutung lautete, dass das Absinken des Drucks woanders seinen Ursprung hatte: Der uns umgebende Atmosphärendruck nahm zu.

Woran konnte das liegen? Kaum hatte ich diese Frage in Gedanken formuliert, drängte sich mir die offensichtliche Antwort auf: Unser Himmel war offenbar nicht unendlich hoch. Irgendwo jenseits unseres Gesichtsfeldes mussten sich die Chromwände, welche unsere Welt umgaben, nach innen krümmen, um eine Kuppel zu bilden. Unser Universum ist ein geschlossener Raum, kein offener Brunnenschacht. Und in diesem Raum sammelt sich langsam die Luft an, bis die Druckverhältnisse in der Kammer und im darunter liegenden Speicher sich angeglichen haben.

Das ist der Grund, weshalb ich zu Beginn dieses gravierten Berichts feststellte, dass nicht die Luft der Quell des Lebens ist. Luft kann weder hergestellt noch abgebaut werden; die Gesamtmenge an Luft im Universum bleibt gleich, und bräuchten wir nur Luft zum Leben, müssten wir niemals sterben. Die Wahrheit aber ist, dass *unterschiedlicher Luftdruck* der Quell des Lebens ist – Luftströme aus Bereichen mit hohem in solche mit niedrigem Luftdruck. Unsere Gehirnaktivität, die Bewegungen unserer Körper, die Verrichtungen der Maschinen, die wir bauen – all das wird angetrieben durch Luftströme, durch eine Kraft, die darauf beruht, dass Bereiche mit unterschiedlich starkem Druck einen Ausgleich anstreben. Wenn überall im Universum derselbe Druck herrscht, verfällt die Luft in Bewegungslosigkeit und wird unbrauchbar. Eines Tages werden wir von stillstehender Luft umgeben sein und keinen Nutzen mehr aus ihr ziehen können.

Es ist keineswegs so, dass wir wirklich Luft verbrauchen. Die Luftmenge, die ich jeden Tag aus einem neuen Paar Lungen beziehe, entspricht genau der Luftmenge, die aus den Gelenken meiner Gliedmaßen und den Nähten meiner Verkleidung entweicht und sich dann mit der Luft in der mich umgebenden Atmosphäre vereint. Ich überführe lediglich Luft aus einem Bereich mit hohem Druck in einen mit niedrigerem. Mit jeder Bewegung meines Körpers trage ich etwas zum Ausgleich des Luftdrucks in unserem Universum bei. Mit jedem Gedanken, den ich denke, bringe ich uns jenem tödlichen Druckausgleich näher.

Unter anderen Umständen wäre ich aufgrund dieser Erkenntnis von meinem Stuhl aufgesprungen und auf die Straße gerannt, aber in meiner derzeitigen Situation – mein Körper eingezwängt in ein Gerüst, mein Gehirn offengelegt – war mir das nicht möglich. Ich konnte sehen, wie der Aufruhr meiner Gedanken die Plättchen meines Gehirns schneller flattern ließ, was wiederum meine Aufgeregtheit darüber steigerte, zur Bewegungslosigkeit verdammt zu sein.

Ein Panikanfall hätte mich in diesem Augenblick das Leben kosten können, wenn ich in albtraumhafter Verkrampfung darüber, zugleich gefangen zu sein und die Kontrolle zu verlieren, gegen meine Fesseln angekämpft hätte, bis mir die Luft ausgegangen wäre. Ein glücklicher Zufall und mein Instinkt sorgten jedoch dafür, dass meine Hände die Steuerung so bewegten, dass ich nicht mehr durch das Periskop auf das Drahtgeflecht blickte, sondern die glatte Oberfläche meines Arbeitstisches betrachtete. Da ich nun nicht mehr meine Ängste direkt anstarrte (und dadurch verstärkte), fand ich allmählich meine Beherrschung wieder. Als ich mich hinreichend beruhigt hatte, machte ich mich an die langwierige Prozedur, mich wieder zusammenzusetzen. Schließlich hatte ich die ursprüngliche kompakte Anordnung meines Gehirns wiederhergestellt, befestigte die Kopfplatten an ihrem angestammten Platz und befreite mich von den Klammern, die mich hielten.

Als ich anderen Anatomieforschern von meiner Entdeckung berichtete, schenkten sie mir anfänglich keinen Glauben, aber in den Monaten nach meiner ersten Selbstsezierung schlossen sich mehr und mehr Kollegen meinen Ansichten an. Die Gehirne anderer Personen wurden untersucht, man nahm weitere Messungen des atmosphärischen Drucks vor, und alle Ergebnisse bestätigten meine Behauptungen. Der allgemeine Luftdruck unseres Universums stieg tatsächlich an und verlangsamte so unsere Denkprozesse.

In der Zeit, nachdem diese Wahrheit sich herumgesprochen hatte, kam es zu einer weit um sich greifenden Panik, als die Leute zum ersten Mal mit der Idee konfrontiert wurden, dass der Tod unvermeidlich war. Von vielen wurde eine strenge Kontingentierung jeglicher Aktivitäten verlangt, um die Verdichtung unserer Atmosphäre möglichst gering zu halten. Anschuldigungen, jemand würde Luft verschwenden, hatten wütende Handgreiflichkeiten zur Folge, und in einigen Bezirken gab es sogar Tote. Die Betroffenheit über diese Todesfälle sowie die Einsicht, dass noch viele Jahrhunderte verstreichen würden, bis unser Atmosphärendruck sich dem des unterirdischen Speichers angeglichen hatte, sorgten dafür, dass die Panik nachließ. Wie viele Jahrhunderte es bis zum Druckausgleich dauern wird, können wir nicht mit Sicherheit sagen. Weitere Messungen und Berechnungen werden gerade durchgeführt und ausgewertet. In der Zwischenzeit wird viel darüber diskutiert, wie wir die Zeit, die uns noch bleibt, nutzen sollten.

Eine Sekte, die sich vorgenommen hat, den Druckausgleich umzukehren, findet viele Anhänger. Die Mechaniker dieser Sekte haben eine Maschine entwickelt, mit der sie Luft aus unserer Atmosphäre auf ein kleineres Volumen zusammendrücken. Sie nennen diesen Vorgang »Kompression«. Ihre Maschine erhöht den Luftdruck auf das Niveau, das sie ursprünglich im Speicher hatte, und diese Reversalisten kündigten aufgeregt an, diese Luft würde die Grundlage für neuartige Füllstationen bilden, die mit jeder Lunge, die dort aufgefüllt wurde, nicht nur dem Einzelnen, sondern dem Universum neues Leben einhauchen würden. Leider brachte eine genauere Untersuchung dieser Maschine ihre fatale Fehlkonstruktion ans Licht. Die Maschine selbst wird durch Luft aus dem Speicher angetrieben, und für jede Ersatzlunge, die sie auffüllte, verbrauchte sie nicht nur eine Lunge voll Luft, sondern etwas mehr als diese Menge. Sie war also nicht geeignet, den Druckausgleich umzukehren, sondern verschärfte, wie alles in der Welt, das Problem nur.

Einige Reversalisten gaben nach diesem Rückschlag auf, aber die Sekte selbst strebte ihr Ziel unbeirrt weiter an und begann, andere Kompressoren zu entwickeln, die mit Federmechanismen oder durch das Absenken von Gewichten angetrieben wurden. Aber diese Vorrichtungen brachten keine Verbesserung. Jedes Federwerk wird von einer Person aufgezogen, die Luft in die Atmosphäre entweichen lässt; und jedes Gewicht, das sich über dem Erdboden befindet, muss von einer Person hochgezogen werden, die ebenfalls Luft in die Atmosphäre entweichen lässt. Im ganzen Universum gibt es keine Energiequelle, deren Wirken in letzter Konsequenz nicht auf dem Druckunterschied beruht, und entsprechend gibt es keine Maschine, die dem Druckausgleich entgegenwirken könnte.

Die Reversalisten setzten ihre Anstrengungen fort, im festen Vertrauen darauf, dass es ihnen eines Tages gelingen würde, eine Maschine zu bauen, die einen höheren Druck liefert, als sie verbraucht, eine nicht versiegende Energiequelle, mit der sich die schwindende Lebenskraft des Universums wiederherstellen lässt. Ich teile den Optimismus dieser Leute nicht. Ich glaube, dass wir nichts gegen den Druckausgleich unternehmen können. Die Luft wird sich in unserem Universum irgendwann gleichmäßig verteilt haben und nirgendwo dichter oder dünner vorhanden sein als anderswo. Damit wird sie nicht mehr in der Lage sein, einen Kolben anzutreiben, einen Rotor zu drehen oder ein Plättchen Goldfolie zu bewegen. Das wird das Ende des Drucks sein, das Ende der Antriebskraft, das Ende des Denkens. Das Universum wird dann ein vollkommenes Gleichgewicht erlangt haben.

Für manche entbehrt es nicht einer gewissen Ironie, dass uns das Studium unserer Gehirne nicht die Geheimnisse der Vergangenheit offenbarte, sondern gezeigt hat, was uns erst noch bevorsteht. Ich bin jedoch der Ansicht, dass wir durchaus etwas Wesentliches über die Vergangenheit erfahren haben. Das Universum hat mit einem gigantischen Atemanhalten seinen Anfang genommen. Wer könnte schon sagen, warum das so war? Was auch der Grund gewesen sein mag, ich bin dankbar dafür, denn dieser Tatsache verdanke ich meine Existenz. Alle meine Sehnsüchte und Überlegungen sind nicht mehr, aber auch nicht weniger als Luftströmungen, die auf dem allmählichen Ausatmen unseres Universums beruhen. Und solange dieses große Ausatmen nicht endet, leben meine Gedanken weiter.

Damit unsere Gedanken so lange wie möglich fortbestehen, entwerfen Anatomieforscher und Mechaniker neue Regler für unsere Gehirne – Regler, die in der Lage sein sollen, den Luftdruck in unseren Gehirnen nach und nach zu steigern, sodass er stets etwas höher ist als der uns umgebende Luftdruck. Sind diese neuen Ventile erst einmal eingebaut, werden unsere Gedanken in etwa mit der gleichen Geschwindigkeit weiterarbeiten, selbst wenn um uns herum die Luft immer dichter wird. Das bedeutet aber nicht, dass das Leben unverändert weitergehen wird, denn schließlich wird es soweit kommen, dass der Druckunterschied so stark abfällt, dass unsere Gliedmaßen schwach und unsere Bewegungen träge werden. Wir könnten dann versuchen, unsere Gedanken zu verlangsamen, damit wir unsere körperliche Erstarrung nicht so deutlich wahrnehmen. Das hätte allerdings zur Folge, dass sich das, was in der Welt passiert, aus unserer Sicht beschleunigen würde. Das Ticken von Uhren wird dann zu einem fortwährenden Klappern anschwellen, während Pendel hektisch hin und her schwingen; fallende Gegenstände werden wie von Federkraft nach unten geschleuderte Projektile auf dem Boden einschlagen; Wellenbewegungen werden an Kabeln entlangrasen wie Peitschenschläge.

Unsere Arme und Beine werden irgendwann gänzlich aufhören, sich zu bewegen. Über die genaue Reihenfolge der Geschehnisse kurz vor dem Ende bin ich mir nicht im Klaren, aber ich stelle mir vor, dass wir weiterhin denken, also bei Bewusstsein, aber völlig erstarrt sein werden, so bewegungslos wie Statuen. Vielleicht werden wir dann noch für eine Weile sprechen können, denn unser Kehlkopf arbeitet mit geringerem Druck als unser Körper. Wenn wir uns jedoch nicht mehr zu einer Füllstation begeben können, wird jede Äußerung die Luftmenge verringern, die uns für das Denken zur Verfügung steht, und uns dem Augenblick näher bringen, da auch unsere Gedanken vollständig versiegen. Wird es dann besser sein zu schweigen, um noch eine Weile denken zu können, oder zu reden bis zum bitteren Ende? Ich weiß es nicht.

Vielleicht wird es einigen von uns, bevor wir uns nicht mehr bewegen können, gelingen, die Reglerventile unserer Gehirne direkt an eine Füllstation anzuschließen und damit die eigene Lunge durch die große Lunge unserer Welt zu ersetzen. In diesem Falle würden diese wenigen bei Bewusstsein bleiben bis zu jenem allerletzten Augenblick, bevor der vollständige Druckausgleich eintritt. Der letzte Rest des Luftdrucks in unserem Universum würde dafür aufgewendet werden, die Gedanken einer Person anzutreiben.

Unser Universum wird sich dann im Zustand des vollkommenen Gleichgewichts befinden. Alles Leben und alles Denken wird aufhören und damit auch die Zeit selbst.

Ich hege jedoch eine vage Hoffnung.

Unser Universum mag in sich geschlossen sein, aber womöglich ist es nicht die einzige Luftkammer in der grenzenlosen Weite der Chromlandschaft. Ich stelle mir vor, dass es irgendwo noch eine weitere Luftblase gibt, ein anderes Universum als das Unsrige, eines, das sogar noch größer ist. Es könnte doch sein, dass in diesem hypothetischen anderen Universum der gleiche oder ein noch höherer Luftdruck als in unserem Universum besteht. Aber einmal angenommen, dort herrscht ein weit niedrigerer Luftdruck, vielleicht sogar ein absolutes Vakuum!

Das Chrom, das uns von diesem möglicherweise vorhandenen Nachbaruniversum trennt, können wir nicht durchbohren, dafür ist es zu dick und zu hart. Deshalb können wir nicht dorthin gelangen oder überschüssigen Druck dorthin ableiten, um unsere Antriebskraft wiederherzustellen. Aber ich erlaube mir die Vorstellung, dass dieses Nachbaruniversum ebenfalls bewohnt ist, und zwar von Leuten, deren Fertigkeiten die unseren übertreffen. Was wäre, wenn es ihnen gelänge, eine Verbindung zwischen unseren beiden Universen herzustellen und Ventile zu installieren, mit denen man Luft aus unserem Universum ablassen kann? Vielleicht werden sie unser Universum als Speicher nutzen, um ihre eigenen Lungen aufzufüllen, und unsere Luft dazu verwenden, ihre eigene Zivilisation anzutreiben.

Es bereitet mir Freude, mir auszumalen, wie die Luft, die einst mich antrieb, andere mit Energie versorgen könnte, und daran zu glauben, dass der Atem, der es mir ermöglicht hat, diese Worte zu gravieren, eines Tages durch den Körper eines anderen strömt. Ich gebe mich nicht der Illusion hin, dass ich selbst auf diese Weise weiterleben könnte, denn ich bin nicht diese Luft, sondern das Muster, das sie für eine Weile annimmt. Das Muster, das mich ausmacht, die Muster, aus denen die ganze Welt besteht, in der ich lebe, werden dann verloren sein.

Aber ich hege eine noch schwächere Hoffnung: dass die Einwohner eines Nachbaruniversums unser Universum nicht nur als Speicher verwenden, sondern dass sie, wenn sie unsere Welt aller Luft entleert haben, als Entdecker unser Universum betreten werden. Vielleicht werden sie dann durch unsere Straßen gehen, unsere erstarrten Körper sehen, unser Hab und Gut untersuchen und sich fragen, wie wir gelebt haben.

Ich schreibe diesen Bericht in der Hoffnung, dass Du einer dieser Entdecker bist. Ich hoffe, dass Du diese Kupferplatten finden wirst und die auf ihr eingravierten Worte entschlüsseln kannst. Dein Gehirn mag von derselben Luft beflügelt sein, die das meine angetrieben hat, oder auch nicht, aber dadurch, dass Du diese Worte liest, werden die Muster in Deinem Gehirn ein Widerhall der Muster in meinem sein. Auf diese Weise werde ich noch einmal leben, durch Dich.

Deine Entdeckerkameraden werden noch andere von uns zurückgelassene Bücher finden und lesen, und dank der gemeinsamen Anstrengung eurer Vorstellungskraft wird meine gesamte Zivilisation wiederauferstehen. Wenn Du durch unsere stillen Bezirke schreitest, dann stelle sie Dir vor, wie sie einst waren; wie die Turmuhren zur vollen Stunde schlagen, wie Nachbarn sich bei den Füllstationen auf ein Schwätzchen treffen, wie Ausrufer auf den öffentlichen Plätzen Verse rezitieren, wie Anatomieforscher in Unterrichtsräumen Vorträge halten. Stelle Dir all das vor, wenn Du Dich das nächste Mal in unserer erstarrten Welt umschaust, und sie wird in Deinem Geist noch ein Mal von Leben erfüllt sein.

Werter Entdecker, ich wünsche Dir alles Gute, frage mich jedoch auch: Erwartet euch das gleiche Schicksal, das mich ereilte? Etwas anderes kann ich mir nicht vorstellen, denn die Neigung zum Druckausgleich kann nicht nur auf unser Universum beschränkt sein, sondern muss sich auf alle Universen erstrecken. Vielleicht ist aber auch nur mein Denken beschränkt, und ihr habt eine Druckquelle entdeckt, die wahrhaft unerschöpflich ist. Meine Spekulationen sind jedoch schon phantastisch genug. Ich nehme an, dass auch Deine Gedanken eines Tages aufhören werden, wobei ich mir allerdings nicht vorstellen kann, in welcher fernen Zukunft das geschehen wird. Euer Leben wird genau so enden wie unseres, so wie alles Leben enden muss. Ganz gleich, wie lange es dauern wird, irgendwann wird ein Gleichgewicht erreicht sein.

Ich hoffe, dass dieses Wissen Dich nicht traurig stimmt. Ich hoffe, dass eure Expedition mehr sein wird als nur die Suche nach anderen Universen, die als Speicher dienen können. Ich hoffe, Dich hat die Sehnsucht nach Wissen angetrieben, das Verlangen zu erfahren, was durch das Ausatmen des Universums entstehen kann. Denn selbst wenn die Lebensdauer eines Universums berechenbar ist, die Vielfalt des Lebens, die es hervorbringen kann, ist es nicht. Die Gebäude, die wir errichtet, die Kunst und Musik, die wir erschaffen, das Leben, das wir geführt haben – nichts davon hätte vorhergesagt werden können, denn nichts davon war unausweichlich. Unser Universum mag das Stadium des Druckausgleichs mit kaum mehr als einem leisen Zischen erreichen. Die Tatsache jedoch, dass es die Heimat solch einer Vielfalt war, ist nicht weniger als ein Wunder, dem nur gleichkommt, dass Dein Universum euch hervorgebracht hat.

Auch wenn ich, werter Entdecker, schon lange tot bin, wenn Du diese Zeilen liest, so höre doch meine Abschiedsworte. Erfreue Dich daran, dass Du Dir des Wunders bewusst sein kannst, dass es Dich gibt. Ich glaube, das Recht zu haben, Dir das sagen zu dürfen, denn während ich diese Worte niederschreibe, empfinde ich genauso.

Quellenverzeichnis

Die Übersetzung der ersten drei Erzählungen folgt der Buchausgabe in Stories of Your Life and Others *(New York: TOR, 2002). Die Übersetzung der vierten und fünften Erzählung folgt dem Erstdruck.*

»Der Turmbau zu Babel« (»Tower of Babylon«, erstmals erschienen in OMNI, November 1990), wurde mit dem Nebula Award ausgezeichnet.

»Geschichte deines Lebens« (»Story of Your Life«, erstmals erschienen in *Starlight 2*, 1998) wurde mit dem Nebula Award und dem Sturgeon Award ausgezeichnet.

»Die Hölle ist die Abwesenheit Gottes« (»Hell Is the Absence of God«, erstmals erschienen in *Starlight 3*, 2001) wurde mit dem Nebula Award, dem Hugo Award und dem Locus Award ausgezeichnet.

»Der Kaufmann am Portal des Alchemisten« (»The Merchant and the Alchemist's Gate«, erstmals erschienen in FANTASY AND SF, September 2007) wurde mit dem Nebula Award und dem Hugo Award ausgezeichnet.

»Ausatmung« (»Exhalation«, erstmals erschienen in *Eclipse 2*, 2008) wurde mit dem Hugo Award und dem Locus Award ausgezeichnet.

Robert Silverberg (Hrsg.)

Science Fiction Hall of Fame 1

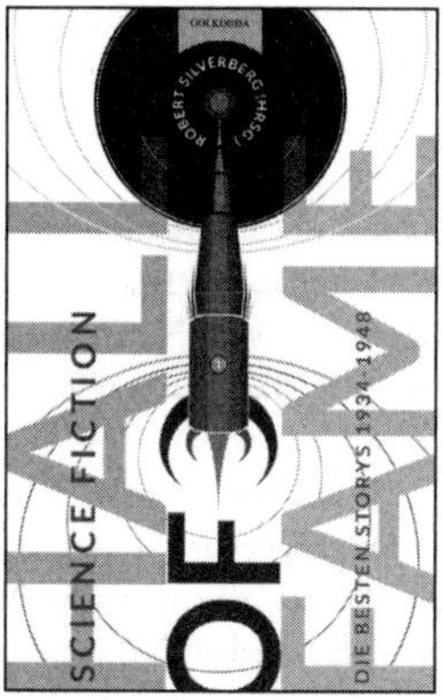

Zum ersten Mal vollständig auf Deutsch: die legendäre Anthologie *Science Fiction Hall of Fame* mit 26 klassischen Erzählungen aus den Jahren 1934 bis 1963. Die besten SF-Storys aller Zeiten, ausgewählt von den Mitgliedern der Science Fiction Writers of America!

Kein anderes Buchprojekt vereint so viele große Namen mit ihren herausragenden Geschichten. Von Robert A. Heinlein über Isaac Asimov bis zu Theodore Sturgeon in Band 1, von Ray Bradbury über Arthur C. Clarke bis zu Alfred Bester in Band 2 – auf rund 800 Seiten findet sich hier ein veritables Who is Who der SF-Literatur.

Die erste Hälfte dieser legendären Anthologie umfasst die besten SF-Erzählungen aus den Jahren 1934 bis 1948. Dabei reicht das Spektrum von Highlights der 1930er-Jahre (Stanley G. Weinbaum, John W. Campbell) bis zu den maßgeblichen Meisterwerken der 1940er-Jahre (Robert A. Heinlein, Isaac Asimov). Jede einzelne dieser Geschichten ist ein Juwel, das bis heute nichts von seinem Glanz verloren hat.

Deutsche Erstausgabe
Aus dem Amerikanischen
von Yoma Cap, Bernd W. Holzrichter u. a.
Klappenbroschur | 405 Seiten
ISBN 978-3-944720-55-5
Auch als E-Book erhältlich.

www.golkonda-verlag.de

Erik Simon und Angela & Karlheinz Steinmüller

Die Wurmloch-Odyssee

Fasziniert von den bizarren Schätzen eines Trödelbasars, der einen ganzen Mond einnimmt, verpasst ein Navigator den Abflug seines Raumschiffs. Er muss sich fortan allein unter Außerirdischen durchschlagen, zurück zur Erde – und der Weg dorthin ist weit. Noch weiter gerät die Heimreise jedoch für sein Schiff, die *Mercurius Quarbis,* die nunmehr ohne Navigator durch das Raum-Zeit-Gefüge irrt. Die Begegnung mit einem zeitfressenden Weltenlaicher ist da noch die geringste Schwierigkeit. Schließlich langt man, dem engagierten Bord-Chor sei Dank, doch noch bei der Erde an, nur um festzustellen, dass der Navigator längst dort angekommen war und schon wieder abgereist ist ...

Mit dieser Weltraum-Operette in acht Episoden finden die Werkausgaben Erik Simons wie auch der Steinmüllers eine gemeinsame Fortsetzung.

Ein Memoranda-Buch im Golkonda Verlag
Originalausgabe
Klappenbroschur | 183 Seiten
ISBN 978-3-946503-16-3

Auch als E-Book erhältlich.

www.golkonda-verlag.de | www.memoranda.eu